MONSIEUR-NICOLAS;

OU

LE CŒUR-HUMAIN DÉVOILÉ.

PUBLIÉ PAR LUI-MÊME.

'Eén 'Ekástos mandāken komízai.
Suam quisque pellem portat.

AVEC FIGURES.

Tom Huit. Quinziéme *Dixhuitième Partie*.

Ma Politique est principalement l'Histoire de ce qui viént
d'arriver parmi Nous, pendant la Révolucion.

Imprimé À LA MAISON;
Et se trouve à PARIS.

Ouchés tous les Libraires de l'Europe; car cet Ouvrage
est pour toute la Terre.

M.-DCC.-XCVII.

Estampe: La POLITIQUE.

Cette Estampe présente 8 sortes de Gouvernemens : 1, Le Despotisme, par un Home couroné,
qui tiént un Esclave sous ses piéds : 2, Le Mo-
narchisme, par un Roi travaillant avec 2 de ses
Ministres : 3, Le Republicomonarchiq, par une
Diète, que préside un Roi : 4, Le Republicisme,
par un Congrès, ou une Convencion, áyant un
Président, & à la tribune un Orateur : 5, Le T'eo-
cratisme, par un Prètre Juif, montrant son Dieu
au Peuple prosterné, sous la forme d'un Vieillard
lumineux : 6, Le Paternellisme, par un Chinois
au-milieu de sa famille à genoux : 7, Le Communisme, par des Ot'omacos travaillant à la terre
en-comun : 8, L'Anarchisme, par des Manœuvres & des Blanchisseuses pillant les Marchands.

Definicion de la POLITIQUE.

* La Politique èst la Morale de Nacion à Nacion :
La Reciprocité la plûs stricte en doit ètre la base ;
la violer, soit dans la paix ou dans la guerre, fut
toujours une dangereuse absurdité, qu'On peut regarder come plûs funeste que le manque de Reciprocité de Particuliér à Particuliér, les effets de celle-ci ne tombent que sur le Coupable ; aulieuque de
Nacion à Nacion, ils retombent sur l'Innocent.

*Les XIV, XV, & XVI Volumes intitulés,
LA FILOSOFIE DE MR·NICOLAS ; FYSI-
QUE, se trouvent ruë du Teâtre-Français,
Celui-ci est le XVIII.*

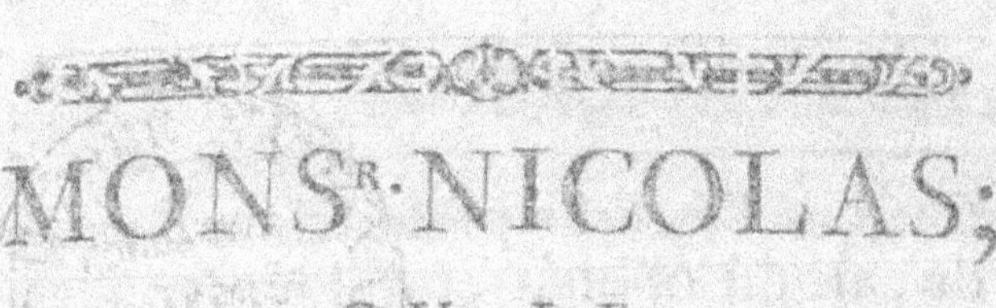

MONS.ᴿ·NICOLAS;
OU LE
CŒUR-HUMAIN DÉVOILÉ.

Dix-Huitième Partie.

IV.ᵐᵉ PARTIE de la FILOSOFIE DE Mᴿ·NICOLAS :
POLITIQUE.

AVANT-PROPOS.

LA POLITIQUE est le derniér degré de civilisaçion, que je donerai à l'Home *Fysiq*, *Moral*, & *Religieux*. Je n'entens point, par la Politique, l'art astucieux employé dans les Cours : Celle que je proposerai, sera entièremᵗ favorable au Genre-humain, & ne tendra qu'au bonheur general. Après en avoir developé les principes, je présenterai à mes Semblables le seul, l'uniq parti qui leur reste à prendre, dans la decadence des choses, pour être reellemᵗ & generalement heureux. Ce parti, je l'avais deja proposé en 1782. Mais, soit ma faute dans l'exposicion,

 ſoit que l'interèt perſonel mal-enten-
du, aìt dú opiniâtrém^t s'opoſer à l'admiſſion d'un Plan viſiblem^t eſficace,
des Homes que je croyais amis de l'
Humanité, *ne l'ont pas ſenti* : Je dois
par cette raison, le préſenter de-nou-
veau ; perſuadé qu'il ne manque à ce
Plan ſilantropiq, que d'avoir été bièn
ſaiſi. D'après cela, je vais le refondre
& le ſimplifier ; m'apliquant ſingulie-
rem^t à démontrer, » Que mon Plan,
loin d'éteindre l'émulaçion & l'induſtrie, les redoublera, fera le bonheur
publiq, en nous ôtant l'inſuportable
fardeau des inquiétudes de la vie, &
nous conciliera tous les Peuples ».

Ce IVe Traité ſera preſque tout-en-
tiér le reſultat de mes entretiéns avec
des Homes inſtruits, qui avaient été
jadis empriſonés, l'Un à *Vincénes*, le
Second à *Pierre-inciſe* ; Un 3e eſt Genéral. Je mèlerai mes idées aux leurs :
mais elles ſeront ſuffiſamm^t diſtinguées
par la forme du Dialogue. ¶ Les points
que ces 3 Politiqs & moi traitions le
plús ſouvent, étaient les differentes eſpèces de Gouvernemens, qui ont re-
gi, ou peuvent regir les Homes. Nous
les comparions entr'eux, en examinant leurs inconveniens & leurs avantages, come On va le voir.

III. *MA POLITIQUE.*

Commune quod eſt, ne tuum ſolum d cat. *ſentence grec.*

I DIALOGUE. 1. *Sortes de Gouvernemens.*

N. COMBIÉN, grand Politiq, comptéz-vous de ſortes de Gouvernemēs (demandai-je à *Pierre-inciſe*). „*P.* Huit: Le Deſpotiſme, le Monarchiſme, le Republicomonarchiſme, le Republiciſme, le Teocratiſme, le Senatiſme le Paternelliſme, le Communiſme, ſans compter l'Anarchiſme. „*N.* Le *Deſpotiſme*, où eſt-il ? „ *P.* En Aſie, partout où règne le Mahometiſme, que ſon approximaciõ du Criſtianiſme rend intolerant, minucieux, et qui eſt même une ſorte de Teocratiſme : En Ruſſie, par un reſte de non-civiliſacion: En Pologne, où le Peuple eſt Elote: En Suède tout-à-l'heure : En Allemagne, ſurtout ſous les petits ſouverains : A Veniſe : A Berne : En Hollande, ſans les armes françaiſes : En France, ſous les Rois, et du temps de la Terreur : En Eſpagne: A Nâples : En Piémont, etc. „ *N.* Le *Monarchiſme* ? „ *P.* En Angleterre, où le Roi peut abſolument tout. „ *N.* Le *Republicomonarchiſme* ? „ *P.* En Pologne reintegrée, et bién-règlée. *N.* „ Et pas en Angleterre ? „ *P.* Bon ! voyéz la minorité toujours du côté du Peuple ! Voyéz Pitt ! „ *N.* Le *Republi-*

A a 2

çifme? ,,*P*. En Amerique, depuis 20 ans. ,,*N*. le *Teocratifme*? ,,*P*. A Rome, au Tibët, jadis au Paraguaî, et un peu partout. ,,*N*. Le *Senatifme*? ,,*P*. Il est à établir. ,,*N*. Le *Paternellifme*? ,,*P*. A la Chine, au Japon, en Etiopie, parmi les Nègres, avant que nous les eúffions corompus; chéz les anciéns Ameriquains; en Pruffe, fous Frederik-II; en France, fous Louis-XII; en Danemarck, toujours. ,,*N*. Le *Communifme*? ,,*P*. Chéz les Pi̱nons et les Orleaniftes : En Amerique, parmi les Otomacos, les Alibamons, et prefque tous les Sauvages : Entre les 1rs et les vrais Cretiéns, qui n'exiftët plus que difseminés. ,,*N*. L'*Anarchifme*? *P*. ,,Ce n'est pas ici un Gouvernement… Le Temple de l'Anarchifme était en Pologne : On l'a enfuite vu en France. Il a des chapelles partout : A l'afpect de ce Monftre, fils de leurs énormes Depenfes en Armées, en ouvrages de luxe, les mains debiles de Souverains énervés, ne peuvent foutenir les rênes de leurs gouvernem^s chancelans : Tous les Souverains de l'Europe periront par les moyéns même qu'ils prennent pour conferver leur pouvoir, les grandes Armées. Ils epuisent le fuc des Peuples : A la verité, ce fuc ne fe perd pas, il circule : mais c'est la circulacion forcée de la fièvre; elle tue le corps, fi elle dure trop

longtemps. Tous les États de l'Europe
font alumés par les 2 bouts, *dûreque dû-*
re... Je vais à-présent examiner avec
vous les inconveniens et les avantages
de tous les Gouvernemens: car leur nom
ne fait leur procés, ni à-charge, ni à de-
charge, qu'aux ïeux des Superficiels.

2. *Avantages et inconveniens des 8 efpèçes*
de Gouvernemens. 1. *Du Defpotifme.*

Le Defpotifme de Frederik-II était un
excellent Gouvernement, pour la de-
fenfe et la gloire de fon pays; car On a-
beau-dire, la gloire d'un Roi, conque-
rant formidable, rejaillit plûs fur fa Nacion, que celle de fes Generaux ne rejaillit fur ce Roi lui-même. Ce n'est qu'
avec le Defpotifme vigoureux, mais non
opreffif, qu'On fait les grandes chofes.
J'entens par Defpotifme vigoureux, celui qui est toujours infiniment rare, le
Defpotifme d'Un Souverain energiq qui
comande lui-même: celui des Monarqs
ordinaires est une veritable *Oligarchie.*
Le Defpotifme vigoureux fait toujours
un grand bien, et ces grandes chofes,
auxquelles il faut que renonce toute autre efpèce de Gouvernement, Un-feul
excepté... Mais le Defpotifme eft pref-
que-toujours un mauvais Gouvernemt,
parcequ'il eft habituellemt celui des Miniftres; c'est-à-dire, de petits Homes à

filosof paſſions baſſes ; de petits tyrans multi-
pliés , ſans pitié , ſans égards , joignant
l'inſulte à la cruauté , en-un-mot, des O-
ligarches dans le ſenſ le plûs odieux,
Tous les Miniſtres d'un Deſpote faible
ſont des *Caligula* : Tout Deſpote fort
est un *Antonin* , un *Marc-Auréle*. Je ne
mets pas tous les Deſpotes ſur la même
ligne : Il y a de grandes differences ! A
mon choix , ſi l'On me donait carriére ,
je choisirais , pour vivre dans un grand
État, le Deſpotiſme de Marc-Auréle, de
Julien : mais non celui de Louis-XIV ,
devot ou non devot, ni de Frederik , ni
de Joſef-II , ni de Caterine : je ne voudrais pas de celui de Henri-IV , qui fit
bâtoner des Procureurs , parcequ'ils re-
ſuſait de ceder leur Dîner à des Incon-
nus ; Je ne voudrais pas de celui de
Charlemagne , forçant les Saxons à ſe
faire batiser...   † Conclusion de mon
opinion : Le Deſpotiſme royal perſonel
ſerait le meilleur des Gouvermens, ſous
Un Roi bon et vigoureux : ce ſerait le
Téocratiſme et le paternelliſme reünis...
Le Gouvernement Deſpotiq miniſteriel,
tel que nous l'avons-eú , l'Oligarchiſme
de Venise , et ſemblables , est le pire de
tous les Gouvernemens : l'Anarchiſme
ſeul est plûs mauvais. Le bon Deſpotiſme n'est pas une chimére ; c'est un

beau jour en Decembre : Il peut ariver ;
mais le foir et le matin font toujours
rigoureux.   ,, *N.* Fort-bien ! Enfuite ?

3. *Seconde Efpèce : Le Monarchifme.*

,, *P.* Je paffe au Monarchifme, dont il
n'exifte plus qu'un feul exemple en Europe, l'Angleterre. Ce Gouvernement
eft très-bon ! Mais s'il a fes avantages,
dont la Claffe du milieu profite feule,
il manque de la force écrafante du bon
Defpotifme, qui aura toujours l'avantage, à égalité de moyens : C'eft Une Famille qui n'a qu'Un Chef, où ni les Enfans,
ni les Valets ne peuvët refifter : Tandis
que les Peuples qui ont Un Monarq garoté par la loi, en examinant s'il ne fera pas
une fotife, lui en font cometre une plûs
grande. Le bon Defpote va droit, vîte ;
il a pour lui toutes les chances de l'heureufe temerité, toutes celles de l'aggre-
ffion fubite, peutêtre injufte, mais toujours brillante par le fucçès. Les Deli-
berations des Senats, des Parlemens, des
Affemblées-Nacionales, lient les bras
de la Nacion, qui delibère, au lieu d'a-
gir : Ce qui, dans les affaires particulières, come dans les affaires generales,
en opère toujours la ruine. Dieu nous
preferve du Gouvernement Monarchiq
garoté, corrupteur et corompu des Anglais ! Il vient de les élever à la fupre-

cie des Mèrs : mais c'est parcequ'ils ont
Un Monarq-Despote, ardent et tout-
puissant, dans le Ministre Pitt! Sans cet
Home, corrupteur du Parlement et de
la Constitucion, l'Angleterre était perdue : Quel Gouvernement, que celui
qui ne peut exister intègre, et auquel il
faut de la corrupsion, pour le faire marcher!... Et malheur aux Anglais, s'ils
rerfecsionent leur Gouvernement! s'ils
en ôtent la corrupsion *courtisale!* Malheur à la Naçion qui adoptera le Gouvernement Anglais, en corrigeant tous
ses abus, c'est-à-dire, la possibilité de la
corrupsion! C'est avouer, que le Gouvernement Monarchiq n'est pas bon en lui-
même, et en tout; mais seulemt par son
Unité. Au-fond, il n'y a qu'un bon Gouvernement, ce serait le Despotisme d'un
Dieu, d'un Être sans défaut... Montesquieu, tant admiré! a mal défini le Despotisme, par son petit chapitre de la
Parabole du stupide Virginién, qui cou-
pait l'Arbre, pour en avoir le fruit: ceci ne convient qu'au Despotisme imbecile de Siam et des Nègres. Il ne faut
pas, en Politique publique, regarder
tant à l'avantage particuliér : celui-ci
est du ressort de la Morale : mais dans
la 1re, il ne faut considerer que l'avantage des Grands Corps politiqs, ce qui

leur comunique plûs de force, etc. Plûs Filosof
vous donéz à la Dignité Personelle des
Individus, dans un État, à la douceur,
à la suportabilité des charges, des impôts, et plûs vous ôtéz de force au Corps
politiq. Pour que l'On pût tout doner
au bonheur des Individus, il faudrait
que le Genre-humain ne composât qu'
une seule Naçion (mot d'un grand sens!
qui signifie qu'une *Naçion* était toute
d'une même *nativité*, du même sang,
d'une même Famille; d'où *cognatio*, comune naissance, Parenté); qu'une seule
Naçion, disais-je, qui n'aurait au-de-
hors rien à redouter... Voila de la Politique, et non-pas toutes les fadaises
qu'On debite ordinairement. Ce fou
de J.-J.-Rousseau est peutêtre Celui
qui a le plûs aproché de la verité.

4. *3e Espèce: Le Republicomonarchisme.*

,, *N.* Que penséz-vous de ce Gouvernement? ,, *P.* Que le Regime Republicomonarchiq fut imaginé par des Imbeciles, qui crurent pouvoir allier 2 choses
incompatibles, la liberté, et la sujécion.
Ce faux Gouvernement rend une Naçion la Proie de tout ce qui l'environe.
Malheureusement ici les faits me dis-
pensent du raisonement. Hâ! si jamais
On reforme la France, gardons-nous
bién d'admettre ce Gouvernement, le

plûs beau de touſ, peutêtre, dans la
teorie, et ſi fort inepte, dans la pratique, qu'il n'est pas propre à empêcher
une Republique d'être demembrée par
le 1er Despote ambicieux ! Prenons
bien garde, ſi jamais nous ſomes libres,
à vouloir garder dans nos mains le Pouvoir-executif, et ſurtout de mettre en
deliberacion comune, la defenſe ou l'a-
taque, la repulſion ou l'invaſion ! Il faut
qu'une ſeule Tête, ou l'équivalant, ait
ce pouvoir-là, ſans en rendre-compte !
C'est ce pouvoir dans le Monarq, qui a
ſauvé l'Angleterre, celui de tous les É-
tats de l'Europe qui pourait, avec le
moins d'inconveniens, être Republique,
à-cause du large foſſé rempli d'eau, dôt
elle est entourée. Ayons un Pouvoir-executif très-fort, et que dans les guerres, le Miniſtre ne reponde qu'à ce Pouvoir, qui l'abſoudra, ou le fera juger
par les Tribunaux. *Mirabeau* me diſait
un-jour, qu'il nous falait un-peu plûſ
de Monarchiſme qu'aux Anglais, et non
pas un-peu moins, come le prétendent
certaines Genſ. Un crime capital pour
le Miniſtre de la guerre, ſera d'avoir cô-
trarié par de petites vues, ou par caprice, les grandes combinaisons d'Un General experimenté, tel qu'il doit s'en
manifeſter par la ſuite.

5.

5. 4e *Espèçe* : *Le Republicisme.*

„ *N.* Vous alez aprouver celui-ci ?

„ *P.* Le Republicisme, si vanté par Mô-
tesquieu, par ses Écohs, et par tous les
Gens qui ne pensent que d'après les Autres, est un Gouvernement d'Écoliérs ;
il finit toujours par l'Aristocracie, l'Oligarchie, et enfin par le Despotisme ;
parceque toujours il se trouve parmi les
Égaux de nom, des Écoliers plüs forts
ou plüs rusés que les Autres ; puis à la
fin de gros Poliçons, qui les écrâsent
Touf. Mirabeau disait : „ J'avoue bonement, qu'avec ma force de tête et de
poignet, j'aurais été, dans une Republique, *Marius*, peutêtre *Sylla*, ou
tout-aumoins *Catilina...* „. Je vous parlerai peu de ce pitoyable Gouvernemët,
que Persone ne voudrait établir dans sa
propre maison, et qu'On ne mettrait
dans celle de son Voisin, que pour la
detruire... Aussi (par paretèse), quand
je vois nos méchans petits filosofiftes,
vouloir *égalifer* les 2-fexes, je les regarde come les fleaux de la Société particulière. Il faut qu'il y ait un Maître dans
une maison, et ce doit être (disait encore Mirabeau), *non l'Individu qui porte
la culote, mais les c---lles* „.... Toutes
ces idees republiquaines font puériles.
Un Peuple qui se reforme, ne doit pas

ilosof avoir pour but de garder l'autorité ; mais de se prémunir contre l'opression, ét qu' on ne puisse le traiter en-detail, come on nous a traité, vous ét moi. Si je fesais une Revolucion (ce qui pourrait bien ar-river, car je me sens de la force come dix, ét de la vie pour cent ans), je coupe-rais quelques têtes, les plüs viles, les plüs coupables, mais sans consequence : Je demolirais la Bastille, ét les autres forts, qui ne font élevés que contre les libertés individuelles ; puis, après avoir fait un beau code, chassé les Parlemens ét leurs vils Subalternes, je detruirais le Clergé possesseur, sans y rién substituer, chaque Home, come le *Mic'as* juif, serait prêtre chéz lui. Enfin, après avoir établi de nouveaux Tribunaux, composés de Juges electifs par le Peuple, je rendrais au Pouvoir-exécutif regeneré, une nou-velle énergie, non pour l'avantage de quelques Homes, mais pour celui de la Nacion. Si, pendant, ou après cette Re-volucion, les Puissances voisines avaít la folie de nous attaquer, je ne m'amu-serais pas à parçielliser ma defense ; je mettrrais, pendant six mois, six milliõs d'Homes robustes sous les armes, j'é-craserais l'Allemagne, la Savoie, les Pays-bas, ét jusqu'à la Prusse ; j'assimi-lerais l'Espagne à ma Revolucion, pour n'en rién avoir à craíndre , ét je ne me reposerais qu'aprés avoir dit aux Anglais : : : Je n'irai pas dans votre Ile , mais fi vous remuéz contre moi , n'en fortez pas ! Je traiterai tous les Anglais come dés serpens , ou des chiéns enragés,,... Point de Republique , fi ce n'est en Amerique , où l'On n'a de tous côtés que de faibles Voisins , non-liés entr'eux , ou trop éloignés du Chef de leur Gouvernement , et qui font cent-fois plüs mal-örganisés que les États-Unis ,,. Voila ce que repetait fans-ceffe Mirabeau. La Nacion-Française a decidé le contraire . et je foutiéndrai fon Republicifme jufqu'à mon derniér foupir.

6. *5e Efpéçe : Le Teocratifme.*

C'est un fuperbé Gouvernemt, qui eût dabord lieu dans les *Indes*, au *Japon*, au *Tonquin*, à *Melinde*, et prefque partout : Mais il n'en est pas dont il foit plüs facile d'abuser. Il n'est bon aujourdhui, que pour les *Paraguayéns*, les *Tibetans*, et les autres Peuples ignorans , bonaces ou ftupides. Il est inadmiffible chéz les Nacions éclairées. Hâ ! fi on pouvait le rendre general, je n'en voudrais pas d'autre !... Voyéz , par l'Hiftoire , coment toutes les fois que la petite Horde des Juifs s'y foumit aveuglément , elle fut invincible !... Le Teocratifme donne à

Filosof l'Home une confiance fans bornes, le repos, la fûreté, la plenitude des a-vantages fociaux. Le Teocratifme in-venta les Religions, pour reünir les Ho-mes en fociété, fous la conduite de *Teós* ou Dieu, et doubler leurs forces par le courage. Chez nous au contraire, la Religion est une inconfequence; elle combat fans-ceffe la Conftitucion poli-tique, et l'une fe detruit par l'autre. Il y a longtemps qu'il ne nous faudrait plus d'autre Religion que la Reciprocité: *Ne fais à un Autre, que le vœu de toi-même.* C'est cette contrariété, qui perd tout dans nos mœurf. J'aime (c'est Mirabeau qui parle), dans un Ouvrage nouveau, fublime, quoique d'Un très-petit Au-teur, ce paffage-ci : ,, La Religion dit: ,, Mes Enfans! n'aléz pas aux Specta-cles! c'est une fource de perdicion! ils vont vous corrompre ,, ! Et la loi-civile, est à-côté, mise en Courtisanne, qui leur crie: ,, Mes Amis ne l'écoutéz pas: c'est une vieille Radoteuse! Entréz! entréz ,, ! Ne vaudrait-il pas mieux qu' il n'y eût pas de Religion, que d'y en avoir une, pour la mépriser et ne la pas fuivre!.... † Ainfi que le Defpotifme (et beaucoup-mieux), le Teocratifme, a pour principal avantage, de maintenir l'Ho-me dans une tranquilité profonde; av-

antage inappréciable, pour differentes
sortes de Persones estimables; les Artistes très-occupés, les Auteurs agreables
qui travaillent d'imaginacion, come les
Poëtes, les Romanciers, les Compila-
teurs, les Traducteurs, les Peintres, les
Sculpteurs; les Musiciens, les Acteurs,
les Artisans, les Cultivateurs; en-un-
mot, tous les Gens de caractère ou d'é-
tat tranquil. ,, Tout bouillant que je
suis (disait Mirabeau), j'aurais aimé le
Théocratisme bién solide, bién établi:
C'est le seul Gouvernement, s'il avait
été bién nerveux, bién énergiq, bién
despote, qui aurait pu me forcer à être
heureux. Hâ! que les Homes sont sous,
en demandant la liberté! Ils ne sentent
donc pas ce qu'ils demandent par-là! et
que c'est l'anéantissement du principal
avantage de la Société, le repos, l'apatie, la sureté personelle? ,,Ils veulent,
par la liberté, se remettre, antant qu'il
est en eux, dans l'état de nature, et
courir une partie des risques de l'isolement? Aulieu que sous un bon Théocratisme, qui fraterniserait tous les Homes, les tranquiliserait sur la bonté, l'ir-
refragabilité de leurs loix, ils jouirait
du bonheur de l'enfance, bonheur toute leur vie regretté!... Hô! je te pro-
mets, mon chèr Camarade, que si j'étais

B b 3

Miniſtre, ou toute autre Machine-à-ᴘᴏᴜ-
voir, et je tâcherais d'amener le Homes,
non au Teocratiſme, la mauvaiſe-cõduite
de nos Papes, de nos Prêtres a rendu ce
Gouvernemt ridicule; du moins à un ſage
Deſpotiſme, come celui de Danemark,
bién conſenti par tous les Membres de
l'État, bién legal, come le ſeul ſous lequel
l'Home puiſſe être tranquil, heureux :
c'est-à-dire, ᴘoſſeſſeur de toutes les dou-
ceurs de la vie, etc. *N.* Il a bién fait
de ᴘarler ainſi, avant la Republique !

7. *6e Eſpèce : Le Senatiſme.*

» *P.* Je ne me diſſimule cependant
pas (continua Mirabeau, après ſ'être
interrompu), qu'il est naturel qu'il y ait
une époque, à laquelle on aime à être
Home, independant. Auſſi proposerais-
je de mitiger le *Paternelliſme*, par un autre Gouvernement, qui, je crois, a été
le 1ér de tous, le *Sénatiſme*, ou le *Vieillar-
diſme :* Non que j'en fiſſe un Gouvernemt hereditaire, come les, Romains, chéz
lesquels il degénera, en peu d'années, au
point qu'on y naiſſait *Patriçién*, ou *Vieillard*, come n'aguère on naiſſait chéz nous
Gentilhome, quelque laid qu'on fût. Mais
voici ce que j'entens, par le *Vieillardiſ-
me*, qui tempérerait le *Paternelliſme.*

Tout Home ſerait ſoumis à la ſurveil-
lance ordinaire juſqu'à 3o ans. A cet â-

ge, il aurait non de l'autorité ſur les Autres, mais une puiſſance ſur lui-même,
telle qu'il pourrait alors ſe marier à ſa
fantaisie, ét travailler à ce qui lui plaî-
rait davantage, pourvu que ce travail fût
utile ét biénfait. † A 40 ans, il aurait
le droit de remontrance à tout ce qui
ſerait audeſſous de ſon âge ; mais avec
pliis de moderacion aux *Trentenaires.*
† A 50 ans, l'Home qui aurait beaucoup
travaillé, aurait le droit de repos ; celui de remontrance à ſes Inferieurs en
âge, en obſervant les menagemens dûs
aux *Quarantenaires* et aux *Trentenaires* :
Il pourait être Magiſtrat, juré. † A 60
ans, il ne ſerait aſtreint à auqu'un autre devoir ſocial, que les eſſenciels, et
ceux de la place qu'il devrait exercer, à-
moins d'infirmité. Il aurait droit de re-
preſſion ſur les abus ; mais il n'en ſerait pas le juge : Il ſerait reſpecté de
toutes les Clâſſes pliis jeunes. † A 70
ans, On ſerait vieillard, ſenateur, hors
de tout Emploi, à-moins d'une vigueur
et d'une ſageſſe reconues. † A 80 ans,
On ne donerait que des conſeils, ex-
primés par 5 minutes de diſcours, ou
2 pages d'écriture *in-*4°. † Le reſte de
la vie ſerait conſacré au repos, avec la
conſideracion Univerſelle ; à-moins d'
une mauvaise-conduite pendant le cours

filosof de la vie, et non-amendée depuis 40 à
50 ans. Cette mauvaise-conduite aurait ôté le droit de correcſion et de re-
montrances envèrs la Jeuneſſe. † Voila
come je voudrais que le Senatiſme fût
modifié. La violacion des Privilèges-
d'âge ferait reputée Un des plus grands
crimes, et punie de la manière la plus
fevère, par l'Autorité conſtituée fupe-
rieure, qui ne fe mettrait en exercice
que dans ces cas-là. † Il faudrait, pour
que 3 Gouvernemens, le précedent, le
Senatiſme, et le fuivant (le Paternelliſme), ne fuſſent pas dangereux, que les
Homes fe côvainquîſſent de cette verité,
que le feul Souverain est la Nacion : que
Gouvernemt par Defpote, ou par Magiſtrats, n'est legitime, que come repré-
sentant : que dès qu'il repréſente mal,
il est caſſé de droit, et fon, ou fes Ge-
rens puniſſables. Il faut furtout que les
Gouvernans foient convaincus de leur
devoir, et que la Nacion ait toujours
un moyen legal d'exercer le droit de re-
preſſion. J'en parlerai biéntôt,,. Si nous
avions été au temps préſent, nous aurions encore mieux vu, qu'Un des huit
Gouvernemens, le Teocratiſme, n'est
pas Un Gouvernement poſſible ; il ne
ferait plus que ridicul. *N.* Ceci est excellent ! *P.* Mirabeau va continuer.

8. 7e *Eſpéce: Le Paternelliſme.* filoſof

Le *Paternelliſme* eſt la même choſe que
le bon *Deſpotiſme* ét le *Théocratiſme* reünis: il exiſte encore en Amerique, dans
les Habitacions éloignées, ét ne conviént abſolument qu'à des Familles diſjointes. Il eſt beau ét doux, ſous un
Père ſage ét vertueux: mais s'il ne l'eſt
pas.... On a vn des Europeans établis
chez les Sauvages, tuer leurs Enfans,
jouir de leurs Filles, etc. ét ſe conduire
come de vrais Tyrans; ſurtout quand ces
Sauvages par goût avaient été Officiérs
dans les Troupes. † Le Gouvernemt
paternel de la Chine, eſt auſſi deſpotiq
que celui des Sauvages ou des *Sauvagiſés.* Mais ce Páys eſt dailleurs lui-même une grande Famille, dont l'Empereur eſt le Père, ét dont chaque Chef-
de-Famille eſt Un des Enfans: Ainſi le
Père particuliér craint d'abuſer, depeur
que le Père general ne le trouve mauvais.
Je ne crois pas (diſait Mirabeau), que
j'aimaſſe vivre à la Chine. Si les Moines, Capuçins, Dominiquains ét Jeſuites, qui nous ont ſait un tableau des
loix ét des mœurſ de ce Páys, ne l'ont pas
moraliſé (ce que je penſe), il eſt trop gênant, trop détaillé, trop minucieux:
Il ne me doncrait pas cette ſecurité,
dont un Auteur a beſoin pour travail-

 filosôf

ler. Oui fans-doute, il est meilleur qu'
on ne nous le dit, et fi j'étais à-portée,
j'en effâyerais. Quant à celui du Japon,
qui fut-autrefois abfolument Théocrati-
que, fous le *Dairi*, et qui est aujourdhui abfolument defpotiq, fous le *Cu-
bò-Sama*, ou Lieutenant-Militaire, j'i-
magine qu'il a dû être afféz doux fous
le Grand-Pontif, et la preuve, c'est que
le Cubò est aifément parvenu à f'emparer de l'autorité. Mais je ne voudrais
pas y vivre fous ce Lieutenant, qui m'y
paraît d'Une feverité neceffitée par fon
Usurpaçion. En-effet, les mœurf japo-
naises, font devenues atrocémt lâches,
fous le Gouvernement-militaire du Cubò. Un Japonais fe venge, come ailleu\rs,
mais intimidé par fon Tyran, il a foin
que fa vengeance le mette hors de fon
pouvoir. Infulté, il s'ouvre le ventre a-
vec Un poignard : Et come Celui qui a
rrovoqué fa colère ferait runi come homicide, il viént toujours s'en faire autant, et tomber auprès de fon Énnemi.
Ce trait prouve le genre du Gouvernement actuel de *Jeddò*, qui a perdu la
douceur du Teocratifme ,,... ,, *N*. Je
trouve jufte cette confequence.

    9. *8e Efpèçe : Le Communifme.*

    ,, *P*. Le Communifme, qui ferait le
meilleur des Gouvernemens, l'Uniq di-

gne d Homes raisonables, n'existe qu'en Filosof
Amerique, chéz certaines Peuplades, telles que les Othomacòs : Des larmes de
joie viénnét aux ïeux, quand On pense
à ce bon Peuple, ainsi qu aux Alibamons,
sur les frontières des Colonies Espagno-
les! Ils sont chaque chose en-comun : le
matin, Tout le monde travaille à l'agriculture : l'après-midi, Tout le monde
se divertit ensemble à jouer à la paume :
La Nature a fait là, ce que la Revolucion et la plüs sublime Filosofie n'ont pu
faire ici. Ces Homes simples, mais bons,
ont conçu, qu'en partageant tout le travail également, Persone ne serait grevé,
et qu'il y aurait des temps de repos pour
Tout le monde. Certainement c'est le
chéfdœuvre de la sociabilité, que de détruire l'inégalité, que la Nature a mise
entre les Homes par les facultés, pour les
rendre égaux socialemt. C'est pourtant
ce qu'ont fait les Alibamons, les plüs
justes et les plüs courageux des Peuples
d'Amerique, et les Othomacòs. Les Je-
suites l'avaît entrepris pour leurs Paraguayéns ; mais d'une manière moins parfaite : ce n'était pas ici le Communisme ; c'était le Despotismopaternellismo-
Teocratisme. »*N*. Il est vraï.

10. *L'Anarchisme, ou le Non-gouvernemt.*

»*P*. Le Communisme degenere est

Filosof tout-voisin de l'Anarchifme. Ce n'est point Un Gouvernement que ce Derniér; puifque c'eft le māque de Gouvernemt. L'Anarchifme eft momentané dans les mouvemens extrémes, amenés par le mauvais Defpotifme, ou le Teocratifme corrompu. Il eft l'effet de l'abus dans tous les Gouvernemens: C'eft Un mouvement paffioné, un delire du Corps focial, qui fe comunique à tous les Individus, et qui les tourmente, jufqu'à ce que, de fon excès même, forte le reméde. Alors les Homes fentant bién qu'ils ne peuvet exifter fans coordonance-fociale, ou fe donent Un bon Gouvernement, ou fe rejètent à corps-perdu dans le pire des Gouvernemens, le Defpotifme fans frein, l'Anarchie étant encore moins tolerable. Pendant quelque temps, le Peuple qui fort de l'anarchie, jouit d'une forte de tranquilité: mais ce Peuple eft toujours prêt à retomber dans fon delire, s'il n'a pas corrigé les abus qui l'avait d'abord occafioné......
† Tels font les 8 Gouvernemens des Homes, et le Non-gouvernement; à-moins qu'On ne le nome celui des paffions aveugles, c'eft-à-dire, l'égarement complet.
IIᵈ DIALOGUE. 11. *Hiftoriq de liaifon.*
„ *N.* Reprenons où nous en fomes reftés? „ *P.* Je fortis le lendemain de
Pierre-incife :

Pierre-incife : Mirabeau fut mis en liberté quelques jours après, à la follici-
çiou de fa Mère. Nous ne nous rencon-
trames plus ; notre carrière était trop
differente. Ce ne fut qu'à Paris, en 17-
89, que nous nous revimes. Il me reçut leftememt, et je vis bien que j'avais
affaire à Un Home trop occupé, pour
en esperer de longs entretiéns : Je
me proposaí de guetter les occasions,
et de ne jamais l'impacienter; car il était
d'une petulance comparable à celle de
la foudre !... Je fuivis le travail de l'Affemblée-Nacionale, que je vis plusieurs
fois en contradicfion avec Mirabeau,
dont je conaiffais les principes. Je fus
longtemps à le rejoindre !... Enfin, je
jouis de cet avantage prefqu'inefperé,
15 jours avant qu'il tombât malade. †Il
fortait de chéz la petite *Iafel-Nomit*, a-
vec laquelle il n'était pas bién, pour des
raisons qui ne font pas de mon reffort.
Il avait de l'humeur. Je crus le moment
peu favorable, et j'alais me retirer, après
le falut, quand il me retint par le bras :
») Refte ! (me dit-il). O mon pauvre Camarade ! je fuis bién-aife de caufer a-
vec toi, et de me rapeler *annos fuperio-
res, quos femper in mente habui !* Les tems
font bién changes ! Si l'On nous avait
dit, à Pierre-incife, que nous devions

XVIII Partie.   c c

vivre 200 ans, toi et moi, nous ne l'aurions pas pas voulu croire ! ,, *P.* Hô !
non, certainement ! ,,*M.* Cela est, come tu vois, et notre longevité n'est plus
Un problême... Paſſons 2 heures enſem-
ble: Je ſuis bién-aiſe de ſavoir tout ce que
tu penſes de notre poſicion politique, et
de repondre à tes interrogacions. Je ſais
que tu es veridiq, un-peu bizarre, mais
ſolide. Par-exemple, tu as (dit-On),
depenſé 10'000 francs, pour creèr un
demi-arpent de pré ſur un rocher. On
t'a fait obſerver que, pour la même ſo-
me, tu aurais-eús 20 arpens d'excellens
fonds: et tu repondis, en Home-de-ge-
nie: ,, Ces 20 arpens-là exiſtaient, et
moi, j'ai creé mon demi-arpent ,,......
Que penſes-tu de tout de qui s'est fait?
11. *Sentiment de Pier. ſur la Revoluçiou.*

,,*N.* Quelle fut votre reponſe? ,, *P.*
Cette interrogacion, le ton dont elle me
fut faite, tout me flata. Je vis Un Home qui était dans un moment de reſſer-
rement-de-cœur, et qui avait besoin de
s'épancher. ,, Je vais te parler (lui dis-
dis-je), avec cette veracité, dont tu me
fais un merite. Dabord, j'ai été contre
la Revolucion: Reflechi par caractère,
et courageux par reflexion, les têtes m'
effrayèrent: je crus voir la miénne en-

fourchée ét portée par Un Poliçõ. Lorf- Filosof
que je rencontrai le corps de *Bertiér*, traî-
né par 24 Enfans, je fremis : Je me tâtai,
pour fentir fi ce n'etait pas moi... Dãs ce
11 moment, je parlais j'agiffais come les
Ariftocrates. Cependant, à la vue de
la Baftille prife et demolie, je fentis un
mouvement-de-joie. Je l'avais redoutée,
cette terrible Baftille ! C'était bien-pis
que Pierre-incife, où nous étions alléz
doucement, fous notre honête et bon
Gouverneur *Borif*... Mais je penfais come les Nobles, et les Nobles deteftaît
les puniçiõs minifterielles. Ce qui eft fi
vrai, que me trouvant à la Baftille, avec ce
bon Vicomte de Touftain-Richebourg,
le jour qu'Une Femme y fut écrâsée par
une Pierre, qu'une main ennemie de-
tacha, Pour la faire tomber fur elle, il
me dit, en me mõtrant les ruines: ,,*Voila tout ce qui m'en confole,,*!... Vous marchates enfuite, en vacillant quelquefois,
mais enfin, vous marchates. Vous de-
truisiéz. ,,Ils detruisent' (l'écriait-on).
Je pris alors votre parti. ,,Coment vou-
léz-vous qu'ils reconftruisent? (disais-
je à Tout le monde), f'ils ne deblâyent
pas ,,?... Votre marche, autant que la
Filofofie, rendit neceffaire la reforme
du Clergé ; la vente de fes biéns, etc...
Car, coment auriéz-vous detruit les *Ga-*

Filosof *belles*, sans fonds ? (or il le falait, pour gâgner le Peuple ; come il faudra les reblir, pour soutenir le Gouvernement) ; il était impossible d'asseoir les impôts, et d'avoir Une Force-publique coërcitive, durant l'anarchie necessaire et momentanée de la Revolucion. Cependāt, je puis dire, à votre louange, et à celle de la Nacion-Française, l'Anarchie fut telle, qu'elle n'en degoûta pas : et peut-être fut-ce ici Un mal.... Au coup que vous portates au Clergé, je poussai Un cri-de-joie : ,, Hâ ! Fourbes ! (m'écriai-je), vous voila donc par-terre ,,.

12. *Tout çe qu'a fait Mirabeau en* 89-90.

Mirabeau, en ce moment (continue *P.*) me prit et me serra la main avec transport : Regarde-moi ! Toute l'énergie des Français reünis, n'égale pas celle qui était dans cette tête ! (car hêlas ! elle diminue !) C'est moi qui ai fait prendre la Bastille, tuer *Delaunai*, *Flesselles:* C'est moi qui ai voulu que le Roi vînt à Paris le 17 juillet : Ce fut moi, qui le fit garder, recevoir, aplaudir: C'est moi, qui voyant les Esprits se rasseoir, fis arêter *Bertiér* à Compiègne, par Un des Miéns ; qui le fis demander à Paris ; qui, la veille de son arrivée, cherchai Un vieux Bouc émissaire, dans *Foulon* son Beaupère, que

je fis devouer aux Mânes du Defpotifme
Miniſteriel : Ce fut moi qui fit porter
fa tête enſourchée audevant de ſon Gen-
dre, non pour augmenter l'horreur des
derniers momens de cet Infortuné, mais
pour mettre de l'énergie dans l'âme molle et vaudevillière des Pariſiens, par
cette atrocité... Tu ſais que je reüſſis ;
que je fis ſuir D'Artois, Condé, tous les
plats Courtiſans et les impudentes Cour-
tiſanes : C'eſt moi qui ai tout fait ; et ſi
la Revolucion reüſſit juſqu'à Un certain
Point, j'aurai un-jour Un Temple et des
Autels. N'oublie pas ce que je te dis-là.
... Continue tes Queſtions : J'y repon-
drai, quand il le faudra. ,, *P*. Et Verſailles? (repris-je) , les 5 et 6 octobre?
,, Verſailles,,! (ſ'ecria Mirabeau). Il
ſe tut, et me preſſa la main.... marcha
vite... ,, Verſailles! c'eſt mon chéfdœuvre... Mais, va, va! ,, *P*. Je te jure un
inviolable ſilence! (repris-je). ,, Je ne
ſais ce que tu veux dire , par ton ſilence
inviolable! (reprit-il ; car tu as des termes à toi : On ne viole pas le ſilence ,
mais la Gramaire... Je te *done la parole*...
la permiſſion de parler.... Aprens que
c'eſt moi qui ai fait venir ici , et l'Aſſem-
blée-Nacionale, et le Roi, et la Cour. D'
Orleans n'a ſeulement pas été conſulté,
quoiqu'il páyât,.... Juge combién était

Filosof ridicules les informacions de ce vil Châtelet, que j'avais fait nomer juge des crimes de lèze-Nacion, ét qui, s'il n'avait pas été composé de têtes à-perruques, aurait pu devenir quelque-chose !... Mais l'horrible étnecessaire Spectacle de *Foulon*, à *Berthiér* (c'est ceci qui a creusé l'effroi ; la Bastille, *Delaunai*, *Flesselle*, n'avaient effrâyé que la Cour), avait bouleversé toute l'infâme Oligarchie des Prêtres, des Robins, des Sous-robins, ét même de l'*Offîçiaille*, à la tête de laquelle mon Frère voulait se mettre : mais malheureusement pour lui, quand nos Parens le firent, mon Père était Auteur, ét ma Mère ivre ; desorte qu'il n'a que la soif pour toute énergie.... Je sentais, depuis longtemps, que tant que nous serions à Versailles, nous ne serions rien qui vâille, environés que nous étions de Gardes-du-corps, ét de Gardes-Suisses, qu'un souris, une caresse, pouvait mettre dans le parti de la Cour. J'arrangeai mâlement tout-cela. Je n'en voulais aux jours de Persone ; je voulais, après avoir saoulé le Peuple d'anarchie, come pendant les 5 jours d'interrègne des anciéns Perses, retablir le Roi, ét me faire.... Maire du Palais... Mais ayant pris toute la Canâille, jusqu'aux devergondées Deboutoneuses de la ruë *Jean-Sidenis*, il arriva quelque desordre, que je fus *filosof* arrêter, par mes Emissaires. Quelques-Unes de ces Malheureuses menacèrent la Reine ; je l'appris, et je les fis fusiller adroitement. Ce qu'il y a de singulier, c'est que l'effervescence était telle, que tout Paris fut ébranlé ; tout, Honêtes, Deshonêtes, Malhonêtes, Catins, Femmes-mariées, Pucelles, Gens de courage et lâches ; on vit, dans la bagarre, jusqu'au petit Rochelois *Nougaret*, qui talonait le Chasseur *Josse*, recenment libraire. J'en ai ri de bon cœur ; je me croyais au Spectacle de la Grand'pinte, et qu'on y donait la tragedie du *Peccata* ; passe-moi cette idée bouffone, la dernière peutêtre que j'aurai ; elle me fut suggerée en voyant dans la Troupe une foule de bas Auteurs, *Camille-Des-Moulins*, à-côté de *Durosoi* ; *Royou* en Garson-tailleur ; *Geoffroi* en Cordonier ; l'Abbé *Poncelin*, en Ramoneur ; *Mallet-du-Pan*, en Ecrivain-des-charniers ; *Dussieux* et *Sautereau* en Chaircuitiers ; *Delaclos* et *Pelletier* en Vidangeurs ; l'Abbé *Noël* et *Rivarol* en Perruquiers ; *Fontanes* et *Flins* en bonet-vert ; *Freron-Stanislas* et *Levacher-de-Charnoi* en Capucins, *Laya* et *Chenier* en pedagogue et en Élève ; *Mercier* et l'Abbé-de-Fontenai en Espions ; l'Abbé *Aubert* et *Karrat*, en Opé-

*Filosof-*rateurs, s'injuriant l'un l'autre, etc. Et des Acteurs *Français*, *Italiqs*, *Italiéns*, *Dramistes*, *Ariettéurs*, *Opéradiéns*, ou *Opérateurs*, qui tous avaient l'air d'être sur la scène!... Et une certaine Auteuse, à-cheval sur un canon, qui criait à tue-tête : ,,Ma Rose au 1er Heros ,,! ,,Si vous en avéz un million! (lui riposta *Fariö - Saintange* le *metamorfosimane* ,,.... Tout-cela s'était heureusement reüni, sous mes ieux : J'étais moi, en *Frère-Jean-des-Entomûres*, ou plutôt, en *Père-Mathieu-de-Domfront*.... Tu fais le reste. Quelques Gardes-du-corps imprudens furent causes de tout le mal : Car les Honêtes-genf, qui était le grand nombre, alaīt pour fuplier le Roi de calmer les terreurs de fon Peuple, en venant habiter la Capitale. Mais les Valets Gentilshomes veulent toujours fe rendre officieux... J'ai tout fait, Camarade; vous me devréz tout... Hâ! fi vous êtes ingrats! car j'ai bien des Énnemis!... Les Étrangérs fe font adreſſés à moi... Ils croient m'avoir feduit par la petite Nomit : mais je trompe Dalila, et les Filiftins.... Continue.

,,*P*. J'en étais (repris-je), à votre fupreffion du Clergé actuel. Mais vous fites auparavant une autre operacion, celle de l'aneantiſſement de la Nobleſſe.

Je fens bién que c'était une fuite de votre Declaracion : ,, Tous les Homes naif-
fent égaux en Droits ,, : et qu'après cela, On ne pouvait plus naître Noble ou
Serf; vous étiéz confequens : mais On
n'y aurait pas pris garde ; et vous auriéz menage de grands Ênnemis à la
Conftitucion! ,, O Buze! (s'ecria Mirabeau); pauvre Home! je t'ai vu plûs
d'efprit autrefois! Est-ce que la verte de
ta fortune et de ton état t'aurait affaibli
la tête?... Tu fais come nous haïffions
les Prêtres, toi, moi, Voltaire, Rouffeau l'*ambigüeux* lui-même? Tu fais....
Hè-bién, fi nous avions decreté l'abolicion du culte que je hais, On aurait
crié, renverfé l'Ouvrage! ou plûtôt, je
n'aurais pas reüffi! Pour punir les Prêtres, et nous fournir les fonds neceffaires à l'achèvement de la Conftitucion,
j'ai depouillé le Clergé: Au fond, ici,
je n'ai fait (à mon grand regret), que
ramener le C'riftianifme à fa primeur.
Pour punir les Nobles, qui aurait fou-
tenu la Religion, puifqu'ils foutiennent
les Prêtres, je leur fais obferver la Reli-
gion-à-la-lettre ; elle n'aurait pas fouf-
fert de Nobles parmi les 1ers Fidéls, et
la renonciacion à la Nobleffe aurait été
le 1er vœu du batême. Ainfi, tu vois,
qu'en maintenant la Religion-c'retiéne ,

filosof come culte publiq , je ne pouvais conſerver de Nobleſſe originaire.... Que
tous ces petits Inconſequens, les *Cler-
mont-Tonnerre*, les *Lalli*, les *Bergaſſe*,
les *Moûniér* , àient été étoné de la be-
ſogue, libre à eux! de pareils Embryons
n'ŏt pas aſſéz de nérf, ou l'épuiſent trop-
vîte : mais , tiéns , *Beaumarchais* m'aurait goûté , ſi ç'avait été ſon interêt....
Alons , va! va! ,, *P*. Je vois que tu as
raiſon! tu es mon maître en tout , et je
n'aurai plus la hardieſſe de marcher ton
égal. ,, *M*. Tu démens la doctrine que
je viéns de te prêcher! ,, *P*. Pardon!
c'eſt par inadvertance!... Vous avéz
bién et conſequenment fait de détruire
la Nobleſſe , dans une Société , qui voulait reſter c'retiénne! *Jeſuah* l'aurait fait
come vous ; *Pierre* auſſi , dumoins dans
les comencemens ; mais non-pas le ruſé
Saul, ou *Saintpaul*. ,, *M*. *Paul* était un
adroit.... (Il me dit le mot tout-bas à
l'oreille , et je vous le dis de-même mon
Lecteur (... Coquin). Aureſte, ſuprime ce
mot *Saint* : il n'en faut pas plûs que de
Ducs, de *Marquis*, et de *Comtes:* De tous
les Contes (pour faire un mauvais ca-
lambourd), je n'eſtime que ceux de ma
Grand'mére ! Car pour ma Mére , mon
Frére dit qu'elle en a fait un mauvais !
,, *P*. Je conviéns donc (repris-je),

que vous vous deviez fuprimer la No- *filosof*
bleffe hereditaire, et furtout les titres;
Jesuah les defend litteralement, dans
fon Évangile. Mais aprés avoir ôte les
biens au Clergé (biens qu'il ne devait
pas avoir, je le confeffe), d'où vient a-
voir exigé ce ferment, qui a causé tant
de trouble? „ *M.* Pour le coup (dit
Mirabeau), je vois que la tête t'a tourné abfolument! Pauvre Home! ou come
disaient les Latins, *Pauper Homo, quàm
maceres!...* Le ferment exigé du Clergé...
J'ai eú tort de dire, que les 5 ét 6 8bre
était mon Chefdœuvre, c'est le ferment
du Clergé, qui est le *nec plus ultrà*, de
la prudence humaine!... Sans le ferment, les Évêques, et leurs Creatures,
gardaient leurs places: Ils reftaient au
milieu des Départemens, foumis à l'ancién regime Papal, f'intitulant honteu-
sement, *Évêques par la grâce du Saintfiége
apoftoliq*; ils tenaient les chaires ét les
confeffionaux, pour prêcher, pour in-
triguer contre la Conftitucion. Avec mõ
ferment, j'ai baláyé tout-cela, fans peine, fans violence, fans avoir l'air de le desirer! Je n'ai pas plûs laiffé de MONSEI-
GNEURS en Évêques, qu'en Intendans. A-
vec mon ferment, dõt les Buzes, come toi,
n'ont pas fenti le but, ou l'ont fenti trop
tard, j'ai évêquisé tous mes bons Membres conftitucionels du Clergé: J'ai fait

des Évêques de tous-ceux qui ont pris le parti de la Revolucion, de tous-ceux des Ecclesiaſtiqs qui ont contribué à l'abolicion des Ordres *Talleirand* et *Sieies* ſe ſont elevés audeſſus de la Papauté, par leur noble conduite : *Lomenie*, ce Lomenie que j'ai toujours eſtimé, malgré ſes fautes et ſes revěrs, s'est elevé audeſſus du cardinalat, autant que le lâche *Rohan*, s'est mis audeſſous : J'ai trouvé le moyen d'avilir l'ancien Epiſcopat, par des Rohan, des *Deimar*, des Mauriſ, etc. Pas Un Honête-home de leur côte! Et tu me demandes, A quoi bon le ſerment du Clergé ?... C'est le coup-de-partie! Il vaut les Aſſignats (auxquels pourtant je me ſuis opoſé ; parceque... j'en prévois)l'abus.... Mais ils nous fontvendre les biéus du Clergé! Ils conſolident, aumoins, autāt la Revolucion... que mon ſerment de Conſtitucĭõ-civile. ,, *P.* J'en conviéns! j'en conviéns! (m'écriai-je emerveillé)... J'alais parler des Aſſignats, de *Necker*. Tu m'as prévenu pour les Aſſignats. Je les ai ſoutenus au *Palais-royal*, dans le temps, dès que j'ai eú compris qu'il ſ'agiſſait de favoriser la vente des biéns du Clergé, la liquidacion des charges, etc. Lors, dis-je, que j'eús compris ce beau ſiſtème, je les ſoutins au *Caveau*, au Café-de-*Foi*,

partout

partout où l'on voit des Groupes ét des Raisoneurs. Ma Theorie n'était pas longue. Il le faut, pour vendre les biens des Calotins, rembourser les charges des Robins, les offices des *Procureurs*, etc. On opère par-là une abondance factice de moyéns d'acheter, que la Nacion done, ét qui ne lui coûtent que l'interèt des penfions qu'elle fait au Clergé, aux autres Foncfionaires-publiqs ,, (C'est un veritable emprunt, peutêtre! emprunt à ne jamais rendre! penfais-je; mais je ne le disais pas). Car, entre nous je redoute l'effet de tes Affignats!... S'arrêtera-t-on à-propos, pour n'en faire que la quantité fuffisante?

,, *M.* Oui, oui! me (repondit Mirabeau): Je fens trop qu'en les multipliät, nous ramenerions les funeftes effets du *Syftéme*, du temps de *Law!* ,, *P.* Je fens (repris-je), qu'il en faut le double de ce qui est neceffaire pour l'aquit des fonds-de-terres nacionaux, ét le rembourfement des offices, afin qu'il y ait une latitude fuffisante pour le comerce: Car f'il n'y avait que ce qu'il faut, les Affignats gâgnerait fur l'argent, par leur comodité de tranfport: Mais fi l'On en fait trop, le figne s'avilira; votre Decret qui declare l'argent marchandise, fera vendre le Numeraire, moins nombreux

XVIII *Partie.* D d

φilosof que l'Aſſignat etrecouu de Tout le monde, avec Une perte énorme, proporciô-
née a ſa multiplicacion audeſſus de la
Monaie métallique : Une-fois la balan-
ce inégale, le diſcredit des Aſſignats irait
avec une effráyante rapidité : car Ceux
qui vendrait le Numéraire, n'aurait jamais l'intenſion de garder ce papiér, dont
la perte courrait en croiſſant ; ils s'en de-
ferait, come s'il leur brûlait les doigts,
et par-là, précipiterait encore ſon avi-
liſſement... La manière, dont je prévois que tourneront les choses, et dont
On abuſera des Aſſignats, m'épouvan-
te !... Enſuite, je voudrais que les Aſſignats, qui ont ſervi, repaſſaſſent dãs
la circulacion, aulieu de les brûler, et
de faire ainſi Une conſommacion horrible de la matière-1re du papiér, ſur laquelle il n'y a que les *Didòts* qui gâgnèt ;
tandis qu'On tue la Litterature dans
toutes ſes branches... J'entens d'ici les
Sots qui ſécrient : *On n'imprimera que
les excellens Oouvagés !...* Iufames Sots !
vous ne ſavéz donc pas qu'il faut Une
quarantaine de jets, pour en produire
un bon ! que ce n'eſt qu'en imprimant
tout, qu'On obtient Un chefdœuvre ?
Je ne conais qu'Un Libraire qui ait eû
vraiment du genie : c'eſt Jean-Pierre-
Costard : Il imprimait tout, envoyait

tout en Province, l'Un portant l'Autre,
et gâgnait plus gros que BUISSON : Malheureusement il crut sa fortune deja
faite : Une Coquine lui tourna la tête,
ou le cœur, et fondit au reverbère de
ses ïeux, cervelle, cœur, et fortune....
Revenons aux Affignats. † La Requisi-
cion ruineuse, deftructive, après avoir
livré aux Agioteurs le bléd, le bois, le
charbon, s'étendra jufqu'aux chiffons :
L'imbecile Requifiteur, home groffiér,
inintelligent, mettra des Gardiéns ftupides come lui, qui laifferont pourrir
ces amas par incurie, et le chiffon, ma-
tiére précieuse, fera nul pour les Parti-
euliérs, come pour la Nacion. On per-
dra tout par l'extrême multiplicité des
Affignats, fans mesure de nombre, et
l'écu-d'or, appelé *louif*, vaudra 24·000
liv. C'eft qu'On n'aura pas l'atenfion
d'établir des peines terribles contre les
Depréciateurs du ᴘᴀᴘɪᴇʀ-monaie ; la mort
dans les 24 heures : c'eft le feul moyén
de comander la confiance. ,,*M.* Les
craintes que tu montres pourraît fe realiser, mon ancien Camarade, fi je n'y
étais plus ! Mais j'y ferai, et je prévién-
drai tout-cela ; je reprimerai tous les a-
bus. ,,*P.* A la bone-heure ! (m'écriai-
je) : mais fi tu n'y étais plus, tout ferait perdu ;... à-moins qu'On ne me mît

Filolof à ta place... Certes, quoique je n'aye
pas tes talens, j'ai un esprit d'ordre,
une politique profoude, et je recueille
dès-à-présent mes idées..... Mais as-tu
pris garde à Un certain Robespierre?
» *M.* Oui ; c'est un Singe, qui ne bril-
lera jamais qu'où il n'y aura pas d'Home.
Mais l'Home ôté, il pourrait être très-
dangereux ! » *P.* Ce que j'en ai dit
(repris-je), n'empêche pas que vos 2
operacions ne soient superbes ! celle des
Assignats, pour vendre les biéns du Clergé ; celle du sermeut, pour expulser
les Membres viciés, gangrenés de ce
Corps, et n'avoir plus que des Ecclesiastiqs devoués à la Constitucion... Une
chose qui m'a blessé, c'est l'insolence a-
vec laquelle le Pape les traite, et nous
avec eux ! Ce qui m'indigne, c'est la demarche des Tantes de Louis-XVI, qui
ont doné l'exemple de la revolte aux Beguines, en alant se refugier auprés de
notre Énnemi, du Prêtre apostat, qui
se dit Vicaire de Jesuah, en violant la
maxime favorite de Jesuah : *Mon Royaume n'est pas de ce monde.* Tu as negligé
de faire valoir cet adage, dans ta belle
*Exposicion de la Constituciou-Civile du
Clergé* ! » *M.* (*s'écriant et soupirant*) Hä!
parle, et ne m'apostrofe pas !... (*plus bas*)
Ce n'est pas cela que je voulais !.... Je

fais bien que le Pape, et tous les Evêques Filofof
fouverains font des apoftats. Car, en
quoi confifte l'apoftasie? Sans-doute à
penfer, croire, agir contre Un précepte
ftrict et litteral. Que font les Papes, depuis *Gregoire* le *pauvre*, dit le *Grand*?
Ils renverfent l'Evangile de fond en comble, même dans les chofes où il etait
inutil de le faire... Il n'y a plus de Cri-
ftianifme évangeliq depuis longtemps,
fi ce n'eft chèz les *Quakers*, et quelques
Janfeniftes, un-peu differens de *Lecamus*
mon confrère. On nous parle de la Religion de Jesuah! Mais s'il revenait a-
vec fa doctrine, il ferait brûlé à Lif-
bone, à Goa; mis au cachot à Madrid;
traité à Rome come Un-autre *Caglioftro*;
embaftillé en France... Il ne ferait reçu
qu'en Ecoffe, par les Quakers et les Pu-
ritains. Tu fais que j'ai raison, toi;
nous avons traité cette matière, à Pierre-incise. Jesuah dit: *Bienheureux les
Pauvres!*... Le Pape et les Evêques difēt:
Bienheureux font les Riches! Et ils ex-
comuniēt tous ceux qui veulent les rendre pauvres! Ils ont raison. Mais les
Janfeniftes, qui tiennent la même conduite, ont l'imprudence de fe dire cre-
tiens, devant et avec des Genf, qui ont
le *Nouveau-Teftamenz* entre les mains!
C'eft le comble de l'impudence, de l'i-

gnorance et de la ſtupidité... Quand je vois Mauri monter à la Tribune, il me ſemble que l'Impudence Perſonifiée va prendre ſes coudees franches, et montrer toute ſon inſouciante audace, toute ſa blaſſematrice calomnie, et ſon élementaire fauſſeté. Mais j'y reviéndrai tout-à-l'heure... Le Pape, etles Evêques refractaires, celui de Clermont, par-exemple, ont dit, que nous renverſions la Religion: mais il falait être impudent come Un Evêque, faux et ſot, poui oſer le dire ! Car nous reſtaurions la Religion, malheureuſement ! Nous la renvoyions, come je l'ai dabord dit, à ce qu' elle devait être; elle n'était pas même encore aſſéz pauvre, en lui donant des penſions, en rendant au Peuple les élecſions, dont la confirmaçion par les Rois n'était pas Un effet de leur Deſpotiſme; mais, parcequ'étant Souverains-Pōtifs de droit, il était naturel qu'ils çonfirmaſſēt tous les petits Pontifs ſubalternes des Religions diſcoles. Et quand j'avāce que nous n'avons pas rendu le Clergé aſſéz pauvre, je dis Une grande verité ! Car d'où-viént, dans la Primitive Égliſe, donait-On des biéns-meubles aux Prêtres, ou Vieillards c'retiéns ? Parcequ'ils avaît ſoin des Pauvres de la petite Société. D'où-viént ne leur doit-On doner au-

jourdhui tout-au-plûs que la vie et le vêtement? C'est que toute la Société e-
tant exterieurement c'retienne, elle est
civilement chargée de ses Pauvres... Et
quand les Curés fesaient des aumônes,
sous le dernier Régime, d'où venait cet
argent? De leurs revenus? Non: Le
Curé qui mettait les IIs 6 francs dans
la bourse, était regardé come fort-gene-
reux! Ces aumônes venait de la Société. Ainsi la Société, qui avait autrefois
doné aux Prêtres et aux Moines, pour
être dispensée d'avoir soin de ses Pauvres, en était, malgré cela, restee chargée, come auparavant. Qae viént-elle
de faire? Elle a repris à des Adminis-
trateurs infidèles, des biéns qui n'e-
taient point à eux, dont ils avait usur-
pé la propriete absolue, et elle s'est
chargée de ses Pauvres, come auparavant. Y peut-il avoir Une rentrée en
possession plùs legale et plùs juste?

13. *Suite: Apostasie du Clergé prouvée.*
,, Mais, mon Ami (continue Mirabeau), et veici où je voulais en venir;
les Prêtres voleurs s'était accoutumés à
Une douce, à Une entière possession:
Sans s'embarasser de la Religion, ni des
Pauvres, ils apostasiait, en n'entrant
dans le sacerdoce que par la soif des richesses: le but des Apostats Cadets-No-

bles, était de ſe trouver d'Un plain ſaut et
ſans attenter au Droit d'aîneſſe des Familles, Riches et Grands-ſeigneurs;
c'eſt-à-dire, préciſément Ceux que Jeſuah exclut de ſa Religion et de ſon Paradis…. Je ne ſaurais exprimer l'imprudence du Pape et des Evêques d'autrefois,
de n'avoir pas adroitement retiré et fait
brûler tous les Nouveaux-Teſtament,
Un ſeul Exemplaire excepté : On l'aurait tenu enfermé au Vatican, dans le
cabinet du Pape ; et Celui-ci ne ſe le
ferait fait lire qu'Une-fois en ſa vie, par
le Général des Jéſuites, dans les 1ers
jours de l'avènement au Pontificat. Je
ne ſaurais expliquer la conduite des plats
Députés Noirs, que par leur profonde
ignorance ! Je crois que jamais ni *Mauri*, ni le *Pape*, ni *Clermont*, ni *Nanci*,
ni *Rouen-évêques*, n'ont lu l'Evangile ;
ou ſ'ils l'ont lu, ce ſont des Fous à mettre à *Charenton*…. Hà ! ſi j'avais été
Mauri, je ſais bién ce que j'aurais dit,
et come j'aurais ſoutenu ma cauſe ! Je
ne conais qu'un bon moyen, et je l'aurais pris…. Monte à la Tribune, je me
ſerais écrié :   † *Tribune.*

14. *Diſcours qu'aurait dû tenir Mauri à la*
    » Français-catholiques, et vous C'rè-
tiéns de toutes les Sectes ! coment ê-
tes-vous aſſes deſtitués de ſenſ, coment

vos Reformateurs *Luthèr* et *Calvin*, ont-
ils été affez fous, POUR NE VOIR PAS, que
le C'riftianifme, affis fur le Trône, et
regiffant la Terre, n'est plus le C'riftianifme caché, dont On pourfuivit et con-
dana le Chef au dernièr fuplice, au fuplice des Efclaves fugitifs et Voleurs? dõt
On puniffait les Sectateurs come re-
bèles aux loix, impies et perturbateurs?
Tels que des Vagabõds fans aveu, ils s'en-
fermaĩt dans des grãges avec des Gour-
gandines, pour y manger un jeune-Enfãt
rôti, quand ils n'avaĩt pas de quoi acheter un veau, un chevreau, un Agneau,
donant le nom de ce Dernièr à l'Innocente Victime qu'ils devoraĩt! ce qu'ils nõ-
maĩt l'*Agnus Dei*? Ils fe mêlaĩt come les
Bectaffchites ou les *Jatabites*, par ce qu'
ils apelaĩt l'*ofculum*, ou *baifèr-de-bouche*?
Ils tramaĩt des fourberies contre la Reli-
giõ de l'État et le Gouvernement, entre-
prises qui de temps-en-temps éclataĩt!
Enfin MM. les C'RETIÉNS ne font plus,
depuis Sa-Majefté l'Empereur et Souverain Pontife CONSTANTIN, cette Secte vile, atroce et gueuse, 100, 200, 300, 800
fois au-deffous des *Jacobins*, et comparab-
ble feulemt à leurs *Sanfculotes*! Elle a
difparu; il n'en eft refté que le nom! c'eft
la Société entière, même les Non-cõ-
formiftes (depuis la Revocacion de l'É-
dit de Nantes), tels que les HUGUENOTS

filosof Barnave, Rabaud, le janfenifte Camus;
ce qui est bien pis que d'être filosofe,
come Mirabeau comte, Bacchifte, come
Mirabeau vicomte; ou Athée come moi.
(J'obferve ici, que je rens les titres,
malgré votre Decret; car autrement, coment aurais-je diftingué les 2 Frères? A-
moins de dire, *Mirabeau violeur*, *Mirabeau
vide-bouteille?* ou plüs fcandaleusement
encore, *Mirabeau-Nomit*, ét *Mirabeau-
Tonneau*).... Je disais donc, que le Crif-
tianifme renferme toute la Societé : Or
je le demāde; Celle qui veut un Culte, des
Miniftres bién propres, magnifiqs même,
n'a-t-elle pas droit de les enrichir, pour
les rendre humainement refpectables? je
demande, fi elle n'a pas droit de leur
doner des titres honorifiqs, aprochant
de ceux de la Divinité? Qu'un Prêtre-
Juif ou Payén fe fût apelé *Monfeigneur*,
un Calembourdifte, un Marquis *de-
Bièvre* par-exemple, en aurait pu faire
mon Saigneûr: Mais ce Calembourd ne
peut naître parmi nous: Prêtres fuivāt
l'ordre de *Melchifedech*, nous n'offrons
que du pain ét du vin : Sacrifice paisi-
ble, come on voit; ét fi quelquefois
nous avons inmolé des Victimes-hu-
maines; d'une manière moins excusable que les 1ers Crétiéns, qui avaient
faim, ét qui dailleurs rôtiffaient un Enfant dont l'âme innocente alait droit au

Ciel, même avec la palme du Martyre, ce qui en fesait un biénheureux ;
(Voyéz les *Stromates* de *Stélément*) ; si (dis-
je), nous avons inmolé des Victimes-hu-
maines, ce n'est pas sur l'autel ; les Prêtres
ne touchent pas corporellem̃t la Victime,
qu'ils ne brûlet, ou qu'ils ne jugulent dãs
la place-publique , qu'intellectuellem̃t,
come les Juges temporels : Ceux-ci ne
rompent, pendent, fouettent et marquet,
que par la main de leur Agent, vulgaire-
ment nomé le *Bourreau*, nom qui ne devrait être doné qu'aux Satellites tour-
mentãs et non à l'Executeur-impassible
de la loi : Car j'aime les Bourreaux, moi ;
l'on peut en avoir besoin ; d'ailleurs , il
est plus agreable d'être expedié par
eux, que par une Populace aveugle, (e-
xemple), par un *Jourdan* , dit le Cou-
pe-tête , qui vous la scie avec son mau-
vais-couteau , tandis que vous respirez
encore ; ou come le *Cannibale* , qui re-
tournant la lame dans le flanc du Maire
de *Saintdenis*, lui disait : ,,*Sens-tu cette*
fraicheur-là ?... Ou come cette Fême dé-
naturée de *Caen*, qui... qui... Cela ne se
peut dire que dans les ruelles. Vous ne
m'entendéz que de reste ; il s'agit du Jeune *Boufflers*... L'Église abhorre le sang ;
mais il est des cas !... Je divague fu-
rieusement... Je reviéns au fait , avant
que la sonnette m'y rapelle.

Filosof

,, Il est ſi vrai que le Criſtianiſme
d'aujourdhui, c'est-à-dire, de la Société entiére, n'est plus celui de la petite
secte obſcure des 1rs Crétiens, que tout
y est interverti; Nous n'avons plus voulu rién avoir de comun avec ces Faquins-
là. Et dabord, On disait la Meſſe le
ſoir; c'était la *Gêne*, le Soupér, que ces
imbeciles Proteſtans font le matin. Mais
cet Usage ne pouvait ſubſiſter; il deran-
geait toute la Société. Un Père-de-fa-
mille arrive chez lui bién fatigué, de
campagne, de la chaſſe, de la charrue,
ou du spectacle, ou de faire des visites;
en-un-mot, il arrive chèz lui, chargé de
la fatigue de toute la journée: Voudriéz-
vous qu'il alât à la Meſſe pour ſe rafrai-
chir? Dailleurs, tant de Genſ ont bién
dîné (ce qui n'arivait guère aux 1rs-Cre-
tiens), qu'il leur ſerait impoſſible d'ava-
ler Une bouchée-de-pain! Cela m'est
arrivé cent-fois à moi! Dans le bon-
temps! quand On me voulait avoir à un
petit soupér, il falait que j'en ſuſſe prévenu plusieurs jours d'avance, afin que
je puſſe y fairehonneur; ſans quoi,
je ſerais-là reſté, come Un petit-Maitre,
à grignoter des gimblettes: car On co-
muniait ſolidement, du temps de ces
Meurts-de-faim: C'était Un bon gros
moreeau-de-pain rompu; c'était avec
cela

cela Un gigot-de-mouton de 20 livres ; Filosof
Un aloyau ou Un dos de Bœuf ; Un cochon entiér, etc. Que deviéndraīt les
soupérs de Femmes , si On alait tous les
jours à la Çêne, come On va à la Sec-
sion ?... On a donc changé cela. On
a mis la Messe au matin : On a fait Un
grand apareil, pour ne rién manger ; car
souvent le Seul qui prénne quelque-chose, à notre sacrifice d'apparat , tombe
d'inanicion, en l'achevant... Vous dites, que vous avéz rendu les élecsions
au Peuple, suivant la règle de la primitive Église! Mais vous êtes des *Jeans-
Sucre!* Dans la primitive Église, le Gouvernement ne se mêlait pas de nous; nos
élecsions, entre crapuleux Gredins , ne
pouvaīt être faites que par la Secte: Dans
le regime actuel, le Roi, Souverain-Pon-
tif-né, come l'était les Empereurs, mais
non exerçant, a seul le droit de nomer les
Évêques, et de leur deleguer Une por-
sion de l'Autorité publique, pour l'exercer en son nom : Ce n'est pas le Clergé, que vous depouilléz ici, c'est le Monarq. Or vous avéz decreté, que vous
conserviéz votre Monarq : Vous êtes
des menteurs: Vous renverséz vos propres decrets... Les biéns du Clergé n'é-
taīt plus le patrimoine des Pauvres ; c'é-
taīt des benefices à-vie, come en don-

XVIII Partie.   E e

naît à leurs Gentilshomes d'origine,
mais non hereditaires , pour la fortune
et les titres , les Rois de la 1re et de la
2de Races : Ceux de la 3e ayant laiſſé
usurper aux Gentilshomes les titres et
le Domaine util des benefices , ils n'a-
vait plus à doner que les Benefices Ecclesiaſtiqs, reſtes non hereditaires ; parceque les Prêtres n'était plus mariés.

15. *Origine du célibat des Prêtres.*

„ Voici come On ſcrute l'hiſtoire des
mœurs ; je vais vous l'aprendre , Meſſrs.
Pourquoi croyez-vous que le mariage , laiſ-
ſé libre de droit divin aux Prêtres , leur a
été interdit par le droit humain? C'eſt
préciſement à-cauſe des benefices. Les La-
ics, qui y prétendaient , ſoit perſonellement,
ſoit pour l'avenir , au nom de leurs En-
fans, ſentant bién que ſi les Eccleſiaſtiqs ſe
mariaient, ils feraient come les Nobles , et
rendraient tous les benefices hereditaires,
firent decreter , que les Prêtres ne ſe ma-
rieraient pas. Les jeunes Prêtres eux-mê-
mes , qui n'avaient que de petits benefices,
et qui convoitaient les Gros , apuyerent la
moçion des Laïcs, et votèrent pour le céli-
bat des Prêtres , qui leur laiſſait de gran-
des expectatives. Voilà tout le myſtere, Meſ-
ſieurs. Vous avez fait une belle Cagade,
en ôtant au Clergé ſes biéns! Vous avez
ôté à la Naçion ce qu'elle avait , et dont

elle disposait, ce qui n'était pas hereditaire, pour lui faire vendre, come à un jeune
Libertin prodigue, son fond, source de ses
revenus. Vous aviéz ces biens en masse, à
votre dispoziçion: Que falait-il en faire,
au lieu de les vendre? La retraite de tous
vos vieux Militaires; la recompense de tous
Ceux à qui vous devéz de la reconaissance, Artistes, Gens-de-lettres, Artisans, etc. Vous
deviéz asseoir sur ces biens, les pensions dont
vous venéz de charger la Naçion, tant pour
le culte, que pour le remboursement des charges. Vous ne les auriéz pas donés aux Titu-
laires de Celles-ci: Vous leur auriéz alloué
le bien, pour payer en 20 ans leur capital et
les interêts. Alors point d'Assignats; point de
fuite de Numeraire; point d'apât au plús
vil, come au plús coupable des agiotages,
celui de la vente de l'argent. † Je viéns
à-présent à nos titres, que vous nous avéz
ôtés. Point de difficulté, que si le Cristianisme était encore parçiel, il ne faudrait pas
que ses Membres en portassent: Il ne faudrait
pas qu'ils eûssent des seigneuries, des princi-
pautés: Mais aujourd'hui que le Cristianisme est tout, il falait que l'Evêque fût Mon-
seigneur, dès que l'Intendant de la Province
l'était: Ce n'était pas en qualité de Disci-
ple, ou d'Apôtre, qu'il était Monsei-
gneur, mais en qualité de Préposé sur un
Diocése, une grande Ville, où il exerçait

filosof *l'autorité civile sur les mariages, sur les naissances des Enfans, sur la sepulture des Defunts. Et c'est par cette raison, que le Monarq doit encore nomer les Évéques, ét qu'ils ne font nomables par le Peuple, que dans une Republique. C'est en confondant deux espèces de Gouvernemens, que vous avéz rendu les nominacions aux Citoyens: Cen'était pas aux C'retiéns, come Citoyéns, qu'elles apartenaient autrefois, mais come Sectaires cachés, tous égaux entr'eux.*

16. *Peroraison de Mauri.*

" Je me resume, Meffieurs. *Vous avéz fait une mauvaife Conftitucion du Clergé, pareeque vous avéz confondu le nouveau C'riftianfme avec l'ançién, vifiblement detruit ; le C'riftianifme parçiel, avec le C'riftianifme univerfel ; la Secte obfcure, profcrite par la Soçiété, avec la Soçiété. Tout ce qui ferait apoftafie, dans le C'riftianifme purement religieux, deviént legitime ét permis, indifpenfable même, dans le C'riftianifme politiq, etc.*

17. *Reprise du raifonement de Mirabeau.*

Voila ce que Mauri aurait dû dire : Il aurait dû diftinguer, et il n'aurait pas eú contre lui, et les terribles argumens tirés du texte de l'Evangile, qui eft le code c'retién, et le ridicul amër dés nominacions *évêquales* par les Catins de la Cour, Il aurait dit : *C'eft Un abus,* ceçi ; *On le reformera*... Jamais On n'a ête aussi gaûche que l'a été ce Fils de Cordonier ; parcequ'il était sans principes, dans la defense du Clergé. En voulant tout conserver, Abus et Droits, il a tout perdû. Si je ne l'avais pas conu auparavant, je l'aurais pris pour Un sot. Il l'est bién un peu : cet Home n'a pas le veritable esprit ; ce m'est que de l'exaltacion Provençale : D'ailleurs, Mauri a eû la plûs basse éducacion, celle des Gens-du-comun, auxquels On inculque qu'*il faut tout sacrifier à son intérêt* ; *que c'est être sot, que de souffrir quelque-chose d'Autrui ; qu'il ne faut jamais paraître avoir tort,* etc. Si le Pitt d'Angleterre n'avait eû reçu que l'éducacion de Mauri, combién il y a longtemps qu'il ne serait plus Ministre!... Je ne trouve rién de si gaûche et même de si bête, que de vouloir toujours gâgner dans le comerce, et toujours avoir raison dans la discussion. Il faut tâcher d'avoir raison ; il faut tâcher de gâguer. Mais si vous vous apercevéz que vous avéz tort, revenéz avec franchise ; donéz confiance en vous par votre bone-foi. Pitt, en ceci, est presqu'un modèle : Combién de fois n'a-t-il pas cedé?... Un autre defaut de Mauri, c'est d'être sans delicatesse, autrement sans pudeur : Tous les moyéns lui sont bons. Un Home-publiq, come nous le somes depuis 2 ans, est perdu, s'il laiſſe entrevoir cette diſposicion. Tu ſais qu'On me l'a prêtée? Hé-bién, mes plus grādes peines, dans les affaires, ſont venues du combat que j'étais toujours obligé de ſoutenir contre cette maudite prévencion! On peut être tout ce qu'est Mauri, et ne pas le paraître, come il le paraît... Parle à ton tour, ancién Camarade; car je ſais que tu aimes à perorer.

18. *Queſtions à Mirabeau ſur Necker.*

„ P. Oui, oui! et j'ai beaucoup à dire; non pour te refuter; tu viéns de parler d'or, come tu fais toujours; mais pour t'interroger, et ſavoir ton opinion ſur une infinité de points... Dabord, ton ſentiment ſur Necker, là, bién précisé? † „ M. Volontiérs. Necker est Un Home lourd, qui ſe croit grave et ſolide, parcequ'il est pesant: N'ayant jamais eú d'idées à lui, que celles de l'agiotage plûs celle de l'ambicion: Fesant des Livres par la digeſtion des pensées d'Autrui, ſans quoi ſon cerveau en ſerait vide: (en ceci, MAD. De-Genlis eſt ſon pendant): ſe croyant profond, parcequ'il est creux; Un Grand-home, parcequ'il a eú par-hazard une Grande Place. Ce qui m'a le mieux prouvé qu'il est Un Home comun, pour la trempe,

c'est qu'il n'a pu traverſer le feu du Mi-
niſtére, ſans ſe brûler les aîles, ſupoſé
qu'il en eût : Il y a pris l'eſprit-de-corps,
come tous les Homes vulgaires ; et après
l'avoir vu contribuer à la Revolucion, je
ne ferais pas étoné qu'il devînt l'Ariſtocrate le plüs puant de l'Europe. Du-
reſte, c'eſt Un Home vain, rêvant toujours le Miniſtère ; beaucoup plüs Petit en Place, que hors de Place, come
tous les Homes mediocres : Il était cal-
qué pour être Ier-comis ; il aurait pu ne
pas ſe deshonorer dans cette Place, où
l'On n'eſt jamais vu qu'à demi-jour.
C'eſt aujourdhui Un Piètre Home, incapable d'une resolucion ſolide, et qui
reviént par Puſillanimité à la Nobleſſe,
qui le haït et le meprise ! Il eſt é-
toné de ce qu'il a fait, come les Sots et
les Petits ſcelerats... Juge combién de
pareils Homes doivět m'inſpirer de mépris, à moi, qui marcherais ſeul, come
Un million ! Hé ! combién, dans notre
Aſſemblée, ſont des Mirabeaux en a-
parence, qui euſſent été des Neckers,
s'ils n'avaient pas été ſoutenus par
Une Aſſemblée !... Non, mon Ami, je
n'en vois pas Un, pas Un-ſeul, qui eût
fait ſeul, ce que j'ai fait ſeul... Quand
j'ai tenu le Deſpotiſme Miniſteriel, dãs
ces mains nerveuses, je l'ai ſerré à la

gorge ; je lui ai dit : *Combat à-mort : je t'étouffe, ou tu m'étoufferas...* Je l'ai presqu'étouffé. Mais il est terrible encore, et je redoute toujours le croq-en-jambe.

19 *Question sur notre pénurie de numéraire.*

» P. Tu me ravis, mon chër Camarade de Pierre-incise.... Je t'écoute avec tant de plaisir, que je ne parlerais pas, malgré ma maladie (une incontenence de paroles, come chaqu'un fait), s'il ne falait pas te laisser reprendre haleine, et t'interroger. Quelle est la cause de notre pénurie actuelle de Numeraire ? Je la presume : J'imagine que les Aristocrates, pour verifier leur prédicſion, lors de l'émiſſion des Aſſignats, ont enfoui le Numeraire. Je penſe qu'ensuite l'Aſſemblée a fait la plüs haute ſotise, en Politique, quand elle a declaré que l'or et l'argent monoyés étant Une marchandise, On pouvait legalement vendre les écus et les louis : que par ce Decret, On anonçait ouvertement la depreciacion de l'Aſſignat, puiſqu'On avertiſſait la cupidité de mettre le Numeraire hors de pair, pour en acheter les Aſſignats au plüs bas prix poſſible : que de ce moment, Ceux qui avait des denrées, ont voulu vendre au plüs haut prix poſſible, pour prévenir la perte sur les Aſſignats, devenue certaine, depuis

la venalité du Numeraire. En-effet, il
est absurde qu'un signe ideal, come la
Monaie, puisse augmenter ou baisser de
prix, à-moins qu'il n'y ait Un autre signe, plus ideal encore, qu'On veut faire tomber.... Mais, dis-moi, Quelle
est la vraie cause de cette inconcevabi-
lité, qui a fait permettre la vente du signe metalliq, au detriment du cartaire?
† ,, *M.* Il n'est pas difficile, mon chér
Commensal-royal, de te repondre à cette question : C'est la sotise, l'imperi-
cie de quelques Membres du Comité
monetaire, qui ont entraîné les Autres
... Si tu me demandes, Pourquoi on
vend l'argent. La reponse est encore
plus simple ; l'égoïsme, l'interêt perso-
nel. Si tu me demandes, Si ce sont les
Aristocrates qui accaparent l'argent?
C'est un-peu cela pour Ceux qui le peuvent: Car *Rivarol*, ét *Sabbathiér*, tout A-
ristocrates qu'ils sont, n'accaparét point
le metalliq. Quî donc le fait enfouir?
L'idée qu'on peut le vendre : C'est l'As-
semblée-Naçionale, par son impolitique
permission de vendre le monnoyé, qui
a fait tout le mal. Il falait brûler vif le
Premiér qui aurait vendu un écu: Il aurait falu pour cela, que j'eusse été Dic-
tateur pendant 15 jours, ét tu aurais-
vu le Numeraire courir : On s'en ferait

debarrassé parcequ'il n'y aurait eú rièn
à gâgner en le gardant. Hô ! quelle école! quelle école, on a fait-là ! Et cette Municipalité ! Bon-dieu !... Mais je me
souviéns du précepte , Tu ne maudiras
point les Princes de ton Peuple. Je ne
les maudirai donc pas , mais je leur dirai, que le Royaume des Cieux est à
eux , en-vertu de la 4e Béatitude, je
crois... Il y a 20 Petites causes de la rareté du Monoyé, et Une Grande, Grande, qui viciera tout, la liberté de vendre l'argent-monaie. Que Celui qui le
vendra en nature, surtout à l'Étrangér,
soit brûlé à-petit-feu ; non par cruauté,
je ne suis pas asséz bête pour être cruel,
mais pour effráyer: Que le suplice tombe sur le plüs riche Vendeur , Celui qui
doit avoir le plûs de regret à la vie, par
l'heureuse situacion de ses affaires, la
beauté de sa Femme, ou l'heureuse-venue de ses Enfans! N'épargnéz pas les
Banquiers, les Agioteurs ; cherchéz-là
vos Coupables : mais épargnéz ces malheureux Detailleurs , quoiqu'ils fassent
un bién grand mal ! car ces Detailleurs
pèsent sur le pauvre Peuple ; ils refusĕt
inhumainement tout ce qui pourait aider l'Ouvriér , pour avoir un écu deplûs à vendre le soir. Le lendemain-matin, ni les Épiciérs, ni les Limona-

diérs, ni les Cabaretiérs, n'ont pas Un ^{Filosof}
écu! Faites mieux: accordéz Un titre
d'honeur à Celui d'entr'eux qui aura
échangé de petits Affignats, tous les
jours un nombre designé: fi plûf, de
plûs grands honeurs; qu'il foit celebré
publiquemt à fa Secfion, en vertu d'nn
arrêté de la Municipalité; qu'il reçoive
des felicitacions au mariage de fes Enfans, ou à leur naiffance; qu'il foit honoré jufque dans fes funerailles: Que le
Note du contraire foit mal regardé.....
Qu'On mette Une courone aux 3 couleurs à la porte du bon Patriote Detail-
lant; et que Celui dont les excès d'é-
goïfme meriteront punicion, foit flêtri
fur fa boutique, par Une marque noire, jufqu'à ce qu'il ait mérité qu'On
l'efface. Que les Papiérs-Publiqs, ces
vils écohs, qui ne favent que lucrifier,
fans jamais utiliser, foient obligés de
louer, en 2 ou 3 lignes, chaque bon Citoyen, 1-2-3-4 et jufqu'à 6 par jour,
fi le nombre est confiderable; ét de blâ-
mer également, en vertu du jugement
de la Secfion (qui aurait Un *Comité de
Renomée*): et fi les Membres de ce Comité
avaît pris Un Arrêté injufte, qu'ils foiët
placés dans les Journaux avec la même
note de blâme, etc. Les Denonciacions
Journaliques n'aurait pas d'autres fui-

ɣilosoſ tes ; à-moins qu'il ne s'agît des Ban-
quiérs, ces Énnemis irreconciliables de
la proſperité publique. Que l'Adminiſtracion generale ſeviſſe, pendant Un
temps doné, come 10 ans, contre tous
les Émigrans antipatriotes, en ſequeſ-
trant tous leurs revenus au profit de la
Nacion : Que tout Banquiér convaincu,
pendant cette Decade d'années, d'avoir
fait paſſer de l'argent aux Émigrés, ſoit
condané à mort: Que les Fermiers, Mã-
dataires, Debiteurs ſoït condanes à pã-
yer 2-fois... Cette loi est mauvaiſe, mon
Ami : mais quand elle est neceſſaire, il
faut la porter : Machiavel, tant decrié!
n'a pas toujours tort : *Il faut prendre
ſouventeſois le moindre mal pour un bien.*
C'ést la 1re ligne que j'ai lue de cet Auteur, à l'ouverture de ſon Livre *du Prin-
ce*, ét elle a mille-ſois ſon aplicacion dans
le cours des affaires, ét durant le vie.

20. *Queſtions, ét Réponſe ſur D'Orleans.*

,, *P.* Mon chër Riquetti ! Je ne me
ſens pas d'aise de t'entendre ! Tu es lumineux come le Soleil ! Mais j'ai encore tant de queſtions à te faire, que je
crains ton activité naturelle, ét que tu
ne m'échapes !... Dis-moi : M. D'Orleans a-t-il eü les deſſeins que lui prête
Une Partie de la Nacion ; tandis que
l'Autre l'en abſout ? †,, *M.* Je ne crains
rién !

rién! Je pourais te dire tout ce que je pense. On m'a prêté, dans le Publiq, des difcours que je n'ai point tenus. Je t'ai fait ma confeffion. J'aurais donc été fon complice? Or, mon Ami, jamais je n'ai été confpirateur... Que ce mot te fuffife. J'aime et j'honore le Roi des FRANÇAIS. L'Affemblée-Nacionale a decidé, qu'il falait Un Roi à Une Grande Nacion; et mieux vaut Louis-XVI qu' Un-autre. Quoi! j'aurais été embarquer l'État dans Un changement de branche, dont tout l'odieux ferait retombé fur moi?... Ç'en est affez là-deffus. Je ne fuis pas fou: tu me conais? et quand j'ai fait des fautes, j'avais des raisons, ou des paffions. En Politique, mon A-mi! ce font des raisons, non des raf-fions qu'il faut avoir: autrement, au lieu de monter au Trône, On est voituré à l'échaffaud. † „ *P.* M. D'Orleans est donc bien calomnié, puifqu'On lui at-tribue au moins la moitié de la Revolu-cion? „ *M.* Je ne te trouve pas aujour-dhui ta penetracion ordinaire, et tu es bien entêté!... Aprens que j'ai toujours été l'Home de la Cour, et non celui d' Orleans. La Cour, qui croyait que je la deteftais, fe defia dabord de moi: Mais dès qu'elle eût des Miniftres qui me convenait, je leur parlai; non pour

XVIII Partie.   F f

Filosof.

m'ouvrir à eux, mais pour avoir un entretién avec Louis-XVI étſa Femme ſans
temoins. Je l'obtins ; et ce fut alors que
je detaillaí mes vues, de cette maniére
qui convainc, qui perſuade. La Reine
ſurtout fut tellement ramenée, qu'elle
me dit ces propres paroles :

21. *Diſcours de la Reine M-A., à Mirabeau.*

 ,, *Vous ſavéz trop, Monſieur De-Mira-
beau, que nous ne ſomes pas ſans appuis:
Nous avons toutes les Puiſſances de l'Europe, ét ſurtout mon Frére. Je ſuis bien
ſûre que la France ne tiéndra pas contre
toute la Terre! Mais, voici une marque de
confiance: Je vous avoue que je crains un-
peu les obligaçions inmenſes que nous aurions à tout le monde! à mon Frére lui-
même, qui voudra nous maîtriſer, ét qui
ſ'eſt déja expliqué fort-librement ſur mon
compte, à moi-même. Et puis le Souverain
d'un État, come le Roi de France, aura-
t-il gratuitement des obligaçions au Roi d'
Eſpagne, au Roi de Sardaigne, au Roi de
Pruſſe, au Roi de Suéde, aux Princes de
Empire? Il faudra payer tout le monde;
l'Eſpagne ét la Cour de Turin, par de
petits demembremens peutétre; le Roi de
Suéde, par quelques Vaiſſeaux équipés;
l'Empereur, mon Frère (elle ſoupira),
peutétre par la ceſſion de la Lorraine, la*

partie du Hainaut, ét de la Flandre que possede la France; le Roi de Pruße, par un argent énorme, etc. Aulieu que fi nous étions servis efficacement par un Français fidél, actif, un Génie entreprenant, qui aurait la confiance du Peuple, nous en ferions quittes pour le faire 1ér Miniftre: ét ce ferait avec bién du plaifir! Car nonfeulement ce ferait là une obligacion, un devoir, mais notre utilité. Il nous delivrerait d'une tutelle très-dure, que je redoute fi fort, que je ne me fuis encore jetée qu'à demi dans les bras de mon Frére. Attendéz-donc tout de notre reconaißance. Vous avéz trop d'efprit d'ailleurs, pour ne pas fentir, que ne vous donant que le pouvoir que nous fomes forcés de confier à d'Autres, le don en eft fûr. Nous vous préferons, d'ailleurs, à M. d'Orleans, qui a voulu fe raprocher de nous. Mais nous avons regardé cela, come une preuve qu'il fe croyait perdu, ét nous l'avons repoußé.

22 *Mirabeau reprend la fuite de fon propos.*

,, Il fut donc convenu que je travaillerais fourdement, ét de-concert avec les 2 Perfones Royales, au retabliffemt de la Royauté dans tous fes droits. C'est ce qui m'ocupe, chér Ami! je vais à ce but, par un chemin couvert. Quāt à D'Orleans, depuis le mauvais accueil qu'a reçu l'offre de fes fervices, il a repris fa petite haîne, fa petite nullité; il laiffe tout faire à fes Subalternes, qui n'ont d'autre but que de forcer la Cour de s'adreffer à lui. Mais ils n'y reüffirōt pas: Je fuis-là. Ainfi, attens-toi à voir un-jour ton Ami, camarade de Pierre-incise, Un RICHELIEU, ou tout aumoîs Un MAZARIN. Je conais tes talens; je t'emploierai d'autant plüs fûrement, que je fais que ton Oncle d'ici poura te four-nir des Pièces et des Details, qui gâgne-ront leur confiance: Je te regarde mê-me, fous ce point-de-vue, come Un Home Uniq : Compte fur moi : Mon interêt, celui de l'État, ét notre vieille amitié feront que je t'emploierai ,,.

Je remerciai Mirabeau de la cōfiden-ce qu'il venait de me faire (continue *P.*) Elle m'éclairait fur une indecision que je n'avais pas conçue. ,,Enverité ! (lui dis-je), je crois, mon chër Riquetti, que vous voila Un Grand Miniftre!... Puiffiez-vous reüffir à mériter dans cette Place, la feule veritable gloire, celle de contribuer au bonheur des Peuples!...

23. *Machiavelifme de Mirabeau.*

,,*M.* Te voila donc auffi dans la tri-viale vertu de nos Filofofiftes ! Le Peu-ple ! le Peuple ! Le Peuple est fait pour les Gens de merite, qui font le cerveau du Genre-humain : Ce n'est que par et pour nous qu'il doit être heureux. *Moï-se* a été le cerveau juif ; *Mahomet* le cerveau Arabe ; *Louis-XIV*, tout petit qu'il fut, a été le cerveau français, pendant 40 ans. ,, *P*. Hâ-hâ ! voila du Machiavelisme !... Voici une autre question : *?*. *La Liberté est-elle un bién pour Une Nacion?* † *M*. ,, La resolucion de cette question est digne de moi, et notre entretién finira par-là.... Tu sais quels sont mes sentimens sur les differentes sortes de Gouvernemens ? (*On les a vus plüshaut, dans l'exposicion que* P. *en a faite à* N.) : Mais les Espèces ne font pas des individualités. *La Liberté est-elle toujrs Un bién pour les Individus?*... Je defie de repondre affirmativement et d'une manière generale, *Oui*. Car la Liberté absolue n'est pas un avantage reel pour les Enfans, les Imbeciles, les Fous ; pour certains Homes qui ne font pas fous, mais dont la judiciaire est fausse, come font tous les bas Scelerats, les Timbrés ; les Méchans par caractère, come cet Home qui voulait disséquer Une Femme vivante ; qui en poignarda Une-autre, pour jouir d'elle dans les convulsiõs de la mort : La Liberté absolue ne ferait pas Un bién pour les trop Passionés, come nous avons été quelquefois ; ni pour les Joueurs, les Debaûchés, les Ivro-

Filofofgues ; en-un-mot , les 3-quarts des Homes.   A Qui donc la liberté est-elle bone ?   A très-peu de monde , puifque ce
n'est qu'aux Sages.   Or un Gouvernemt
doit être pour Tout le monde.   Tous
les Peuples de l'Asie , fans excepfion ,
ont conclu de mon raisonement , qu'il
valait mieux fe foumettre à Un Maître
defpotiq , avec les loix les plüs dures ,
que d'avoir une liberté dont abuserait
les 3-quarts des Mauvaises-têtes des
Siamoif, des *Pegüanf*, etc. des *Perfanf*,
des *Turqf*, etc. plüs policés , mais non-
moins foumis.   Les Peuples demi-poli-
cés , et parconfequent tous les Peuples-
enfans , quand ils ont formé Un Grand
État , ont fait l'entiér facrifice de leur liberté : Je ne dis pas qu'ils aient eû raison : mais ils ont cru prendre leur plüs
grande comodité.   Des Rois mechans ,
de vagabonds Conquerans ont enfuite
abusé du Defpotifme confenti , l'ontag-
gravé ; ét il est devenu fouverainement
injufte à *Siam*, fous les Feodaliftes des
Filippinef, etc. ainfi que fous les Nobles
d'*Europe*.   Les anciens Gréqs nouvel-
lement policés , eúrent des Rois , fuccef-
feurs de leurs Civilisateurs : Enfuite é-
tant devenus des Homes-faits , ils dirent : „ Mais nous nous gouvernerions
bién nous-mêmes ! Nous fomes affez rai-

sonablés pour cela ,,!... Les Romains ^{Filosof}
depuis, en dirent autant; non lorsqu'
ils furent devenus de prudens Perſonages, mais lorſque Chaqu'un d'eux ſe ſentit aſſéz de courage, pour batre les Énnemis du dehors : ,,Je me bats bien,
ſans y être forcé; je veux être libre ,,...
De nos jours, les Français, éclairés par
Voltaire, Rouſſeau, par tous les Filoſofes, ſecondés des Genſ-de-bon-ſenſ,
indignés des fautes atroces ou ſtupides
de l'Adminiſtracion Royale, ſe ſont dit:
,, Mais nous nous gouvernerions mieux
nous-mêmes, que ces Genſlà ne nous
gouvernent ,,! Et ils ont voulu ſe gouverner.. Se gouverneront-ils bien? (car
je les vois tendre au Republiciſme)?
Oui, ſi Touſ avaît ma tête: non pas la
tiénne, mon pauvre Camarade! Tu as
des idées trop meſquinement belles ;
come d'être humain, juſte ; d'aimer à
faire le bonheur de Ce qui t'environe ;
c'eſt-à-dire de rendre heureux tes piéds,
tes mains, tous tes membres par euxmêmes, tandis qu'ils ne doivent l'être
qu'avec ét par la tête comune. Pitt ét
moi, nous ſomes faits pour être libres:
Le 1er ſe conduirait peutêtre bien dans
la liberté: Moi, j'y comanderais bien ;
c'eſt-à-dire, que je m'y formerais un Empire volontaire, plüs fort, plüs puiſſant

Filosof que celui de Pompée à Rome ; peutêtre come celui de Cesar : peutêtre finirais-je come lui ; mais dumoins, je ne l'aurais pas mérité, come Sylla : Je saurais qu'il ne faut rien outrer : Je saurais sentir quand je serais asséz puissant, et je ne voudrais jamais l'être trop : Ou si j'aquerais cette redondance de pouvoir, ce serait pour le rendre avec ostentaciõ. Ministre, je serais Un Richelieu, mais plüs sage, et moins haîneux ;... mais... peutêtre moins respecté, moins heureux, ... Pitt n'est qu'un petit ministre, qui se hausse, se hausse, pour paraître Grand; et qui jamais ne viéndra au menton de son Père. Il y a là Un Fox qui l'écrâse. Burke est Un vieux Dog. Un vieil Hypocrite, qui deshonore ses cheveux blancs: Par sa conduite actuelle, je croirais qu' qu'il se venge de ce que l'infame Hastings n'a pas acheté son silence... Hertzbërt, en Prusse, me prouve que Frederik II était Un Grand-Home. Voila ce que j'aurais été, dumoins parallélement... L'Espagnol n'a qu'une gravité de Président ignorant. Le Napolitain-Irlandais Acton, est un petit taquin, qui voudrait singer Potemkin, dans un état nul pour la puissance... L'Home au rire *sardoniq* l'a quelquefois pour nous : mais c'est Un Home prudent... La Triple-Couro

ne ſerait terrible, ſi elle l'ôſait. Les plûs
ſages font des ſotiſes, et je crains que
le Pape n'en faſſe Une. Le Mari de la
Mër-Adriatique ſera divorcé ſous peu, à-
cauſe d'infidelité... L'Allemagne ſepa-
rée n'eſt rien... Quant à nous, prenōs-
garde! Mettons plûtôt toute l'Europe
en Republique, que de nous y mettre!
et ſurtout n'alons pas trop circonſcrire
l'Autorité du Pouvoir - executif, ſous
prétexte qu'il abuſerait de ſon pouvoir!
Nous ne ſomes pas ſeulement Individus,
nous ſomes Nacion! et ce n'eſt pas come Individus, c'eſt come Nacion, qu'il
faut reſiſter aux Puiſſances environan-
tes! Nous ſomes Membres d'un corps...
Et à cette occaſiou, je vais revenir ſur
une nocion lumineuſe. Il eſt certain,
come je te l'ai dit, que les Membres ne
doivent voir, entendre, flairer, goûter,
jouir enfin, que par la tête: Ils ont, pour
ſens uniq, le tact. Il en eſt de-même
du Corps-politiq, come je te l'ai fait
entrevoir. C'eſt donc par notre Chef,
que nous devons penſer, voir, entendre: Nous ne ſomes tous, et nous ne devons être, pour que le Corps ſoit bién
organiſé, que des Membres muëts, aveuglement ſoumis: et cela eſt vrai dans tout
Corps. Supoſons, à-preſent, que nous
fuſſions en Republique; c'eſt un Corps

Filosof. tout-come une Monarchie. Quelle sera la diference pour les Membres? C'est qu'aulieu d'être aveuglémt soumis à un Roi, ils le seront à leurs Magistrats élus: Je te demande, où est la diference, pour les Membres, essenciellement, substanciellement soumis? Je n'en vois auqu' une de reelle; tout est imaginaire. Car le nombre de Ceux qui doivent être Magistrats, Représentans, etc. c'est-à-dire, un œil, une oreille, une langue, un sourcil, ou même des cheveux est infiniment petit, comparé au reste du Corps! Tous les Membres n'ont donc auqu'un interêt à établir plütôt un Gouvernement qu'un-autre... Mais je vais prouver bien davantage! c'est que s'il est vrai que le changement fréquent de tête, ferait très-incomode, très-dangereux pour un Corps fisiq, quand l'écussonage, *l'insercion* ou la greffe en seraient possibles, il en est tout-de-même pour les Corps politiques. Les nouvelles parties de la tête ne savent dabord ni voir, ni entendre, ni flairer, ni goûter, aussi bien qu'une Tête permanente, ét les Membres souffrent de cette impériçie. D'où je conclus, que la Royauté est plüs avantageuse pour la Masse, que le Republicisme. Je laisse à tous nos Sots à dire le contraire. Le Republicis-

me, come le conçoivent *Robefpierre*, ét
quelques-Autres, est l'anarchifme, un
Gouvernement inétabliffable. Mais les
Chéfs, qui font dans l'Affemblée-Naçio-
nale, font foutenus par des Subalternes,
auxquels on ne fait pas affez d'attenfion :
Camille-Desmoulins, qui erie, clabaude,
a la plüs mauvaise-tête, parle mal, écrit
bién : Un Home plüs obfcur, *Danton*, est
un fourbe, fripon, égoïfte, fcelerat, dans
toute la force du terme, come certaines
Gens disent que je le fuis : Un-autre
Intrigant, qui fe remue, f'agite, a une
immenfe activité, l'Ex-capucin *Chabot :*
Un Honête-home, mais trop exalté, c'est
Grangeneuve.... Hô! que je plains la
Nacion, fi ces Fous font mis en place !
Que je plains la Nacion, fi l'on y met
des *Nullités*, come nous en avons tant,
dans notre Affemblée actuelle ! Une
foule de Procureurs, d'Avocats, des
Chapeliér, des *Sumac*, des .... des ....
empeftent l'Affemblée de l'efprit d'af-
tuce ét de chicane... Mon Ami ! fi je
ceffe d'exifter, que ces Plumaffiérs ferōt
de mal !.... Si un Home méprisé, come
ce faquin de Robefpierre, venait à a-
querir quelque prépondérance, vous le
verriez devenir grave, couvert, atroce
... Moi-feul, je pourrais l'arrêter... En
me perdant, la Nacion-Française per-
dra fon Pilote, ét fera la plüs haute des

Filofof ſotiſes, celle de pouſſerles choſes à l'extrême. Bornéz les Rois, ſans les avilir;
mais ne les detruiſéz pas! ou ſi vous les
detruiſéz, ne les retabliſſez jamais!

23. *P. eſt étoné de la hardieſſe de Mirabeau.*

,, Cette concluſion hardie, même a-
lors, m'etona. Je n'y repondis pas: Je
dis ſeulement à Riquetti: ,, Vous êtes
fatigué; vous avez conclu; nous alons
nous quitter; car je n'oſe plus vous interroger? *M.* ,,Ta rencontre a ſuſpen-
du des chagrins: Suſpens-les encore!
Parle, mon Camarade?

24. *P. perore ſur la liberté d'écrire*

,, Vous m'enhardiſſéz. L'Aſſemblée
Nacionale a-t-elle bien ou mal fait, de
laiſſer, pendant que la Revolucion e-
tait au berceau, une entière liberté d'é-
crire contr'elle? Car pour l'avenir, point
de doute? N'a-t-elle pas fait-là une école, come celle de la vente de l'argent?...
Je vais dire ce que je penſe, pour vous
doner le temps de vous repoſer. Je crois
qu'on a mal fait. Il me ſemble, que ſi
journellement on defait le nid de l'oiſeau qui le comence, le nid ne ſ'ache-
vera jamais, ét que l'oiſeau finira par le
renoncer? Je dis enſuite, que dans un
temps où tout le monde devrait ſe reünir d'opinion, un *Royou*, un *Fontenai* ne
laiſſent pas de faire des diſcoles; ét que
c'eſt

c'est un grand mal! Tolère-t-on, dans une Republique les Empoisoneurs, parcequ'on y doit être libre? C'est une absurdité, que de l'avancer... Je vais plus loin: Je dis, que l'Assemblée une fois decidée à faire une Constitucion, ne devait, ne pouvait pas conserver dans son sein, Ceux qui ne voulaient pas de la Revolucion: Ils en etaient exclus par le seul fait, come depuis se sont exclus les *Rohan*, le *Nanci*, les *Clermont*, les *Langres*, les *Paris*, Évêques. Ce n'est point ici le cas de la minorité d'Angleterre, où la Loi est reconue par tout le mônde, et où l'On ne fait qu'en requerir l'execucion. Telles sont les mocions qui se font au Parlement Britanniq. Mais en France, en Pologne, les Oposans ne peuvet resterà l'Assemblée, ou à la Diète, que jusqu'au moment où ils ont succombé, par le Decret qui consent Une Constitucion: Ils n'en veulent pas, même après le Decret, qu'ont ils affaire à l'Assemblée? Pas plus que des chevau attachés à la queue du char en sens contraire, lorsque la descente est trop rapide. Ainsi, selon moi (et je le crie depuis Un an) les *Cazaliz*, les *Maloüet*, les *Mauri*, les *Dépremelnil*, les *Foucaud*, les *Folleville*, les *Pi...*, les *Rochebrune*, et leurs Pa-

Filofof

reils, devrait être exclus de l'Assemblée-
Nacionale : Ils devraient deja 20-fois a-
voir été punis, come criminels de lèze-
Nacion... Et coment a-t-on souffert que
les Non-conformistes ou Refractaires,
eúffent des Temples ? Que des Sœurs-
crises, dont l'etat est la modestie, blaf-
femassent et le Gouvernement, et la
Puissance-Nacionale, ét l'Autorite Exe-
cutive ? Pourquoi n'a-t On pas puni les
Eveques-Refractaires, qui ont publié
des mandemens de Revoltes incendiai-
res ? D'où-vient n'a-t On pas montré
plûs de vigueur ?... Jesaisbien que c'est
pour ne point persecuter. Mais autant
j'aime la tolerance, quand tout est tranquil ; autant j'aurais aporté de soin à
preserver des etincelles les pâiles amō-
celées, capables de met re le feu à de
la pou-tre-à-canon. Quand tout est ran-
gé, serre dans une maison, le Père-de-
famille peut permettre qu'On y entre
la nuit une lampe à la main : Mais si tout
est en desordre ; si la pâille s'eparpille
jusqu'auprès du foyer, la poudre-à-tirer
jusqu'au pied du fourneau, le Père-de-
famille defend, sous peine de la vie de
porter du feu dans la maison. Se recrie-
ra-t-On : ,, Iô ! il nous defend de faire
du feu ! Quéне tyrannie'... La libeнe !
la libertе ,, ! Il vous repondra : ,, Vous

l'aurez, dès que j'aurai fait mettre en Iicfof.
ordre toutes les matières combustibles:
Vous l'aurez, Imprudens que vous êtes,
quand ma restriction momentanée sera
inutile ,,. Il faut que tout écrit ait un
but: Quel est le but de l'*Ami-du-Roi*?
du *Journal de France*? de la plate *Ga-
zette-de-Paris*? autrement, de *Royou*, de
Fontenai, de *Maud.-Monpas*, de *Durosoi*, de *Monjoie*, de *Sabathier*, de *Rivarol*, de tous ces Peseurs d'écrits insipi-
des, que les Aristocrates lisent seuls?
De mettre le feu à la paille... Que faut-
il faire à de pareilles Gens, et à tout
leur parallélisme?

25. *Dernier mot de Mirabeau.*

,, M. Les pendre (s'écria Mirabeau),
si on le peut, sans détruire la liberté de
la presse... Adieu, mon Ami ,,! (ajouta-
t-il). Et il me quitta: De vingt pas, il
me cria: ,, Je ne sais si je te reverrai ,,!
.... Il ne m'a pas revu: Je ne pus entrer,
pendant sa dernière maladie, parceque
je n'étais pas conu de ses alentours, surtout de son *Cabanis*... Hâ! si *Préval* a-
vait vêcu, et qu'il eût été le Medeçin de
Mirabeau, Mirabeau vivrait encore.

26. *Utilité de ce qu'on vient de lire.*

,, P. Ce discours, dont je n'ai pas oublié une syllabe, done mieux la clef de

Filofof. tout ce qui s'est fait, que les raisonemens
fabuleux de nos Politiques. Louis-
XVI et Marie-Antoinette seraient partis
de *Versailles* pour *Metz*, quand ils le
pouvaient, sans les reflexions de la Dernière. Elle était indecise, et elle inde-
cisait son Mari, sur lequel elle avait
tant de pouvoir ! Ce ne fut qu'après la
mort de Mirabeau, et lorsqu'elle ne
comptait plus sur Persone, qu'elle se
decida enfin à la suite du 22 juin 1791,
suite si mal combinée, si mal secondée,
qu'elle est la meilleure preuve, que
toute la Noblesse de France, n'avait
pas autant de cervelle, qu'un seul Plé-
beïen mal organisé. Marie-Antoinéte se
resolut donc enfin à courir tous les risques qu'elle avait tant redoutés ! Son
orgueil se plia donc enfin à fuir ! Pré-
voyait-elle dèslors le fort qui l'attendait?
... Je ne le crois pas. Mais sa haîne pour
le Peuple-Français s'était exaltée au plûs
haut degré. Cette haîne était recipro-
que ; mais ce fut cette Reine qui comença. † Une decouverte que j'ai faite
après, c'est que Mirabeau m'avait trompé, au sujet d'*Orleans* ! il ne l'avait pas
toujours méprisé ; il avait reellement tenu
les propos méprisans qu'on lui prêtait à
son égard, ainsi que *Lafayette*. Mais il
ne jugea pas à-propos d'être sincère a-

vec moi là-deſſus. En-effet, jamais la
Revolucion n'eût comencé, ſans les in-
trigues du parti d'Orleans, alors inſti-
gué par l'Angleterre, qui ne voulait que
nous perdre! C'eſt une choſe ſingulière, come nous avons été menés! come
Bâilli, et tous les grands Eſprits de l'Aſ-
ſemblée-Nacionale, étaient moutons!
ils ne ſe dontaient de rien! Il ne faut
pas croire que *Mauri* et *Cazalès* fuſſent
au ſait: Le Premiér ne cherchait qu'à
faire du bruit et ſortune: Le Second,
ainſi que *Moûmiér*, était un entêté, un
Raiſoneur froid, come j'en conais, qui
ſe ſatiſſesait.... Ce fut D'Orleans et l'Angleterre qui menèrent tout dabord. La
perfide Angleterre, juſte une-fois dans
ſa perfidie, abandona D'Orleans: Elle
crut n'en plus avoir beſoin. Come alors
On n'agiſſait qu'auprès des Bâilli, des
Lafayette, des Mirabeau; que le Robeſpierre n'était rien; le Camille, le Danton moins que rien, leurs cœurs étaīt
horriblement ulcerés, quand ils eûrent
du pouvoir! On eût fait arêter Lafayette: On chercha querelle à Bâilli,
et il a peri victime de l'importance qu'
il avait eúe, lorſque ſes Énemis n'en
avait point encore ,, . † Voila ce que
me dit l'ancién Camarade de Mirabeau
à Pierre-incise, et je préfère ſes idées
aux miennes. *G g 3*

Filosof. 26. 3 D. *N. ét P. Chasse aux Mds-d'argent.*

Nous ne nous revîmes plus, *P.* ét moi, que la nuit au *Palais-Immoralité,* où nous nous rencontrions tous les soirs, depuis la Revolucion de 1792. Nous discutions, nous disputions; car souvent nous n'étions pas du même avis. Mais je conviéndrai bonement, que presque toujours c'était lui qui avait raison. Le sujet de nos Entretiens, était le Decret du jour, l'Histoire du jour. Mon Ami est chaud, ardent; mais il discute avec froideur: Moi, je parle vivement, ét je pense peutêtre plüs froidement que lui... Voici les traits que me fournit ma memoire. † Je le cherchai avec empressement le soir, où l'On chassa, serieusement, ou par feinte, tous les Mdsd'argent. J'abordai mon Ami, à l'instant où il sortait de son étui, ét ne savait rién. Je lui apris le fait. *P.* "Bon! ét il se tut. *N.* "Coment, Bon! Vous ne trouverez pas Un écu! *P.* "Bon"! Et il se tut. *N.* "Y penséz-vous!... La Constituante... *P.* "A fait une terrible école! en decretant que le signe représentatif des marchandises, était marchandise! Il faut raporter ce sot Decret; faire dechirer à coups de nérf-de-bœuf tout Md-d'argent; maintenir l'Assignatémis, come l'operaciõ salvatrice de la Fran-

ce ; forcer l'Opinion publique à la res-
pecter, et faire brûler vif, ou piler dans
Un mortiér, come facrilege, le 1er De-
preciateur. *N.* ,, O mon Ami! vous êtes
tout Mirabeau ! *P,* (*foupirant*) ,, Il n'est
plus , le feul efpoir de la Patre , que fes
vices même euffent fauvee , come ont
toujours fait ceux des Grands-Homes ,
Mahomet, Charlemagne, Pierre-I, Louis
XIV ; tandis que les vertus des Sots , tels
que Chamillard et D'Ormeffon l'ont
perdue ! Il n'est plus , le Grand MIRA-
BEAU !... Que tout Individu convaincu
d'avoir doné , ou reçu un Affignat audeffous du pair avec le Monoye metalliq , foit amende du triple , dont un tiërs
au Denonciateur , et les 2 autres au Tresor-publiq ; car c'est le Tresor-publiq
qu'il faut alimenter : Nous ne fomes pas
feulement Individus ; nous fomes Nacion. *N.* ,, O Mirabeau ! tu es reffufcité !
27. 4 D. *La culiverberacion des Beguines.*

Une autre foirée , celle qui avait fuivi la culiverberacion des Beguines , je
courus au *Caveau* chercher mon Home.
[2] Il avait été inftruit , dans l'après-dî- [2]

---

[2] Le XVIe Vol. des *Nuits de Paris*, que je donne
à la fin de cet Ouvrage avec les V Volumes du *Drame
de la Vie*, contiént , fur la Revoluçion , les details où
l'On n'entre pas ici : j'y renvoie ; en avertissant qu'
Un Ami timide y a fait , sous la Terreur , des *cartons,*
que je desavoue. Il n'est pas jufqu'à l'Imprimeur, qui
n'ait tourné en louange l'Article ironiq de *Marat.*

née : Il avait vu l'*épifanie* de la partie
charnue des Filles de Mad. *Miramion:*
Une petite Furie , jolie come AGLAÉ,
méchante come ALECTO , legère come
IRIS , fille d'Une riche Blanchiffeuse , et
parconfequent ne portant jamais la ho-
te fur fa tâille deliée , mais du linge fin
dans un panier blanc , fe préfenta for-
tant au haut d'un petit mur , et fauta le-
ftement dans fes bras. Elle lui montra
fes mains fanguinolantes : ,,Elle avait
garni fes cottes d'épingles (dit-elle); je
me piquais : mais je l'ai toujours feffée, hâ! feffée ! .. Est-ce qu'È n'avait
pas dit à ma petite fœur , que mon Père ét mon Grand Frère, qui font Gardes-
Nacionales , font dannes , ét qu'i n'leus
falait pas obeïr !.... Mais c'est qu'l'Enfant l' faisait, la pauve innocente !... Hâ!
j'lli en ai doné à la vieille Superieure...
Et v'la pour les mauvais confeils aux Enfans
... La Garde est entrée : Le Capitaine
qui c'mandait, m'a dit en riant : ,,Vous
êtes bénméchante, pour Une jolie Fiye!
... Je ne fais pas fi je la fuis ; mais il l'a
dit... ,,Hâ! fi les Méchantes font lai-
des (lui montrant les Sœurs), È d'vont
donc être bén mauvaises! car È n'fôt
pas gentiyes ,,... Malgré ça , j'écouta l'
Capitaine. Car à préfent , j'écoutons
pûtôt les Soldats que les Prêtes ; p ceque les Soldats font Nacionals , voyez-

vous, ét que les Prêtes ne l'font pas… Et moi, qui vous conte ça! étes vous nacional, vous? *P.* Hô! très-nacional, ma Fille; car je vous trouve très-jolie! ét même vous ne manquez pas d'esprit. Cependant, si ce n'était la circonstance, où la loi ne saurait ateindre les Beguines, vous seriez très-coupable, pour avoir troublé le bon-ordre… Mais, en ce moment-ci, justice ne pouvait être faite de ces Folles, que par vous ét vos Pareilles. C'est Un Très-Grand mal que vous avez fait! mais il punit, et peutêtre corigera un mal plus Grand encore!… Ma jolie Fille… ma'mselle… je vous en prie! ne fouettez plus! car il ne faut pas faire à Autrui, ce que vous ne voudriez pas qu'On vous fît, n'est-ce pas? Seriez-vous bien-aise que je vous fouettasse? „ Alons-donc! un Home! vous avez la main trop dure! ét puis ça n'est pas decent. *P.* „ Parlons raison : A-présent que vous avez fouetté vos Maîtresses-d'école, coment voulez-vous que vos petites sœurs les respectent? Elles leur riront au nez! plus de subordinacion : Et les Enfans en souffriront le plus. „ Hâ! vla la meilleure raison, ça!… Hé-ben, qu'E' ne *r'fractent* donc pus!… N'est-ce pas come ça qu'On dit?… D'où-vient qu'E' font refracteuses!… Vous voyez

Filocé. bén que je fais les termes? *P.* „ Dites-moi ma Fille, qui vous a mis en œuvre? Car vous ne songiez pas à fouèter? „ Tenèz, vous êtes bon-enfant; je m'en-vais vous le dire: Quand nous eûnes su ce que la Mére Miramione avait dit à ma Petite sœur, de nous-mêmes, nous nous mimes bén en colère; mais nous ne songions pas plûs à fouèter, qu'à nous aler baigner. On parlait de ça. Vla que tout-de-suite nou entendons dire, qu'i les falait fouèter, ét qu'On fouètait deja. Ma Mére, elle, dit a notre Voisine : :: Qui l'a dit? Car sans que ça soit dit par Un-Queñqu'un d'croire, i n'faut rien avanturer: l'Hôpital est-aubout. „ Hô! c'est Un-Queñqu'un d'craire: c'est Un Prête. „ Un Prête! Queñ Prête? „ Un vieux, vieux, qui dit come ça que c'est eune bonne acsion que de procurer le martyre; que les Martyres prieront Dieu pour nous, ét qu'i faut en faire! „ Bon! bon! des Martyrs! (dit ma Mére): n'ont-ils pas *Saintdelaunai, Saintflesselle, Saintfoulon, Saintbertiér, Saintgardesducorps, Saintfrançois, Saintfauraf?* N'est-ce pas assez pour aussi peu de temps „? Et-puis È' m'apela: „ Marie-Louise, me dit-elle, pîs qu'n'on souête, va fouèter; car i faut faire come les Autres; sans quoi

n'On paſſerait pour Ariſtocraſſeuſes; ce
qui ne ſerait pas d'honeur, dans le quar-
quiér. T'as la main pûs douce que moi;
tu n'llieus écorcheras pas les feſſes....
Monguieu! monguieu! voû qu'tout
ça ira-t-i?... Va, Marie-Louiſe, moun
Enfant: Et qu'i ſait dit, qu't'en aras
fouètée au moins Une, entens-tu »?...
Vla come j'ſuis venue; vla come j'ai
fouèté; vla come vous m'avéz deſcen-
due; vla come je vous ai tout conté;
vla come j'm en-vas... Je ſuis de la ruë
Pe due, tout ici près, la fille à la bone
Mère *Laſenaye*, entendez-vous?...
Aguieu, Mouſieu ». † Cette jeune
Creature était reellement intereſſante!
et je me dis: »Dans 50 ans, elle con-
tera ce trait à ſes petitsenfans, qui l'é-
couteront la bouche entr'ouverte ». Je
ne demandai plus rien à mon Ami *P.*;
je ſavais ſon ſentiment.

　　29. 5.Dial. *Aſſaire des Teatins.*

　　Le 3 juin, jour de la ſingulière affaire
des *Teatins* j'etais fort empreſſe de voir
mon Home: Je l'attendais avec impa-
cieuce. Il arriva enfin, et je le vis ſe
fourrer au milieu des Groupes raſſem-
blés dans les alées à-droite du *Cirque*:
Je le joignis, et je le laiſſai l'inſtruire.
Tout-a-coup, je l'entens elever la voix:

Filosof. ,, P. Nous nous disputons à qui fera plus de sotises! (s'écria-t-il), les Aristocrates et nous. L'Assemblée laisse la liberté aux Réfractaires; la Municipalité leur loue, ou laisse louer des Églises: D'où vient se croire plus parfaits que les Autres? Nous avions un exemple chez nos Voisins: Les Anglais ne tolérèrent le Catolicisme qu'au bout de 100 ans! Ils l'ont seul interdit, dans les comencemens de leur Révolucion: Nous devions en faire autant: Permettre le Musulmanisme, n'est pas dangereux; mais défendons l'exercice du *Refractariat*, qui ne peut qu'egarer. Le Peuple a bien fait de chasser les Messiers des *Teatins*, ou *Teatrins*: Mais, moi, qui raisone, je ne l'aurais pas fait: La desobeissance à la Loi ne se peut tolerer, que dãs l'Être qui ne raisone pas. Qªd la loi est portee, il faut y obeïr: Si un Être raisonant avait tantôt violé la loi, aux Teatins, come vous le dites, je voudrais qu'il fût pendu, malgré l'abolicion de la peine de mort. Mais la Multitude effervescente ne raisone pas. Elle est excusable, elle l'est seule, come les Animaux. Et il est heureux, que depuis la Révolucion, elle ait toujours eu aveuglement raison; come lorsqu'elle a pris les armes, les 12 et 13 de juillet;

come

come lorfqu'elle a forcé la Baftille le 14 ; Filofof.
come lorfqu'elle a dignement reçu le
Roi le 17 ; come lorfqu'elle a executé
Foulon ét *Berthiér* le 22 ; come lorfqu'elle a fait de violentes mocions aú *Palais
immoral*, par l'organe d'un *Camille-Def-
moulins*, d'un *Sainthuruge*, au mois d'
Augufte ; come lorfqu'elle a requis fon
Monarq de venir habiter la Capitale,
les 5 et 6 8bre ; come lorfque le 20,
elle fit l'acfion atroce de pendre un Bou-
langér coupable ; car ici, elle eût encore raison de comettre ce crime, fi l'On
en confidère les causes ét les effets : A
fes dépens, Paris fe purgea d'Ariftocrates épouvantés ; il les effráya ; il leur
fit voir, qu'ils ne ferait pas plüs autori-
fés à remuer, le Roi préfent, que le Roi
abfent. Je le repète, le meurtre du Bou-
langer a fervi puiffamment la Revolucion? Le Peuple a eú raison, par les
effets, lorfqu'il a crié aux portes de l'
Affemblée-Nationale ; lorfqu'il a pour-
fuivi *Mauri, Cazalèz, Mirabeau-Toneau*:
Cependant, ataquer les Deputés est un
crime de lèze-Nacion au 1er-chéf, pu-
niffable fur tout Individu, la populace
non-raisonable peutêtre exceptée. Le
Peuple a eú raison, par les effets, à la
Journée des canes; il a eú raison, quand
il a comis l'indecente incongruité de

XVIII Partie. *H h*

Filofof. mettre au jour les seconds visages des Beguines ; il a eû raison, quand il a arrête Louis XVI : Le Peuple aurait fait une acsion injufte, mais bone, s'il avait retenu les Tantes : Il a fait une acsion jufte en elle-mème, consequente, en chaffant, malgré le Decret qui les autotrise les infames Agioteurs marchands d'argent : Bien-pluf, la resiftance au Decret etait fage, ètl'inftinct conduisait mieux le Peuple, que le raisonement né conduisait fes Chefs. Je le regardais à-l'ecart, ce jour-là ; et je penfais : O Nature ! ô Suprême-Intelligence ! tu vois notre Revolucion, et tu la favorises ! des hivèrs doux, dabondantes recoltes !... Mes Frères ! mes Frères ! vous le voyéz ! la Nature, Dieu, n'est pas Ariftocrate !... (*On rit*)..... † Ce que le Peuple a fait aux *Teatins*, est une contravencion à la loi !... Mais ! mais ! falait-il donc que le Scandal refractaire alât tête levée ! qu'il tînt fes conciliabules, au mépris de la Nacion qui le nourit ?.. Admirons la generosité des Parisiéns ! C'est à leurs depens qu'ils font prefque toute la Revolucion ! Tandis que les Campagnes profitent de tous les avantages, le Parisién ruiné fouffre, languit ; il éloigne loin de lui toutes fes reffources !... O Citoyéns genereux ! combien la France

vous devra! Sans vous, l'ouvrage de la
Revolucion reſtait imparfait, ou était
entiérement abandoné!... Auſſi Mauri
ne voulait-il pas que la 2de Legiſlature ſe
tint dās votre enceinte! L'Inſenſe! il devait benir le Ciel, de ce que c'était à Paris, qu'il residait come Deputé! Dans
cette Ville, qui a fait tant de belles et
Grandes choſes, les complôts violens,
ſecrètement conduits, ont rarement lieu!
Les Citoyens ne ſont pas aſſéz lies, ne ſe
conaiſſent pas aſſéz, pour comploter tous
les jours avec ſuite. Dans Une Ville de
province au contraire, où la mort de Mauri aurait été desirée, la mort de Mauri aurait eú lieu certainement; Mauri
non cardinal, ſerait Un ignoble Aſſaſſi-
né. C'eſt aux Pariſiéns; c'eſt à l'inmen-
ſité de leur Ville; c'eſt à la raiſon, qui
a le temps d'agir, pendant qu'Un For-
cene du *Marais* court au *faubourg-Saint-
germain*, que Mauri a dû ſa conſerva-
cion::... ‡ Ici mon Ami fut couvert
d'aplaudiſſemens Univerſels......

,,Hâ! (ſ'écria un Inconu), que dirait-il, cet Honête-home, ſ'il ſavait,
que les *Teatiſtes* ont eux-mêmes exci-
té et páyé la rumeur dont il viént de parler! Que dirait-il, ſ'il ſavait que les Gros
Marchands d'argent ont eux-mêmes ex-
cité la proſligacion des petits, afin de

le vendre plus chèr! Que dirait-il, s'il
savait que les Aristocrates se sont insulter, et qu'il en est qui se devouent, pour
attirer sur la Patrie les armes de l'Europe indignée! Que dirait-il, s'il savait,
que les Royalistes ont soufflé l'arresta-
cion du Roi du 18 Avril?... Qu'ils avait
préparé la soirée des cannes, le 28 Fe-
vrier?... Tout a tourné contr'eux, parceque, come il le disait fort-bién tout-
à-l'heure, Dieu n'est pas Aristocrate!
Non, mes Frères, Dieu n'est pas aristocrate, et il ne le saurait être, puisqu'il
est le Père comun de tous les Homes!
Dieu n'est pas refractaire, puisque le
serment du Clergé est restauratif de la
primitive jerarchie ecclesiastique! Dieu
n'est pas Moinomane, puisqu'il n'aurait
pas souffert des Moines riches, mon-
dains, luxurieux, faineans, ambicieux,
abusant de la Religion, pour couvrir et
satisfaire leurs sales passions! Non! non!
Dieu est constitucionel, mes chèrs Frères... Et sur ce, qu'il vous benisse,,!...
Je demandai, Qui était cet Home? Mon
Ami m'entendit: ,, C'est M. *Chavois*,
Député de Limoges à l'Assemblée-Na-
cionale (mé dit-il); un excellent Home,
qui a fait peu de bruit, mais qui n'en a
pas moins servi la Revolucion.

,, *N*. Je ne vous demande plus votre

Filofof.

fentiment (lui dis-je), au fujet des Tea-
riftes: Vous venez de l'exprimer, avec
l'aprobacion generale ,,... Nous causa-
mes enfuite de *Bellude*, de *Caftelnau*,
des trois Ariftocrates du Département
de la *Vendée* (ancien Poitou). *P.* ,, Je ne
faurais me laffer d'admirer (ajouta-t-il),
quelle excellente tête avait Mirabeau!
Car c'eft lui qui a conçu tous ces chan-
gemens-là! C'eft lui qui a voulu que
la Revolucion fût entière, et changeât
jufques aux noms! Ce plan eft admirable! l'execucion m'en aurait paru audeffus de la Puiffance-humaine, fi elle n'é-
tait pas acomplie! Et je pose en fait,
que fi l'*Alsace*, par fa fituacion, ne f'é-
tait pas trouvée toujours l'*Alsace*, la Revolucion y aurait rencontré moins d'ob-
ftacles... (Ils font difparus. *P. continue*).
30. *Éloge de la Revolucion.*
,, Quel vafte édifice! Qu'il eft beau!
qu'il eft furtout bien coordoné, et fage-
ment motivé!... Mon Ami! cent-fois
le jour, en lifant les Papiers nouvelles,
ou en reflechiffant à la Conftitucion, je
crois que c'eft Un beau rêve! et je tref-
faille toujours, en penfant que c'eft la
verité!... Mais, prenons-garde à nous!
environés que nous fomes de Malveuillans, de Gentilshomes enragés de ne
plus l'être, de Prêtres qui fe regardent

 come depouillés de leur ratrimoine, de
Princes qui nous haïffent! Prenons garde à nous! Donons Une latitude fuffisante à la Puiffance-Executive : Qu'elle
ait la faculté de nous defendre, fans pouvoir nous oprimer. La Royauté ne peut
rién reprocher aux Françvais ; c'eft fon
inconduite qui a neceffité la Revoluciö:
C'eft Necker, Un veritable fot en politique, qui a creufé l'abîme fous les pas
de Louis-XVI ét de fa Famille, en pro-
posant la tenue des États-Generaux:
La Royauté n'a pas eú d'Énnemis plüs
reels, que l'incertitude, la verfatilite de
3 Homes, de Necker impudent come la
Genlif ; du rouffeau Lafayéte, froidement ambicieux, froidement cruël, come tous les Blonds ; du favant Baillì, inepte aux affaires, come tous les Savans.
Que peut-On reprocher à la Nacion ?
Elle a été convoquée pour aviser aux
moyéns de reformer les abus ? Elle
f'eft affemblée ; elle a avisé. Des Nobles, les *Monmorenci*, les *Liancour*, les
Talleyrand, etc. regardèrent la Feodali-
té, la Nobleffe, come le 1er abus à fuprimer; et On les a fuprimées. Les Princes voisins diront-ils que notre Affemblée a mal-avisé? Notre Nacion, qui
fait mieux que les Étrangérs la fituacion
de nos affaires, ne le dit pas! Nous n'a-

vons pas infurgé ; nous etions convoqués Filofof.
par le Gouvernement, pour aviser, reformer : On ne nous a pas dit : :: Vous
aviseréz de telle manière... Mais, ::
Vous aviseréz... Le mal était incurable,
fans une reforme radicale : il a bien falu
la faire. Les Ameriquains, ci-devant
anglais, étaient dans un cas tout diffe-
rent : Ils ont infurgé, nomément infurgé ; et ils ont prouvé, contre la formidable Puiffance-anglaise, que lorsqu'un
Peuple veut être libre, il l'est toujours.
Les Brabançôs de-tout-temps ont été des
brutes et des fuperfticieux ; les Hollandais font trop *lucromanes*, les Liégeois...
font malheureux ; mais cela ne tiéndra
pas ; ils fe reléveront, et Léopold reftera deshonoré par un petit pays oprimé.
N. Cela doit être.

31. *Éloge des Princes actifs.*

,,P. Mon Héros, le profligateur des
Papes, des Moines, et des Prêtres, l'in-
fatigable Josef-II, que je pleure tous les
jours, n'aurait pas fait cette petiteffe :
Mais je crois Léopold petit, *prudentin,*
menageantin, politiquantin, guerrièran-
tin, probantin ; aulieu d'être prudent,
menagér, politiq, guerriér et probe.
Je ne faurais m'imaginer que le Roi de
Pruffe lui reffemble. Mais ces Génflà,
mon Ami, font plûs dangereux que des
Fréderic-II, et des *Josef-II.* Prenons-y

Filofof. garde ! come ils ne font rien qu'à-demi, leur âme (come celle de Léopold), n'est pas affez élevée, pour être genereuse, pour fentir que nous n'avons fait que ce que nous avons dû. Je fais ce que ferait Frederik-II, et Josef-II, et je m'arrāgerais en-confequence: J'ignore ce que feront Léopold et Frederik-Guillaume, parcequ'ils ne le favent pas eux-mêmes: Ils nous veulent du mal, ils nous feront du mal; voila qui est certain: Mais coment? Tenons-nous fûrs de cela feulement, qu'ils nous feront du mal. Ils nous en feront par de petits ou de Grands moyéns, fi nous ne fomes pas affez fages, pour fondre fur eux, dès qu'ils nous auront ataqués: Si nous ne coupons pas le mal à la racine, par notre impetuofité prudenment dirigée, en alant à nos Ennemis par l'affranchiffemt des Liégeois, des Porentrins, des Brabançons, etc. par la prife des Électorats ecclesiaftiqs, du *Spirot*, de l'*Hubertin*, du *Wormfat*, nous fomes perdus, ou du moins très-embaraffés !

32. *Effets terribles de notre Revoluçion.*

» Il ne faut pas nous flater: Notre Revolucion va nous coûter 10 ans de guerre. Les moyéns vigoureux, que nous avions du 14 juillet, au 5 8bre, nous ne les avons plus. (ceci a été écrit

en 1790 et 1791) Et prenéz-y garde, que *Filosof*
je ne dis pas, qu'il falait nous mettre
en Republique, ou changer la succes-
sion au Trône; mais qu'il salait interdire
l'emigracion, sous peine de la vie et des
biens… Le mal, le grand mal, c'est qu'on
a regardé l'acouchement come fait, dès
la ire douleur! Et il ne l'est pas encore!
et notre meilleur Accoucheur n'existe
plus! .. Il falait des coups de vigueur :
Il falait mettre sur toutes les banières :
*SALUS POPULI SUPREMA LEX
ESTO!…* Pourquoi Dartois n'est-il
pas de retour? Pourquoi Condé est-il
à Worms? D'où-vient que des Enfans,
qui peuvent un-jour parvenir au Trône, sucent-ils un lait étrangér, loin de
la Nacion qui les alimente? Pourquoi
les Tantes sont-elles à Rome? Parceque nous avons cru la Revolucion faite. Nous avons cru nous bien porter,
ét nous avons précipité notre convales-
cence, au risque de retomber. Un Malade ne sort pas, ét nous avons voulu
sortir. Nous avons trop de Gens temeraires ét sans experience à la tête des
affaires. Notre Municipalité surtout est
Un composé d'Idiots, de Fripons, ét d'É-
nnemis de la Revolucion; Un vil Æsner,
Un Purifte Lubin…. Mais voyéz quelle
excurfion je fais! Nous parlions des,

Filosof. Castelnaudais ét des Poitevins. Cette histoire me paraît la même… Certes, elle est atroce! De la part du Peuple? Je m'en raporte au recit de *Fontenai*, ét du *Journal du Lendemain*. Mais je sais trop come ces Genssi travaillent : leur moindre souci est la verité. Elle est infame de la part des Aristocrates, si la version de la *Gazette-Univerfelle*, du *Moniteur*, de la *Cronique*, etc. est veritable, ét ces Malheureux ont mérité leur sort… Mais quî croirons-nous? Il faut s'informer, ét je prierais les *Amis de la Constituçion*, d'écrire sur les lieux, pour savoir si, à Castelnaudari, si dans la Vendée, On a brûlé les châteaux, les Titres, assailli, tué les Persones? Et encore, si On l'a fait, quelle en a été l'occasion? Les Gentilhâtres, sont si insolens, si atroces, par vanité, que les actes les plus affreux, ne sont quelquefois que de justes représailles ,,.

Historiq Je fus longtemps sans rencontrer mon Ami. Ce ne fut qu'un-soir, à la fin de 1792, que je le vis arriver au Café *Manouri*, avec le cit. Mercier, qui lui avait apris, que j'alais-là, vers les 8 h. chaque soirée, dissiper mes chagrins. Il me dit : ,,Mon Ami, depuis que je ne vous ai vu, la fortune m'a souri : Je viens d'hériter de mon Oncle d'environ

8o·ooo liv. de rentes ». Je l en felici- Fiction.
tai de tout mon cœur… Il ajouta : »Si
vous aviez à faire les avances de quelqu Ouvrage, parlez »?… Je l avouerai,
ce moment fut Un des plüs beaux momens de ma vie … trop beau, pour être
folide. Jamais peutêtre ni MAD. Parangon, ni Zefire ne m en avaît procuré un
plüs doux!… On en va juger. Je voulais
comencer l impreffion du CŒUR-HUMAIN
DÉVOILÉ : je n avais pas de fonds, et
j en cherchais! Je regardai cette offre,
qui venait fi à-propos, come ce qui pouvait m arriver de plüs heureux… Mon
efpoir dura peu. Mon Ami a perdu fa
fortune ; moi, mon Ouvrage. Je dirai
peutêtre un-jour coment……..

35. *Convençion : Republique decretée.*

Je ne ferai pas encore l HISTOIRE de la Reprise.
Revolucion. On fait come la Republi-
que fut decretée, dès la 1re feance de
la *Convençion-Naçionale,* fur une mociō
legèrement faite, à la fin d'une feance,
par un *Roi-de-Teatre.* J avais decrit
quelques-uns de ces évènemens dans
le XVIme Volume des *Nuits-de-Paris ;*
des *cartons,* faits du temps de la Terreur, ont defiguré ce Volume, où le PROcès du *Roi,* et *Marat,* etaient présentés
fous les couleurs convenables. Je reparerai cette faute dans cet Ouvrage de

verité. Quant à-présent, je vais termi-
ner ma *Politique*, en comparant l'état
propriétaire, à la communauté que j'ai
proposée: Je donerai ensuite un aperçu très-abregé de la loi du *Communisme*,
ou d'une Comunauté generale.

    34. *Questions importantes*,

    1, En quoi consiste l'état propriétaire?
2°, En quoi consisterait le *Communisme*.

    Resolvons ces deux questions. 1, La
Propriété, telle qu'elle existe parmi les
Homes generalement, consiste à posse-
der en-propre, en-particulier, une por-
cion plus ou moins grande de la surface de la Terre, une maison, des meubles, des Animaux, une Femme, et des
Enfans. † Le 1ér genre de Propriété est
absurde, et contraire au Droit naturel.
Une Nacion peut s'emparer de son sol, le
rendre productif pour elle, par son travail: Mais il est insensé qu'elle le divi-
se en porcions de Propriétés particulières, dont chaqu'un peut abuser. Si, par
l'incurie du Gouvernement qu'elle s'est
doné, par la seducsion des Intrigans et
des Corrompus, elle partage la Propriété
de la surface, elle ne le doit, elle ne le
peut, qu'à-condicion d'une culture utile, et subordonée à l'utilité generale,
declarée par le Gouvernement. † Le
2d genre de Propriété n'a point, ou peu
d'inconveniens:

d'inconveniens : Il n'a que celui d'isoler les Familles, de derober à la vue,
les vices des Vicieux, et quelques autres. † Le 3e genre, la possession des
Animaux, est peutêtre nécessaire, pour
qu'ils prospérent mieux, et qu'on en tire un plus grand usage. † Je ne dis
rien du 4e et de son appéndice, quoiqu'au fond, je preferasse qu'un Home
pût changer de Femme, et une Femme
de Mari, lorsque les Enfans n'en souf-
friraient pas. Mais il se présente ici u-
ne foule d'inconveniens : Dans l'état
de Propriété, il faudrait que le Mari fût
Propriétaire de sa Femme, et que Celle-
ci ne pûtdivorcer, qu'autorisée deses Parens et de ceux du Mari : Que de-même
l'Home ne pût divorcer, qu'en indem-
nisant suffisament sa Femme, et ses Enfans. † Cet état de Propriété personelle est la source de tous les vices, qui
degradent et tourmentent la Société :
C'est pourquoi j'ai toujours pensé, qu'
il était impossible d'y établir une bone
morale, et parconsequent le bonheur ;
la Propriété étant necessairement un a-
bus, une immoralité, come je l'ai dit
plus haut, et come chaqu'un peut s'en
convaincre, en rentrant en soi-même.

35. *Immoralité de la Propriété.*

En-effet, c'est par une suite de la Pro-

Filosof priété, et pour l'augmenter, que l'Home est avide, ambicieux, avare, dur, frauduleux, voleur, assassin, en-un-mot injuste de toutes les manières. C'est par un abus des richesses amassées par ces infames moyéns, qu'il seduit, corrompt, avilit, degrade les Êtres ses Pareils des deux Sexes, moins riches que lui. Otéz la propriété, il n'existe plus de vices, quoiqu'il existe encore des passions. Mais les passions seules, sans la cupidité, ne produisent jamais de vices, et rarement des crimes. Car les passions, sans la cupidité, ne produiraient que les effets de la colère, de la vengeance et de la luxure. Toutes les autres sources de crimes seront taries. Et encore avec de bones loix, qui ne tolèreront auqu'une injustice, les effets de la colère seront ils très-bornés. On n'ira jamais à la vengeance, parcequ'On obtiéndra toujours satisfacsion, même d'Un mauvais-procedé, par la loi de son páys... Reste la luxure : Mais le Communisme annihile encore la corrupcion, ou la séducsion par argent. Il n'existera plus de vices.

36. *2de sorte:* *Le Communisme.*

En quoi consisterait le communisme, ou la communauté? A mettre en commun, dans chaque Cité, toute la surface de la Terre, pour être cultivée par

Ceux indiqués par l'Arangement focial
ci-aprés, aura dévolus à ce travail : A
mettre en comun tous les Produits, tant
des champs, des vignes, des Prairies,
des beftiaux de toute efpéce ; que les
Produits des Metiers, des Arts, ét des
Sciences : Deforte que Tout le monde
travaillât, come On travaille aujourdhai,
ét que Chaqu'un profitât du travail de
Touf ; Touf du travail de Chaqu'un : A
mettre de-même en comun, les maisons,
Chaqu'un étant placé, logé, meublé,
fuivant fon état exercé : De-même, à
mettre en-comun les Enfans, qui touf
recevraît la même éducacion dabord ;
puis entre 9 à 10 ans, ét même plûs tard,
celle de difpoficion vifible ; celle à de-
meure, entre 14 ét 15, ou même 16...
Et come alors l'intérêt des Enfans au
Divorce ferait nul, il ferait libre à tout
Home de divorcer, 3 mois aprés l'acouchement de chaque Enfant ; ét la Femme en tout temps, celui de groffeffe dou-
teufe feul excepté ; et encore cette excepfion n'aurait-elle lieu qu'à la requi-
ficion du Mari. En cas de fterilité, le
Divorce ferait un devoir.... Mais pour
prendre une idée jufte de la Communauté à établir pour le bonheur du Genre-humain, il faut lire le RÈGLEMENT
que voici :

37 RÈGLEMENT proposé à toute l'Europe, et aux autres Páys dont les Habitans sont Européans, pour établir une Comunauté generale du Genre-humain.

I ARTICLE. Mise en-comun : Repartiçion du travail. *Toute Propriété particuliére deviendra comune ; et d'aprés la capaçité, le nombre des Travailleurs, l'exploitaçion en sera donée porçionément, à chaque Famille, chaqu'une dans son état.*

II. Tables comunes. *En-consequence, la nouriture se prendra en-comun, et tous les autres besoins de la vie seront alloués par la Comunauté.*

III. Les Cultivateurs resteront à la terre individuellement. *Les Cultivateurs par état, et par capaçité, auront à cultiver individuellement, sans que les Enfans soient astreints au même travail, une quantité telle, que la culture se trouve entièrement partagée entre les Habitans des campagnes. La culture serait la meilleure possible, et Çeux qui excelleraient, seraient recompensés par des distincsions flateuses.*

IV. Les Artisans de-même : Éloges; Punicions. *Tous les Artisans continueront de travailler de leur état ; desorte qu'aucqu'une espèçe d'ouvrage ne manque : La bone-qualité sera Recompensée par des éloges, des prérogatives : Les defauts seront punis par le mépris et l'ignominie ; l'incor-*

rigibilité, *par la reduction aux fonctions* Filolof. *baffes et penibles de la Société.*

V. Les Artiftes exerceront leur art : Maladies. *Les Artiftes continueront leur état, et leurs ouvrages auront la même deftinacion qu'ils avaient, avant la Reformacion : Ils feront feulement obligés de les faire avec plûs de foin, furtout quand ils feront deftinés à être Un Prix de Recompenfe : car le Gouvernement occupera les Artiftes, et decidera quels feront Ceux qui auront mérité la permiffion de faire-faire Un Tableau, une Statue, etc. La faineantise fera jugée, dans les arts, par Un Tribunal d'Artiftes ; et dans les métiers, pour le manque des objets de neceffité, pour la male-façon, par Un Tribunal d'Artifans : De-même, dans l'agriculture, où elle fera plus vifible encore, par le mauvais ou le bon état de la campagne, un Tribunal d'Agriculteurs prononcera : Les Delinquans Cultivateurs, Artifans ou Artiftes, feront avertis une ou 2-fois ; leurs fautes feront reparées : mais ils feront punis à la 3e, par Une degradacion, proporfionée au degré de leur negligence. Le Tribunal, en-outre, dans chaque état, decidera fi la faute vient de pareffe, ou de maladie : Dans ce dernier cas, les Malades feront toujours obligés d'avertir.*

VI. Les Gens-de-lettres, etc. obligés à leur travail. *Les Genf-de-lettres, les*

Filosof. *Savans, les Fysiciéns continueront leurs oc-cupaçions respectives, chaqu'un dans leur genre, ét feront les Seuls qui ne feront as-treints qu'à une occupaçion courante, sans quantité préfixe. Cependant Ceux qui, au-bout de quelques années, n'auraient rièn-du-tout fait, feraient obligés de choisir un autre état.*

VII. Impreffion de tout. Excepcions. Expulfion. *Tous les Ouvrages feront im-primés aux dépens publiqs, fans auqu'une cenfure, que celle d'un Lecteur, pour voir fi ce n'eft pas un Ouvrage come Juftine, le Boudoir, ou la Téorie du libertinage; ou une amfigourie abfolument fans but: Mais ce derniér cas n'arriverait jamais, parceque les Genf-de-lettres ne feraient ad-mis à ce titre, que fur leur genre conu, ét que les Nouveaux qui fe préfenteraient, pour courir la méme carrière, feraient ob-ligés de faire leurs preuves. Mais ces preu-ves ne feraient pas un chéf-d'œuvre exigé. Le Publiq jugerait enfuite, ét le manque abfolu de talent obligerait à prendre une autre profeffion.*

VIII. Monaie communifmale. *Perfo-ne n'aurait un prix d'argent, pour fon tra-vail: Il y aurait cependant une monaie; qui pourait être d'or, d'argent, de cuivre, d'étaim, de plomb, de fer, d'ivoire, de bois préçieux, ou comun, come le buis; enfin une groffe monaie, qui ferait de pier-*

re précieuses, à comencer par l'Agate, jufqu'au Diamant.

IX. 1res Monaies. Le Diamant blanc
de la grosseur d'un pois, serait le prix d'une
belle et grande acsion utile au Publiq: Le
Rubis, de même grosseur, d'une acsion pareille, utile au Particulier: L'Émeraude,
d'une belle acsion de la 2de classe: la To-
paze, la Crisolite, la Crisoprase, le bé-
ril, le Safir, seraient dans cet ordre affec-
tés aux bones acsions d'éclat.

Secondes Monaies. Le cristal-de-ro-
che, l'Amétiste, l'opale ou Girasole,
l'œildechat, l'œildumonde, l'astérie,
l'onix, la Memñte, la calcedoine, la
la cornaline, la sardoine, les Agates,
le jaspe, qui font les demi-précieuses, seraient, avec les Grenats, la monaie des acsions d'éclat plus comunes et de tout genre.

Troisièmes Monaies. L'or serait le
prix des acsions plus utiles qu'éclatantes; l'Argent, des bones acsions, tendantes à mieux;
le cuivre, serait affecté aux bones disposicions marquées; l'Étaim, au bon caractère; le
Plomb, au mérite lourd, à encourager; le
Fer, à Ceux qui, malgré leur écorce brute,
annonceraient un bon fond; l'Ivoire, aux
acsions bones, mais peu utiles, le Bois de
Stelucie, au bon exemple; le Buis, à la
modestie qui cacherait le mérite.

IX. Accroissement par la géminacion.

Filofof. *La géminacion de ces prix, marquerait la perseverance dans le bien ; desorte qu'une grande quantité de monaie de* BOIS*, ou de* FER*, pourrait enfin equivaloir à un* DIAMÂT.

X. *Utilité de la Monaie.* Il n'y aurait pas d'autre monaie que celle-là. Mais à quoi servirait-elle, dans un Pays, où l'on recevrait de la Communauté, tous ses besoins?... Elle aurait une grande utilité morale, come on va le voir.

XI. *Details des recompenses.* Pour entretenir l'energie, il y aurait des Recompenses attachées aux belles acsions, Recompenses honorifiques et d'utilité. Les honorifiques utiles seraient celles d'avancement-de-Clâsse, pour passer à une plûs honorable; même la Promenade triomfale, pour une grande et superbe acsion: Les Recompenses seulement utiles, seraient celles du mariage; d'un équivalent de la Monaie Republiquaine-comunale, en denrées, marchandises, pour Celui qui voudrait comercer sur mer, ou aler se fixer dans un Pays ou la Comunauté n'est pas établie: On lui compterait, au prix d'alors, en marchandises, ou en tel numeraire qu'il voudrait, le prix de ses pierres-précieuses, demi-précieuses; de ses métaux, etc.

XII, *Sur quoi les recompenses serait accordées.* Les Recompenses seraient acordées, sur le vu de la Monaie-comune-Re-

publiquaine, à Celui ou Celle qui la repré-
senterait ; desorte que le Propriétaire, qui
l'aurait méritée, pourrait la céder, pour
une chose qui lui conviendrait, n'importe
de quelle nature elle fût. Ce moyen entre-
tiendrait la même énergie que dans l'état
de propriété, sans en avoir les inconveniens ;
car tous les plaisirs, tous les services seraient aquitables, avec la monaie-de-méri-
te, ou de Recompense.

XIII. Objections. Reponses. On ob-
jectera peutêtre, que cet arangement pourait ramener la coruption de l'inegalité ?
Nullement ! Si les marchés sont honêtes, on
les publiera : S'ils ne le font pas, on les
cachera. Et alors, quel Usage Celui ou Celle qui auraient reçu la Monaie-Republi-
quaine de Tel, pour Une mauvaise acsion,
pourait-il ou pourait-elle en faire ? On saurait biéntôt la cause malhonête du don, ét
la Monaie serait perdue pour tous-deux.
Ainsi, Nul ne poura vendre la pudeur de
sa Femme. Quant à celle de ses Enfans, on
va voir que cela est impossible. Que pou-
ra-t-On donc vendre ? Des Plaisirs, des
Services, des Complaisances honêtes. 1 Des
Plaisirs : Celui de la louange, du bien publié, de l'atachement, etc. 2 Des Services :
Il en est de tout genre, que Celui qui rendra des soins trouvera le temps de doner,
en avançant son ouvrage de devoir, ét en

consacrant çelui de sa Recreacion à servir Quiconque lui cèdera, de ses Recompenses, les piéges ou signes convenus entr'eux: On sent que chéz des Egaux, il y aura beaucoup de ces Serviçes à rendre, tant en santé qu'en maladie; quoique les Citoyéns fussent, en ce derniér cas, foignes par d'excellentes Femmes, pour lesquelles cet emploi ferait Un honeur ét Une Récompense, qui les égaleraient aux Véstales de l'ancién Peuple Romain. 3 *Les Complaisances* consisteront, come les Serviçes, en mille douçeurs de la vie; ét en-outre, dans la cession, par divorçe legal, d'Une Femme, qui aimerait Un Héros, ou tout Home riche en mérite.

XIV. Educacion des Enfans. Persone ne sera chargé de ses Enfans, passé l'alaitement par la Mère: ét pendant cet alaitémeat, qui fera d'Un an aumoins, la Femme aura le droit d'empéchér le Divorçe, provoqué fans cause par le Mari.

XV. Les Enfans fevrés feront élevés en comun par des Institutrices ét des Instituteurs publiqs. Tous les Enfans fevrés feront élevés en-comun par des Femmes de 40 à 45 ét 50 ans, choifies les meilleures de leur fexe, par le caractére ét les lumieres. Elles dirigeront l'Enfance des 2-fexes jufqu'à l'âge de 7 ans acomplis. À ce derniér âge, elles mettront les Garfons entre les mains des Inftituteurs-publiqs: mais

elles conferveront la furveillance de fanté
fur leurs Elèves, jufqu'à l'âge de 12 ans.
Elles élèveront les Filles jufqu'à l'âge du
mariage : Mais à 11 ans, elles les remet-
tront à des Maîtreffes qui les formeront au
travail, aux foins du menage, à l'art du
Chant, de la Danfe ; toujours fous la furveillance des 1res Educatrices. Toutes les
Femmes chargées de l'éducaçion-publique,
jouiraient du privilége de l'Art. XIII.

XVI. Inftituçion du 1er-Sexe. Les
Inftituteurs publiqs. en recevant Un Garfon de la main d'Une Inftitutrice, s'en-
querront foigneufement, de fon caractère,
de fes difpofiçions, de fa fanté, de fes maladies : Un Être faible ferait laiffé entre
les mains de fon Educatriçe un an de-plûs,
quelqufois 2 et 3. L'Inftituteur-publiq é-
tudiera par lui-même et par fon Collége,
le caractère de chaque Elève, pendant 2
ans, c'eft-à-dire jufqu'à 9, avant que le
Collége-d'Inftituçion done fon avif fur l'é-
ducaçion fubféquente de chaque Elève. Il y
aura un-autre, et derniér avis decifif, à l'â-
ge de 14 à 15 ans. Cependant le fort de
l'Elève poura changer encore, par des difpofiçions decifives, manifeftées plûtard.

XVII. Efprit de l'Inftituçion-publique. Le Collége d'Inftituçion-publique bâ-
fera fes leçons de morale Uniquement fur la
Reçiprocité : Il Repouffera loin des Elè-

ilosofe ves la fausse morale, la morale oûtrée, sur-
naturelle du Crîstianisme: Il leur ensei-
gnera que la Nature et la Raison seules
sont vraies, et que tout le reste n'est que
chimères, divagacions de l'imaginacion humaine. Il faudra surtout que, par Une doctrine bien d'acord, chaque Instituteur du
Collége done Une idée lumineuse de la moralité, si longtemps obscurcie par le Crîstianisme. Car ce sont les nocions morales
que cette Superstricion a faussées, en rendant
son Dieu-home Un Tyran cruel, énnemi de
la joie, de l'amour, et de tout plaisir honête: Il n'y ourait que le Diable qui pourait être ainsi, et les vreis Crétiéns ont ré-
ellement substitué le culte de leur Diable,
à celui de leur Dieu; erreur assez comune chez
les anciéns Peuples, et qui a lieu expresse-
ment aujourdhui parmi de grandes Nacions
Negres: ,, Dieu n'a pas besoin d'être prié
(disent-elles); il est bon, et ne fait que du
bien: c'est le Diable qu'il faut suplier de ne
[3] pas nous faire de mal ,, [3]. Que le Collé-

---

[3] C'est une singularité remarquable, et digne de
fixer notre atension, que dans toutes les Religions,
de tous les Pays, les Homes aient cru plaire à la Divinité, par des larmes, des maceracions, des souffrances, la mort meme; et quand ils ne se sont plus
tués eux-memes, ils ont inmolé des Animaux à leur
place. En y reflechissant bien, On trouve 2 causes
simultanées de cette idée fausse que les Homes se sont
faites des Expiacions, leur anthropomorfisme, et la
cause trouvée par BERNSTORF: La 1re cause, a fait

ge s'aplique donc à doner aux Eléves de vé- Filosof.
ritables noçions ; qu'il leur aprénne que le
Plaisir est la Piété, sous Un nom plùs Young.
gai ; que le vrai Dieu, l'Être-Principe,
veut de la joie ; qu'Ahrimane seul, s'il
n'était pas Une chimére, exigerait des larmes ; que la doctrine du C'retién est blas-
fematrice, injurieuse à la Divinité, come
à la Nature, etc. C'est ainsi qu'en recti-
fiant leurs idées morales, On leur rendra
l'esprit juste : Aulieuque le C'ristianisme,
toujours en oposicion avec la Nature ét la
Raison, rend necessairèment l'esprit faux.

XVIII Influence des Parens. Les Parens ne seront pas privés de toute influence
sur leurs Enfans, à-moins que leurf mauvaises disposicions ne les en fissent éloigner.
En-general, cette influence se hornera aux

que les Homes assimilant Dieu à la Nature-humaine,
l'ont vengé, come les Homes se vengent ; ils lui ont
prété des loix come les leurs, qui prétendent rétablir
l'Ordre blessé, par des suplices étrangers à l'acte criminel ; tàndis que la Nature ne punit que par les suites fysiques de cet acte. La 2de cause est horrible !
les Homes, par une execrable erreur, ont imaginé
Un Auteur du Mal, Un Ahriman (méchant Home), Un
Diable, ét ont cru pouvoir le fléchir : Ils lui ont de-
cerné Un culte. Mais qu'est-il arrivé ? Bientôt ils
ont oublié Dieu, toujours bon, ét ils n'ont plus culté
que le Diable. C'est aujourdhui le cas de toutes les
Religions douloureuses. Voila Une pierre-de-touche
pour réconaître toute Religion diabolique. Aussi
Paul, qui avait beaucoup d'esprit naturel, l'a-t-il
senti : »Rejouissez vous dans le Seigneur (dit-il) : et
encore, Rejouissez-vous come ses Enfans »?

XVIII Partie.   J j

carefses, ét à quelques petits préfens. Avoir
fon Enfant chéz foi, avec logement convenable, pour qu'il y foit comodement, fera
la Recompenfe des plüs belles ét des plüs
utiles acfions; parconfequent ce privilége
fera auffi Rare qu'honorable.

XIX. Manquer d'activité, fera ce qu'
il y aura de plus repréhenfible. Ce qu'il y
aura de plüs bas ét de plüs criminel dans la
conduite, fera le devoir non-rempli, chaqu'un dans fon état. Ce devoir fera le travail neceffaire. Au comencement de chaque année, tout Citoyén f'engagera devant
le Magiftrat, par une Lettre, ou de bouche, à tel devoir. Cette declaraçion fera
reçue dans chaque Ville ou Village, fur
Un Regitre par ordre alfabetiq dés Noms;
ce qui fera la loi fur laquelle chaqu'un fera jugé. En cas d'indifpofiçion, ou de maladie, On préviéndra. Mais les tâches
que fe doneront certaines Profeffions, come les Auteurs, les Grands Peintres, etc.
feront imprimées dans les Journaux, pour
que le Publiq juge les Pareffeux, ét leur
faffe honte, pour la quantité ou la qualité.

XX. Dignité des Citoyéns capables.
Les Capables feront Chéfs de Travaux: Ils
feront élus dans chaque Ville ou Village,
par les Citoyéns qui les habiteront. Tous
les Electeurs obeïront à l'Elu: car chaque
Etat, Art ou Metiér, fera fes élecfions;

la ſeule Proféſſion ſans Directeur , ſera la Filoſof.
Litterature de tous les genres: Mais elle aura neanmoins Une élecſion à ſaire, qui ſera
celle des Membres d'Une ſorte d'Academie,
ou d'Inſtitut-Nacional : Mais cet Inſtitut
n'aura auqu'un pouvoir ſur les Litterateurs
et les Savans, qui ſ'occuperont toujours li-
brement, ét ne ſeront punis de leur inutilité,
que par la meſeſtime publique: A leur mort,
On viſitera leurſ Papiers , ét ſ'ils n'ont
abſolument rién ſait , ils ſeront flêtris par
Une cenſure de l'Inſtitut. Le Publiq ſeul
jugera ce qu'ils auront laiſſé.

XXI. Emploi du Mobile de l'Amour.
Un des plüs puiſſans mobiles qu'On emploie-
ra , ſera l'amour , à tous les âges, excepté
la caduçité. Pour cela , come il a été dit
plüs haut , le mariage ne ſera qu'à temps ;
c'eſt-à-dire , pour Une groſſeſſe ét l'alaitement : Encore l'Epouſe ſera-t-elle maîtreſſe
de diſpenſer le Mari de lui reſter ataché
durant ces 2 époques. Outre le choix libre,
par lequel Chaqu'un ſe ſera valoir auprés
de telle Fille ou de telle Femme, il y aura
celui de privilége pour belle acſion ; celui a-
cheté par la monaie de mérite, cedée ſoit à
Çelle qu'on recherche, pour en diſpoſer en
ſa faveur, avec droit à la Fille d'en gra-
tifier ſes Parens ; ou cedée au Mari de la
Femme qu'On deſire (du conſentement de
Çelle-ci), pour engager cet Home à la re-

Filosof mettre sans peine. Il n'y aura rién-là d'immoral: Tout plaisir fait ou à faire poura s'acheter avec la monaie de mérite. Ainsi, rién de profitable, dans le Communisme Proposé, que les belles acsions, outre le devoir rempli; ou les bones acsions continuées, qui seront come la monaie d'Une belle, par la reünion des petits prix qu'elles auront gâgnés. Car lorsqu'en petits prix, Un Home ou Une Femme auront aquis asséz, pour équivaloir au prix d'Une belle acsion, ils pouront porter cette monaie au Tresorier du Gouvernement, qui leur donera Une seule Pièçe, équivalante à toute leur monaie. Ils seront ainsi mis aux mêmes droits que Çelui ou Çelle qui auront fait la belle acsion dont ils auront aquis la Pièçe; n'y ayant pas à craindre qu'un pareil échange amène auqu'un abus; la bone conduite continue valant toujours aumoins Une belle acsion.

XXII. Divorce. Gradacion. Degradacion. Tout sera compensé, dans le sistême de la Communauté generale. Ç'est par elle, ét par elle-seulement que le divorçe est sans inconvenient, puisque les Enfans n'en souffrent pas. S'il y a des gradaçions pour le bién porté audelà du devoir, il y aura des degradaçions pour le crime ét le manque à ce même devoir: Ainsi, la Société se trouvera au même point qu'aujourdhui...
† Châtimens. Tel crime qu'Un Home co-

mette, il n'y aura pas d'autre peine que l'esclavage : ſi c'eſt un aſſaſſinat par le fér, le
feu, ou le poiſon, le Coupable ſera condané aux travaux mortiféres par leurs ſuites : † ſi c'eſt Un homicide de colère ou de
vivacité, le dangér du travail ſera moindre : pour ces 2 ſortes de crimes, recluſion
rigoureuſe à vie au 1ér ; de 10 ans au 2d :
† ſi l'homicide eſt de pur acſident, le travail des dernières Clâſſes des Incapables,
ſuivant la force, ſans autre Recluſion que
celle de la nuit, pendant 5 ans. † Pour viol,
travaux publiqs ét bas ; Recluſion la nuit.
† Pour ſeducſion ét abus de l'acte ſacré de
la generacion, même peine. † Pour manque au devoir ; c'eſt à-dire, au travail pro-
mis, comun ét ordoné ; condanacion à un
travail forcé ; habit d'étoffe groſſière à ce
affectée ; degradacion de Clâſſe, en cas de
recidive. (Les Sçelerats ſeront habillés de
bure griſe ; l'Homicide par colère, de bure
noire ; l'Involontaire de bure rougeâtre ; le
Violeur, de bure rouge foncé ; le Seducteur,
de rouge ét gris par moitié ; le Corrupteur
immoral, de bure noire-griſe-rouge : Pour
le manque au devoir, l'habit ſera des étoffes ordinaires comunes, couleur jaune-pâle.

XXIII. Prix ét Recompenſes. Coſtu-
mes. Toutes les Clâſſes honètes ét libres ſeront habillées à leur goût, d'étoffe fine ét ſimple, qui ne variera que par la couleur à cha-

Filosof que âge : le *Blanc*, de la naiſſance à 4 ans accomplis : le *Violet* de 5 à 10 : le *Vert* de 11 à 15 : le *Bleu-celeſte* de 15 à 20 : l'*orangé* de 21 à 25 : le *Rouge* de 26 à 30 : le *Maron*, de 31 à 35 : le *Jaune vif* de 36 à 40 : le *Vert-de-mèr* de 41 à 45 : le *Bleu Républiquain* de 46 à 50 : le *Gris* de 51 à 55 : l'*Ardoiſe* de 56 à 60 : le *Vert-bouteille*, de 61 à 65 : le *Noir*, le reſte de la vie, avec changemt de panache de 5 en 5 ans, ou par luſtre ; *Blanc*, *Violet*, *Bleu-celeſte*, etc. Le Çentenaire aura le panache *Noir*, ainſi que les Magiſtrats ; mais Çeux-çi y auront Une aigrette de jayet, qui ſeule les diſtinguera. Les Femmes auront toutes les couleurs à choix : mais les Femmes qui auront été mariées pourront ſeules porter le *Roſe* : la Divorçée ou Veuve, y joindra un ponpon *Noir*. Les ornemens, broderie ou galon des Homes, ſeront des diſtincſions honorifiques, dont la matière, la forme et la couleur ſeront déterminées par la Loi. † Le 1ér *Prix*, payé d'Un Diamant-blanc, aura le chapeau-bordé d'or ; l'habit de ſon âge galoné ; la veſte brodée ; la culote à jaretières d'or ; des bas-de-ſôie blancs ; boucles-à-pierres ; l'eſcarpin à talons rouges : Le *Rubis* : l'habit non-galoné, mais à boutons d'or ; la veſte galonée ; jaretières d'argent ; bas-de-ſôie rouges ; talons de-bois, et noirs : beau linge come au *Diamant*, qui aura les manchettes de dentelle ; le *Rubis* les aura en filet ; et toutes

les autres Classes, de mousseline. L'Eme-
raude : habit à boutons de fil-d'argent; veste à boutons et cordonet d'argent; jaretières
mi-soie-mi-argent; bas-de-soie verts. La To-
paze : boutons de tombac à rosete; habit
doublé de soie jaune; veste à cordonet, et
boutanieres de soie jaunes; jaretiéres de-
même; bas-de-soie jaunes; boucles jaunes.
La C'rysolite : boutons, bas-de-soie et boucles de la couleur de la pierre. La C'ryso-
prase : De-même. Le Safir : boutons et boucles azurés; bas-de-soie bleus-ciel.... Tous
ces Costumes auront le chapeau bordé d'or.
† Ceux des Pierres-Demi-précieuses auront
le chapeau bordé en argent, et des boutons
azurés de la couleur de ces pierres; les bou-
tonieres, les jaretiéres, les boucles de demi-
métaux mélangés imitans leurs couleurs.
† Les Gratifiés de métaux, auront à leurs
chapeaux un cordonet de leur métal. † Les
autres Citoyens s'habilleront à volonté,
les costumes des Privilegiés et ceux des Coupables seulement exceptés.

XXIV. Costumes des differens Ages.
Il y aura en outre Un Costume d'âge, dans la
forme, suivant lequel seront faits tous les habits de l'Article précédent. † Les Enfans auront Un matelot, jusqu'à 8 ans acomplis, et
un chapeau rond pointu. † A 9, une forme de
veste sur le matelot. † A 12, une forme d'habit et veste : † A 15, l'habit français, avec

Filosof le chapeau Rond, mains non pointu, le pantalon deſcendant juſqu'à la cheville : † À
20 ans, le pantalon qu'audeſſous du molet;
une plume de coq au chapeau avec la co-
carde. † À 25 ans, la jambe découverte, et
bas-de-coton, ou de laine ; plume rouge de
coq au chapeau. † À 30, chapeau à cornes,
avec une plume verte; des guêtres blanches:
† À 35, chapeau de-même, plume bleue;
des guêtres griſes : † À 40, chapeau plüs
grand, avec une plume de paon; guêtres noi-
res: † À 45, même plume, mais plüs grande
chapeau à bord plüs haut. et forme plus é-
levée; demi-botines : † À 50, 2 plumes,
forme du chapeau Ronde-carée; botines: † À
55 ans, 3 plumes, forme carée plüs haute
au chapeau à 2 cornes; botines jaunes. † À
60 ans, chapeau à 3 cornes, la forme carée; un petit manteau conſulaire vert; les
botines vertes; 4 plumes, outre le panache
qui reſte à chaque coſtume: † À 65, 5 plumes, chapeau de ſoie; manteau bleu-ciel; botines de même. † À 70 ans, 6 plumes; 2
cornes au chapeau de ſoie à forme carée; manteau violet; botines de même couleur : † À
80, 8 plumes et 3 cornes; manteau brun;
oreilles des ſouliers rouges († ainſi qu'aux
75naires, qui auront les 7 plumes, et le
manteau bleu-ciel: † À 85, même coſtume; manteau rouge : † À 90, 9 plumes;
chapeau et manteau rouges: † À 95, même

costume ; de plûs, botines rouges: † A 100 filosof
ans, tout l'habillement Rouge, sous un ample monteau. Chaque lustre est distingué:
le lustre Romain sera retabli, pour y faire toutes les promogions et le changemens
des Costumes d'âge.

XXV. Consideracion pour l'âge, et
ses Droits. Le Respect envers l'âge sera indispensable pour tous les Citoyéns et Cito-
yènnes d'un âge inferieur: Desorte que le
Centenaire jouira de la deférence de Tout
le monde; le Nonagenaire de celle de presque Tout le monde; l'Octogenaire de celle
des âges moins avançes; le Septuagenaire,
le Sexagenaire de-même, etc. Le Cinquan-
tenaire sera respecte des Homes; le Qua-
rantenaire, des Jeuneshomes; le Trente-
naire, des Nouveaux-mariés; le Vingicin-
quenaire, des Garsons; le Vingtenaire, des
Adolesçens; Ceux-çi des Enfans, etc. Les
âges au-dessous honoreront toujours les Aî-
nés, par leur deferençe dans toute chose
honête ou indifferente. Les Clâsses supe-
rieures seront juges de la çirconstançe où la
deferençe du plûs Jeune serait abusive, et
sa Resistançe aprouvable; de la Reprimandé-
mande, ou même du chatiment à faire su-
bir à l'Aîné: si cette deférençe exigée était
un crime, elle serait denonçée au Tribunal-des-Mœurs.

XXVI. Tribunal-des-Mœurs. Il y

Filosof *aura dans chaque âge Un Tribunal général des Mœurs, composé de Juges élus par la Clâsse entière : Ce Tribunal décidera toutes les Questions portées devant lui, tant au Civil, qu'au Criminel, ét pour le manque de procedés honêtes. Outre les Juges, il y aura des Jurés, en proporsion avec la populacion ; lesquels Jurés feront le service par tour, chaque Douze només étant de séance Une semaine. Il y aura toujours appel, en matiere grâve, come les Crimes, des Tribunaux, au Tribunal superieur, celui des Nonagenaires excepté.*

XXVII. Tribunaux des Femmes. *Les Femmes auront de-même un Tribunal particulièr, pour les fautes de leur Sexe. Elles y seront jugées par les Matrones, tant Juges que Jurées. Mais leurs jugemens seront sujets à l'apel au Tribunal des Octogenaires-Nonagenaires reünis. A-moins que ce ne fût une petite faute, qui n'emportât point une punicion publique.*

XXVIII. Exil. *Toute la Communauté, dans chaque Ville ou Village, vivra fraternèllement, également, les Punis exceptes : Aussi les changera-t-on de lieu, après leur punicion, et l'exil de leur terre-natale sera toujours ajouté à leur peine.*

XXIX. Hospitalite. *Lorsqu'il paffera des Étrangèrs par une Communauté, sur le simple vu du paffeport, ils seront reçus et traités come les Membres de cette Commune, tant pour la nouriture, que pour le linge, habit, etc. suivant leur besoin.*

Voila quel ferait le RÈGLEMENT DE LA
COMMUNAUTÉ UNIVERSELLE, en y ajoutât
neanmoins tous les Articles du Règlement de l'ANTHROPOGRAFE qui pourrait
convenir au Regime proposé. Tels feraient ceux des differentes gradacions
d'âge; celles des recompenfes, des mon-
tres-d'honeur; en-un-mot, tout ce qui
peut étendre et éclaircir le RÈGLEMENT
abregé que je viens d'exquiffer.

38. *Suite des évènemens de la Revolucion.*

Je vais-à-prefent paffer à la fuite des
évènemens de la Revolucion ; exemple
memorable d'une politique de hazard,
fouvent contraires aux règles de la prudence ; mais où les Français, Faëtons
nouveaux, ont été emportés par les e-
vènemens, come le Fils d'Apollon et de
Climène le fut par les chevaux trop
vigoureux du Soleil. Je tâcherai d'être
imparçial et jufte: ce qui me fera moins
difficile qu'à Un-autre, n'ayant jamais
été d'aucun PARTI, n'ayant rempli aucune PLACE, et n'ayant éprouvé ni faveur,
ni defaveur de pas Un des Gouvernans.

39. *La Guerre est declarée.*

La Guerre etait declarée par Louis-
XVI et fes Miniftres*, aux Souverains de
toute l'Europe. D'après la couaiffance
qu'on avait du TRAITÉ de *Pilnitz*, il est
certain que ces Puiffances avait cru de-

cider là du fort de la France, qu'ils regardait come perdue, et sans moyens
de defense. (Hâ! quels moyens elle a-
vait, puisque malgré un regime insensé, elle a jusqu'à présent vaincu et battu ses Ennemis). Ce qui montre quelle
était l'Opinion des Étrangers, c'est l'in-
solente Lettre de *Bouillé*, après la fuite
du Roi, en 1791; c'est surtout l'opini-
treté de la Guerre qu'ils continuent à
nous faire, malgré leurs pertes.

40 *Coment la Cour regardait le Traité de Pülnitz.*

En consequence du Traité de Pülnitz
et de la declaracion de Guerre, le Roi
de *Prusse* se preparait à l'invasion de la
Champagne... Mais que fesait la Cour?
Elle regardait le Traité de Pülnitz, où
elle avait-eû quelques Agens secrets, come fait en sa faveur; quoiqu'elle en tra-
ît bien les inconveniens, ainsi qu'on l'a
vu par le discours de la Reine M.-A.
tenu à Mirabeau. Elle avait donc pour
motif, en declarant la Guerre, de mettre les armes à la main aux Puissances
étrangères, et de leur fournir une occasion de nous vaincre. C'était en trem-
blant qu'elle avait pris ce parti. Aussi
n'eût-il d'execucion, qu'après le 10 Auguste 1792.

41. 10 *Auguste 1792.*
Ce jour memorable fut amené par la
Cour,

Cour, qui voulait doner à la Naçion, un air de revolte, pour attirer les autres Souverains à son secours. Cette Cour aveugle se croyait assurée du succès, áyant à sa disposicion les Gens qui devait livrer les places, perdre les batâilles, et se laisser vaincre partout. Ce plan comença même à se realiser. *Dumouriéz*, *Dillon*, *Luknër*, *Broglie*, peutêtre *Beauharnais*, *Custine*, tous les Nobles était du complot. La Cour et le Roi de Prusse, se croyait donc sûrs du succès, et la puissante Armée que ce Souverain amenait contre la France, était plûtôt pour faire au Roi des Français une Garde d'honeur, et le maintenir sur le trône, que pour combattre. On venait chez nous, come à l'invasiõ de la *Hollande*, en 1787.

42. *Bravoure Française: Vues de la Cour et des Generaux renversées.*

Mais une chose inattendue renversa tous ces projets: Les Soldats des frontières de *Flandres* tuèrent un *Dillon* leur Comandant, par lequel ils se crurent trahis: Ceux des Armées de Champagne, montrèrent les mêmes soupçons à leurs Chefs. Il falut faire des disposicions serieuses de resistance ; les Generaux furent surveillés ; les disposiciõs contrôlées ; ils virent la mort sur leurs têtes : Il falut agir loyalement ; et le Roi

XVIII Partie. *K k*

filosof de Prusse, venu pour une entrée triom-
fante, voyant qu'il falait se battre, et
gâgner pié-à-pié, se trouva loin de
compte! Aussi fit-il de vifs reproches
au *Monsieur*, en lui disant, Qu'il l'avait
trompé: Une maladie non-attendue,
se mit dans ses Troupes: Il falut se retirer, devant une Armée composée de
toute la France, et qui menait ses Ghéfs
au combat. Dumouriez et les Autres
furent obligés d'aquerir, malgré eux,
une gloire qui ne les flatait pas! *Wimp-
sén* defendit *Thionville* de bone-foi, et
le torrent Prussien fut mis à sec, plus
promptement qu'il n'avait grossi.

43. *Étonement des Traîtres.*

Dumouriez fut étoné de l'énergie des
Soldats-français, et sans les aimer davantage, il resolut d'éprouver ce qu'ils
pourrait, avec la seule énergie de la Liberté. Il fut nomé Comandant, ou General de l'Armée du Nord! Peu lui im-
portait, qu'il repoussât les Autrichiéns:
C'était un essai qu'il voulait faire : il ne
prétendait pas encore à la gloire de grand
Capitaine. Hé! qu'avait-il fait pour la
mériter? Il avait laissé vaincre les Français à ses ordres.... Il est vrai que c'é-
tait beaucoup, dans un temps de corrupsion par la Cour, de trahison par tous
les prétendus Gens d'esprit, qui ne cro-

yaient pas que la Revolucion , encore
moins la République, puffent tenir. Ils
voulaieut tous fe faire un mérite d'en
précipiter la chute.   † Ce fut dans ces
difposicions, que Dumouriéz, qui avait
la confiance du Soldat, donna , ou laiffa
doner la batâille de *Jemmape.* Il voyait
devant lui de redoutables retranchemens : Peu s'en falait que l'Autrichién
n'infultât aux Troupes , regardées come
temeraires , qui le venaient affaillir...
L'attaque comence : Le Français magna-
nime , avance , brave le canon , et ne
fait pas reculer : Le fervice de l'artille-
rie de l'Énnemi n'est pas affez prompt,
des rangs entiérs tombent foudroyés ,
mais les bouches-à-feu ont moins d'é-
nergie, que les Soldats-Français : Ceux-
ci profitent des repos neceffaires entre
les decharges , pour s'avancer : Ce ne
font point quelques Temeraires ; c'est
toute l'Armée. Les retranchemens font
forcés ; la bayonette , plus terrible que
le canon, écarte, tue, anéantit Ceux qui
lançaient la foudre : Tout est empor-
té ; une victoire crue impoffible par le
General lui-même , lui ouvre la Belgi-
que, qu'il est forcé de conquerir. Mais
il n'ala pas auffi vîte qu'il l'aurait pu.
† Il voyait cependant déflors , la poffi-
bilité de conquerir la *Hollande* , et il

K k 2

rilosof s'en vanta.... Mais, qui croit-on arrêta le cours de ſes victoires, et lui fit réa-
liſer ſon plan de trahiſon? Ce ne ſurêt
pas Ceux qui le conaiſſaient. Ceci va
étoner! Mais je le tiéns de bone-part:
Ce furent les Antirepubliquains, qui
croyant voir Dumouriéz agir de bone-
foi en faveur de la Republique, voulu-
rêt nous ôter cetapui. Ils ſoufflèrent aux
oreilles des *Jacobins*, la verité, qu'ils i-
gnoraît, que Dumouriéz était un traître.
Le Comité des *Salut-publiq* dona les ordres pour l'arrêter : On envoya, pour l'e-
xecucion deux Avocats, deux······· et un
Miniſtre. Auſſi Dumouriéz ſe moqua-
t-il d'eux, et les fit il arrêter eux-mêmes; puis les livra au General énnemi.
Jamais Dumouriéz, en leur ſesant cette
trahison deriſoire, ne ſe fût imaginé de
leur causer auſſi peu de mal! Il les voyait deja en idée, aumoins écartelés.
Le pauvre Home, auquel ſes victoires
involontaires avaient tourné la tête,
s'était perſuadé, malgré ſa conſcience,
que les ſuccès des Français étaient ſon
ouvrage, et que ſa defecſion les alait
plonger dans le découragement! † Il
eût dabord lieu de s'aplaudir. Après a-
voir engagé une partie des Troupes juſqu'à *Maſtreicht*, il les trahit, livra les places, nos magasins, ét ſe deshonora de

la manière la plüs infame. Cependant _{Filosof}
la Republique ne fe crut pas perdue.

44. *2——5 Septembre.*

Mais pendant ce temps-là , d'autres
choses fe paffaît. † Au moment de l'invasion des Pruffiéns , la Republique é-
tait dans une crise terrible ! la terreur
engendra la cruauté : Prêts à partir, les
Français alèrèt s'imaginer qu'il falait vi-
der les prisons. Robefpierre , Danton,
la Comune de Paris furent de ce fentiment. Les Particuliérs croyaît bonèmèt
que les Énnemis viéudraît à Paris , et
que tant les Ariftocates, que les Etrangérs lâcheraît tous les Prisoniérs , depuis longtemps aigris contre la Société
en-general , pour que ces Malheureux,
aprés le depart de la Jeuneffe , violaf-
fent , pillaffent , ét maffacraffent. Mais
les Chéfs , Robefpierre, Danton, la Comune , avaît principalement en vue d'inmoler les Prêtres-Refractaires , ainfi que
quelques Individus marquans , qui leur
portait ombrage... († Je ne repèterai
point ici ce que j'ai detaillé très-ample-
ment daus le XVIme Vol. des Nuits de
Paris , que je joins au Drame de la
Vie , pour former les XX, XXI, XXII,
XXIII, XXIV ét XXVme Vol. du Cœur-
humain devoilé : Je renvoie à ce Volume intereffant , imprimé en 93).

K k 3

 45. *Anecdotes, plus détaillées dans les* Nuits.

L'execucion horrible des Prêtres et des Prisoniérs, se fit horiblement (come tout ce qu'On a fait executer pas les Brutes *Sansculotes*). On avait entâssé aux *Carmes-Luxembourg*, les Prêtres, et jusqu'à des Évêques : Ils y surèt massacrés à coups de sâbres et de piques ; c'est-adire d'une maniére Revoluçionaire et cruelle. Ce n'est pas que je m'apitoye sur le sort des Ecclesiastiqs ! hâ ! les Fourbes ! qu'ils ont fait, et sont encore de mal !... Les jugemens aux prisons, où présidaît toujours des Membres de la Comune, se rendaît en poliçonant, en jouant la gravité, en employant la sanglante ironie, devenue le miserable ton de nos Fats ignorans, des mauvais Journalistes, et de tous les Sots. Les Executeurs, audehors, s'amusaît : Ils tuait avec delices ; ils était fâchés de voir s'échaper Ceux qui sortait par la *porte du salut !* Un cri-de-jôie feroce s'élevait, quand Un Malheureux arivait par celle de LA MORT !... On poignarda, On eventra des Femmes : La Veuve *Lamballe* (qu'aparemment le Municipal *Tallién* ne put sauver), fut du nombre ; sur son refus de crier, *Vive la Naçion !* elle reçut d'Un faux Marseillais (Un Nicard ou Piémontais soldé par l'Autriche pour

augmēter le desordre parmi nous) le 1er
coup-de-sabre dans le bas-ventre, mon-
tée qu'elle était sur un *aceruas* de Mou-
rans et de Morts : Elle fut dechirée, ex-
viscerée; sa tête fut sciée, lavée, frisée,
et portée (dit-On) au bout d'une pique
sous les fenêtres du *Temple*, et les
ieux de Marie-Antoinette! (Ces crimes
atroces furet l'ouvrage des Puissances
Étrangères, et des Prêtres-refractaires,
leurs principaux agens)... *Tallien* sau-
va mad. et mlle De-Tourzel, ainsi que
la jeune Sybrice, femmedechambre du
petit daufin..... † On ala, pendant la
nuit aux Seminaires : A Firmin, le Cu-
re Gros, fut précipité par la fenêtre,
aulieu d'être poignardé, piqueté, ou sâ-
bré; ce fut à la recomandacion d'Un
Sanfculote qu'il avait obligé..... Voici
un trait, dont je suis temoin auditif, et
que j'ai sans-doute seul remarque : Ils
alaiï expedier les *Galeriens*; je les enten-
dis passer tumultuairement sous mes fenêtres, criant, *Vive la Nacion!* Un
d'eux, sûrement Un scelerat *Pittiste*,
s'écria horriblement, *Vive la Mort!*....
† Les massacres durerēt 5 jours, come
durait les 5 jours d'anarchie dans un interrègne chez les anciéns Perses. On
ala tuer à Bicêtre; On vint tuer à la
Salpêtrière; la Desruës y fut cruellemt

filosof dilacerée !... Mais un Monſtre, qui ſe vanta d'y chercher une Tante, ſa bienfaitrice, pour l'inmoler, fut pourfendu par un Marſeillais.

46. *Inducçions à tirer des Maſſacres.*

Cette execuçion illegale marquait d'avanse, quel alait être l'eſprit de la nouvelle Convençion, prête à s'aſſembler. ... † Louis-XVI, depuis le 10 Auguſte, qu'il était venu ſe refugier au ſein de la *Legiſlature*, croyant, en cela, faire un grand coup de politique! était empriſoné au *Temple*, et d'abord traité en Roi: Mais petit-à-petit ſes fers s'apesantirét: Ils eúrer le temps, Lui, Marie-Antoinette, Elizabeth leur ſœur, de ſe livrer à leurs reflexions, dans cette priſon, où ils ne voyait que des Municipaux feroces et malveuillans. A la-verité, des Nobles leur fesait des ſignaux du haut de quelques maisons élevées: Mais outre qu'On s'en aperçut bientôt, qu'attendre d'une Caſte inepte, ſans moyéns, ſans énergie, timide come des daims, qui, au lieu de faire bonne-contenance, avait émigré come des Lâches; avec cette infamie ſurajoutée, que ces mêmes Couards, qui avait couru en Piémont, en Allemagne, ſe refugier dans le giron de leurs Grand'méres, eúrét l'impertinente audace, d'envoyer des que-

nouilles à Ceux de leurs Pareils qui a-
vait-eû le courage et la fageſſe de reſter?
Quattendre de pareils Effeminés?... **La**
Republique decretée, Un Roi était non-
ſeulement inutil, mais embaraſſant. Dés
que la CONVENÇION fut inſtalée, et un
peu revenue de ſon trouble, par la retraite des Pruſſiens, les Robeſpierre,
les Danton, les Camille, les Collòt, les
Chabòt, les Lacroix, les Grangeneuve,
etc. juſqu'à Darmonville, s'ocupèrent
du Grand Projet de doner à l'Europe, l'e-
xemplé terrible d'Un Roi ſur l'échafaud!

47. *Projets des Convençionels Jacobins.*

Les *Mortvotans* croyaient raellement
pouvoir flêtrir la Royauté par le ſuplice ;
ou tout-aumoins mettre la planche pour
les autres Naçions. Les Inſenſés ! **On**
flêtrit quelquefois Un Individu ; jamais
un état! Ce qui les flatait, c'était un bris-
de-majeſte des Rois, qui ſurpaſſât celui
dont les Anglais avait doné le double ſpec-
tacle au monde... (Mais les Chéfs du
Sanſculotiſme ſeront bièntôt les modéls
d'une horreur conue des ſeuls Anglais) ?
... Les Mortvotans avait encore le motif
politiq, d'engager ſi loin la Naçion, qu'
elle n'en pût revenir, et qu'elle reſtât
garante de leur ſûreté perſonelle... On
fait coment Louis voulut haranguer, et
coment le Comandant Santerre, un de

rilosof ces Intrigans sans mérite , sans talens, qui se fourrent partout , parvint à l'en empêcher, en donant le signal aux Tambours, etc. qui battirent à-la-fois. Louis ne le laissa pas liér tranquilement à la planchette ; il voulait mourir libre , les mains detachées : mais les Bourreaux ne le lui permirent pas.

48. *LePetit Capet* : *Simon Cordoniér.*

De ce moment sa Famille fut avilie. On dona pour Gouverneur à son Fils, un malheureux Cordoniér , nomé *Simon*, depuis guillotiné avec la Comune du 9 Thermidore. Come Marie-Antoinette fut humiliée , pendant les 18 mois qui s'écoulèrent, depuis la mort de son Mari, jusqu'à la siénne , en 1794 ! On aurait pu dire d'elle , come les Dieux le dirent d'*Hécube: Eventus Hecubam meruisse negaverit illos.*

49. *Custines , Père et Fils.*

CUSTINE, non-plus fidéle, mais jaloux de Dumouriéz ayant encore sa gloire, prenait alors Spire , Worms ; il poussa jusqu'à Mayence , qu'il emporta. Ces brillantes conquêtes étonérer l'Europe. Mais elles n'avaît rien de solide , par les motifs des Generaux qui les fesaît. Le 1r échec qu'on reçut, fut la retraite de Francfort; le chapelet défila vîte ensuite, et nous perdimes tout. Bién plûs, l'Enne-

mi fe jeta fur nous; Lîle fut affiégé, Filofof
brifé, renverfé; mais il ne put être pris.
Quelque-temps aprés, les Autrichiens
emportèrent Condé, Duquefnoi, Va-
lenciénnes, Landreci, et vinrēt échouer
devant Maubeuge, ou le General JULIÉN-
NE-BELAIR les arrêta. Le douteux Hou-
CHARD cependāt defendait Dunkerque,
qu'attaquait l'YORCK anglais, qui fut
battu, come fous Dumouriez, à *Hoftop*,
par les Troupes, contre le vœu du perfide General, qui a páyé de fa tête,
CUSTINE lui fucceda, dans le comande-
ment de l'Armée du Nord, et come lui,
tergiverfa, mais avec tant d'adreffe,
qu'il fe croyait inconvainquable. Il a-
vait pour Juges des Jacobins, qui fe
contentait d'à-peu-prés. Il périt avec
étonement! Il ne s'y attendait pas. Son
Fils fut exécuté à quelque-temps de-là,
parceque fon Père l'avait été. † Ce fut
alors que les execucions fe multipliè-
rent. Le but du Comité de *Salut-publiq*
(l'honête CARNOT excepté), était d'ô-
ter, avec la vie, aux Malveuillans, tous
les moyéns de nuire. Le Tribunal-re-
volucionaire alait trés-vîte à ce but: Çe
qui occafiona quelques atrocités, come
de condamner un Home pour Un-autre,
parceque le Premiér paraiffait auffi coupable, que Çelui pour qui on l'avait

Filosof pris. Les exécucions était plûs comunes à Paris, que la pluie en hivér ; tout
tombait ; tout tremblait.

    5o. *Marie-Antoinette : Elizabeth.*

Marie-Antoineue fut alors mise en
jugement : Voyéz dans le XXV Volume deja cité, les détails de cet odieux
procès. On fouffrit toutes les infamies
dont la voulurent charger le vil Municipal Simon , et un poliçon de Gendar-
me... [Voyéz auffi les PROVINCIALES,
à la fin des XI et XIIme Volumes,
pour fes interrogatoires, ainfi que pour
celui de MARIANNECHARLOTE-CORDAI.
Les Homes dont rougit la France, fe dif-
tinguèret par une cruauté fans but, come
fans exemple, ils firent traîner ignomi-
nieusemt à l'échaffaud, en charrette, une
Reine !... Les Romains vainqueurs, &
non-cîretiens, laiffèrent vivre *Zénobie!*
† Une nouvelle horreur fucceda : Éli-
zabeth, fœur de Louis-XVI , est vouée
à la mort, encore plûs capriciéusemt que
fa Bellefœur : Elle fut tirée du *Temple*.
On la mit inhumainement d'une quas-
triacombe de 29 , et elle fut exécutée la
dernière. Les morts de Marie-Antoinète
ét d'Elizabeth eûrent particulièrement
pour but, dans l'âme des Robefpierre,
des Danton, des Couthon, etc. de montrer aux Etrangers, alors en poffeffion
                       de

de plusieurs de nos places, qu'On ne les en bravait que davantage... Mais la scène va changer.

51. *Chute des* 1*ers Intrigans.*

Difcite juftitiam moniti ! La Revolucion etait bone : mais ils n'était pas bons Ceux qui la fesait. Il est une loi dans la Nature ; c'est celle des Efpèces. Je ne l'ai pas aſſéz examinée dans ma FYSIQUE : mais je fens qu'elle tient à l'organiſacion de tout l'Univers : c'est une des plûs belles loix de l'Intelligence infinie ; celle par laquelle Dieu clâſſe Tout ce qui exiſte, au fyſiq, come au moral : Un chêne produit un chêne ; un cheval, un cheval ; Un Home produit un Home ; un Biénfait, un Biénfait (*Nulle generaçion n'eſt plûs fure que celle des Biénfaits*) ; une cruauté produit une cruauté. C'est par une fuite de cette Loi, vulgairemēt nomée Providence, que tout acte de méchanceté germe fur la tête de Celui qui l'a comis, ét l'étouffera un-jour, s'il ne l'a pas reparé. La cruauté toujours eſt punie par un acte du même genre. J'ai trouvé, depuis que mes paſſions font éteintes, et que le raiſonement est plûs libre, une foule de ces belles verités-là, que j'ai parfemées dans ce grand Ouvrage. La Nature est admirable par fa *multiple* fimplicité : elle produit le bién et le mal, come elle produit les legu-

XVIII Partie. L l

Filosof|mes et les poisons, l'Agneau et le Loup:
La raison en est. que la substance du
bién et du mal existant dans le Tout,
par la suite d'une autre loi infinimt sage, qui done à chaque substance son
contraire, pour operer toutes les disso-
lucions imaginables, au moral come au
fysiq, il faut que la substance du mal se
develope, tout-come celle du bién, par
des existances. Voila quelle est la clef
de toute la Nature. Les Méchans sont
necessaires pour les dissoluciōs civiles....
C'était les *Hebèrt*, les *Momorö*, la *Comune*,
ét leurs Complices, qui avaït précipité
la mort impolitiquemt cruelle d'Antoi-
nette et d'Elizabeth: Ces infames Con-
tre-Revolucionaires, aprés ce coup atroce, devinrēt insolens, ét lassèrent biéntôt la pacience de Scelerats plüs puissans
qu'eux: Le *Club-des-*CORDELIÉRS riva-
lisa celui des JACOBINS: Ler 1érs pré-
chèrēt l'insurrecsion: Mais trop faibles
contre Robespierre, Danton, Collot,
Billaud, Couthon, Saintjust, etc. alors
unis, ces vils Scelerats furent decretés
d'acusacion; c'était l'être de condanacion, non à-raison de leurs crimes, mais
à-raison du Tribunal. dont ils avaït eux-
mèmes employé la corrupsion. Ils peri-
rēt, ét... souffrirēt antant que leurs prin-
cipales Victimes, Marie-Antoinette, E-
lizabeth! Come HEBERT, cet indecent

PÈRE-DUCHESNE, qui mettait dans ses Ouvrages les jurons au lieu de fleurs-de-ré-
torique, fut outragé, vilipendé! On ri-
diculisait, aux oreilles de ce Malheureux, qui alait à la mort, les fréquentes
et justes colères que proclamait ses Colporteurs!... Come il dut cruellement
sentir la versatilité du Peuple, de cet
Être-collectif toujours injuste et méprisable! O mes Concitoyens! si le Genre-
humain est considérable, respectable,
c'est par les Homes instruits, éclairés, de
bon-sens; il n'est que méprisable par les
Sots, les Fripons, les *B*, les *G*, les *M*, *M*!...
Honoréz donc les Homes éclairés; fa-
voriséz leurs developemens! Eux-seuls
peuvent vous tirer de l'état des Brutes!
Et cependant, qu'avéz-vous vu? Les infames Wandales-Anarchistes voulait ramener la barbarie, éteindre les lumiéres, aneantir les siences, et faire régner
la matière brute et grossière de leurs *Sans-*
culotes, sur la perspicacité, la penetracion, le genie des LAVOISIÉR, des BER-
NARDIN-STPIERRE, des CONDORÇET, des
MARMONTEL (non-encore hypocrite): Je
ne nomerai pas LAHARPE; cet Home bas
et rampant n'a jamais eú de cœur, ni
de veritables lumières...

52. *Pronostiqs de la perte des G. Coupabl.*
La mort d'HEBERT ét de ses Compli-

ces était l'annonce de celle de Danton,
Lacroix, Camille, Chabòt, et des autres Meneurs. qui depuis si longtemps
dominait la Republique. Je m'y aten-
dais : Quand On voit dans un pàys, plusieurs Dictateurs, plusieurs SYLLA, plusieurs MARIUS, il faut présumer que l'é-
chafaud le debarassera des 3-quarts, en
atendant qu'il le delivre de Tous. On
vit donc ces Coupables inmolés par des
Complices, aussi criminels qu'eux-mêmes, et aler à la mort au-milieu des
huées enragées des Aristocrates, ou des
cris-de-fureur de leurs Partisans. Mais
Çeux-çi n'osait montrer leurs motifs.
L'Humanité violée par eux, aurait souri, si elle n'était pas la mère comune de
tous les Homes.... Ils devait perir : notre admirable Revolucion, la plüs juste qui se soit jamais faite. puisqu'elle a
restitué au Genre-humain sa dignité ravie
par la Noblesse; à sa Raison, sa liberté,
enmaillotée par la Supersticion; notre
Revoluciõ a été profanée par les Intrigans
sacrilèges qui s'en sõt emparés ; les Clo-
otz, les Bazires, les Chabòt, les Camille....
Ainsi, la plüs excellente des choses, est
denaturée par les profanes qui s'emparèt
de l'execucion !... Hé! que d'après ceci,
le perfide Aristocrate n'aille pas s'imaginer que je regarde come injuste la mort
de tous-ceux qu'ont fait guillotiner les

Terroriftes et les Buveurs-de-fang! La
plûpart deÇeux qui ont peri, était coupables ; ils était ennemis du Gouvernemt
et de leur Pâys, et leur deftrucŝon était
utile au bien publiq, quoiqu'elle fût un
mal particulier. Je vais plûs loin : Quiconque dans une Revolucion tire en
fens contraire du Gouvernement et de
la marche generale, est digne de mort,
ou tout-aumoins de deportacion, fi la
deportacion est facile, ét non-dange-
reuse pour l'interêt-publiq. Ainfi, Quiconque áyant tiré en fens contraire du
Gouvernement, a été puni de mort, mé-
ritait fon malheur, et ne doit pas être regardé come une victime. Ç'est unCrimi-
nel, qui a fubi le fuplice... Hâ! fi dans la
nombreuse Lifte, on cherchait les parfai-
temt innocens, On ferait etoné d'en trouver auffi peu! Et combien aucontraire,
qui ont furvêcu, portent le trouble dans
la Societé, et font regréter que le hazard
les ait préfervés! Ils juftifient le Terro-
rifme, les Sélérats! Tels fôt les Prêtres...

53 Tremble, Robefpierre! ton tour eft venu!

Danton est mort! Robefpierre, l'im-
prudent Robefpierre s'est ôté fes plûs
fermes Apuis! Tandis qu'On le croit
au faîte de la Puiffance, fa perte est ju-
rée. Par Qui? Par des Patriotes; les
Royaliftes furent toujours des lâches...

L l 3

ꝓilosof Cependant Robeſpierre inſtruit affectait
non l'autorité deſpotique ; mais la tranquilité: Il laiſſait faire ſes Ennemis, qui
ſe hâtait de ſe debaraſſer, ſous ſon nom,
des Royaliſtes qu'ils redoutait: Ainſi qu'
à ces Condanés-vieux des Mexiquains,
auxquels pendant un an, l'On offrait
des victimes, et qu'On ſacrifiait eux-
mêmes le derniér jour, on lui fit un holo-
cauſte de la Vierge Renaud, crime dont
il ſe plaignit amèremt le même ſoir aux
*Jacobins : ,, Les Sçelerats! ils veulent me
venger ! Ils veulent m'étouffer ,,?*..... On
voit qu'il ne ceſſa d'aler au *Comité-de-Salut-publiq,* que par ſa penetraciõ dans l'â-
me d'Homes vils, depuis conus et punis:
Il les méprisa. Mais ils ſentirët que Celui
qui n'avait pas épargné Camille ſon ami
(ce Dernier n'avait prêché la clemence,
que de-concert) ; qui venait de ſacrifier
et Danton, et Chabòt, et Bazire, ne
les épargnerait pas. Ils profitèrent de la
ſécurité de Robeſpierre, de celle de
Couthon, pour les étouffer. Ils s'apro-
chèrent de leurs propre Ennemis, pour
en perdre Un plus urgemment dangereux. Robeſpierre et Conſorts, quoique
ſoutenus par la Commune et par l'inepte Hanriot, comandant de la Garde-
Naçionale, place qu'il avait meritée par
un crime, Robeſpierre fut accâblé par
le nombre, et périt. Il fut traité, come

il avait traité les Autres : Il fut mis hors
de la loi... Je l'ai vu passer dans la gran-
de-salle du Palais-justice, porté sur un
braucard, accablé de douleurs fisiques
et morales, qui n'inspiraient de pitié à
Persone, qu'à moi. Aucun Guillotiné ne
fut aussi malheureux; il souffrit plûs que
cent d'entr'eux n'avaient souffert.

54. *La Commune guillotinée.*

On vit ensuite perir cette infame Comune, chargée de crimes... Mais les
Coupables n'y étaient plus, et la peine
qu'ils ont subie ensuite a été trop douce.
L'odieux Ænner, l'intolerant Lubin,
soldérèt leurs crimes contre la Raison.

55 *Aveuglemt des Succ^esseurs de Robespierre.*

Un nouveau Gouvernement comen-
ce : Aussi aveugle que l'ancien, il ne conaît qu'un moyen de reparer le mal;
c'est de faire tout le contraire de ce que
les précedens Meneurs avait fait. Mais
tout ce que Robespierre et Complices avaient fait, n'était pas mal : Aussi,
en fesant tout le contraire, nâvra-t-on
la Republique d'une plaie incurable.
On brisa le ressort, aulieu de le déten-
dre petit-à-petit, et l'on amena, par
une imprudente douceur, qui devint
une veritable cruauté, tous les maux qui
nous ont accablés depuis.

Filosof

56. *La Famine.*

Les lâches Aristocrates, forts de la
faiblesse du Gouvernement, travaillè-
rent le Peuple, la Gent mercantile, la
Clâsse des Cultivateurs, etc. Tout fut
bouleversé. L'Assignat auparavant au
pair, tomba avec une ruineuse et scanda-
leuse rapidité : Tout ce qui devait s'enrichir ; tous Ceux auxquels il était dû
furent ruinés ! On vit des Malheureux,
qui comptaient avoir pour vivre 6 mois,
ne se trouver nantis que pour 6 jours.
Il falut tout vendre, tout sacrifier... Un
Infortuné vivait, avec économie, sur
12-cents livres de rentes : Cet Infortuné
n'a plus que 48 sous ! Quel horreur ! et
quel Gouvernement au monde, a jamais
souffert une pareille infamie ! Convençionels ! vous ne vous en laverez jamais !
Malheureux ! il falait plûtôt faire piler
dans un mortiér, depuis les piéds jusqu'au crâne, le 1r Scélérat qui avilissait
le papiér-monaie ! le 1r Scélérat, qui
vendait chér, à-raison de cet avilissement !... Stupides LXXIII, principaux
Auteurs du mal, Non, vous n'avéz pas
vu le Malheureux sans pain, devorât des
nourritures meurtrières, que des Em-
poisoneuses de la plus vile Populace lui
préparaient mauvaises, avec malice, sur
le *Pont-au-change*, et ailleurs ! Non,
vous n'avéz pas vu le Malheureux arri-

vant de son travail, pour dîner, ne pas trouver de pain ! dévorer des legumes, que son estomac affaibli ne pourra digerer !... Si vous l'aviéz-vu, et que vous eussiéz continué dans l'insouçiance où vous avéz vêcu, vous seriez des Scelerats !.... Je l'ai vu, moi : J'ai compté mes morceaux, et la faim devorante habituelle m'a longtemps pressé de son aiguillon ! Convençionels prétendus humains, hâ ! que vous avez eté cruels ! Je vous pardone ; .. mais la Posterité vous pardonera-t-elle !... Quoi ! le Corpslegislatif, content de se mettre audessus du revèrs comun, par son salaire, est demeuré spectateur impassible de la subversion generale ! On le maudit. Il fait venir des Troupes, sous pretexte que les Parisiéns font une Race taquine ; les plûs Raisonables disent que cette Grande Comune (qui en fait 12 aujourdhui), est agitée par les Etrangérs... La tyrannie cruelle et soupçoneuse est-elle donc retablie ? Ce furent les 73 Desincarcerés qui donérent ce dernier motif. Hâ ! que cés 73, encore épouvantés, ulcerés, nous ont causé de mal !...

57. *La nouvelle Constituçion.*

On esperait dans la Nouvelle Constituçion. Elle est redigée, proposée, acceptée, etablie. Ceux qui craignait la misère, l'ont acceptée, aveuglémt, hâ-

Filosof

tivement et le mal empire horriblemt après!... J obſerve, qu On vit, dãs la Section du *Pantheon*, Un Citoyen demander le rejet de la Conſtitucion, et l'établiſſement du *Communiſme*: mais il s'expliqua ſi mal dabord, que moi-même je fus contre lui. Les Préjugiſtes s'indignèret: L'Orateur deſcendit honni de la chaire d'Etiéune-du-Mont, quilui avait ſervi de Tribune; On voulait le batre, tant l'Ariſtocracie était deja puiſſante! Nous nous y opoſames, le Préſident *Delavigne* et moi... Nous fumes enſuite, que cet Home avait été secretaire de Robeſpierre: Nous en conjecturames que Robeſpierre s'ocupait d'un Projet analogue. Je n'eús biéntôt plús de doute là-deſſus... Mais je ne m'expliquerai pas davantage... On ſaic quelles furet les ſuites de l'inſurrecſion de vindemiaire: il y eút Une criſe terrible! où l'Ariſtocracie eút encore le deſſous. On tira ſur ſes Partiſans, que le canon à-mitrâilles diſſipa. Auſſi, la miſére ſe rengregea-t elle horriblemêt, pendant l'hivér et le Printemps. La famine, qui avait comencé dés 1794, et qui dura 2 années entières, produiſit le trouble du 1 Praireal, la mort de FER-RAUD, tout ce qu'On a vu... Çe qui ſurprend ici, c'est Une Nacion remuante,

que des Royalistes lâches et poltrons , affament impunémt durant 2 annés entières... *O vecordes imbellesque Servos !*

58. *Triomfs des Armées-Françaises.*

Mais d'un autre côté , malgré la misére publique , nos Armées triomfantes
repoussent l'Énnemi ; elles font plûs ;
après lui avoir repris nos places frontières , elles s'élancent dans son Pays , en
Italie, le tombeau des Français, en *Allemagne*, et lui font la guerre à ses depens !
... Quelle memorable guerre, que celle
où se font inmortalisés les BUONAPARTE,
les PICHEGRU, les *Scherer* , les *Jourdan*,
les *Moreau* , et tant d'autres ! L'horrible *Pitt* , ce *Machiavel* anglais , voit nos
Armes triomfer , au moment où il croyait nos forces épuisées. Lui-seul a gâ-
gné à la guerre , qu'il engaje les autres
Puissances à soutenir contre nous : Il a
pris une partie de nos Colonies ; il s'est
emparé de celles de la *Hollande*, conqui-
se sur la glace par les Français : Il pros-
père , cet infame Anglais , cet immortel
Énnemi du nom français ! Mais il tombera écrâsé sous sa puissance factice ! Il
ne faut qu'un jour aux Français , pour
l'aneantir... Hâ ! périsse , périsse cet
Énnemi de mon Páys ! qu'il périsse d'une
mort lente et cruelle ! c'est le vœu de
mon cœur !

filosof

59. *Désordre des finances: Sa cause futile.*
C'est le mauvais état de nos finances, qui nous tue. Mais qui l'a causé? Ces exécrables Dépréciateurs du papiér-monaie, qui lui ont ôté sa valeur fixe, pour agioter: Ces vils Écos-aristocrates, qui detestent la République, parlent stupidement come les Agioteurs, par haïne pour la monaie qui nous a fait triomfer! Ces Parleurs impitoyables, qui áyant pris avec les Royalistes, l'infame tournure d'avilir les Assignats, les Mandats, ne cessent de dire, que c'en une mauvaise mesure. Quoi! ces Assignats si comodes, surtout pour les grosses somes, sont une mauvaise-monaie? Hé-pourquoi? ,, C'est qu'on ne peut la realiser,, Mais, en la realisant, l'échangera-t-il en comestibles, en drap, en souliers? Le papiér est donc la même chose que du Numeraire? C'est doc une Opinion idiote, imbecile, malveillante, qui établit la difference ,,?...
60 *La malveillance en est la veritable cause.*
Mais je vois la vraie raison du discredit des Assignats (les Mandats sont la même chose), que tu decries, Ennemi-publiq! C'est que tu ne peux envoyer les Assignats à tes Émigrés: Voila une des veritables causes qui te les a fait depréciér. Vil Royaliste, si le Gouvernement

ment actuel avait été veritablement entendu, il n'aurait pas souffert d'autre
monaie. C'est ainsi qu'il aurait fait res-
ter en France tous les capitaux: Lui-
seul aurait páyé en numeraire, à l'É-
tranger, ce qui aurait dû lui être páyé:
Lui-seul aurait reçu le numeraire du prix
des traites et des productions de l'interieur à l'exterieur: Lui-seul aurait é-
tabli l'équilibre, pour ne páyer d'im-
portacions, qu'autant qu'il aurait fait
d'exportacions. Pendant tout le temps
ardu de la guerre, et de crise de la
Revolucion, c'était le papiér au pair qu'
il falait maintenir, et la mort devait ê-
tre le prix de la fraude ou de la desobeï-
ssance. Perissét les infames Detracteurs
du papiér-monaie, qui les empêchait de
solder les Énnemis de l'Etat! Perissent
les execrables Agioteurs, qui y ont trouvé leur profit! Tout Français qui a favorisé ce decri, par ses discours ou ses
acfions, est un mauvais citoyén, un sçelerat, qui merite la mort! Et si c'est
toute la Nacion, la Nacion est impa-
triote, éversive d'elle-même, et à-jamais deshonorable!

61. *Prétendu Systême d'humanité.*
Depuis l'execucion de Robespierre,
(tombé victime de Gens, dont plusieurs
ne le valait pas), et celle de la Comune,

XVIII *Partie.* M m

Filosof où tout était coquin, gangrené, même
Ceux qu'un credul Vulgaire regardait
come honêtes-gens, il n'y eût plus d'e-
xecucions. Un fyftème de douceur (le
même concerté entre Camille et Robefpierre) fucceda fubitement à la rigueur.
Mais ce fyftème, auffi mal-à-propos que
maladroitement amené, causa une infinité de maux! l'Agioteur n'étant plus
contenu par la crainte, l'Affignat *Rua*
vèrs fon aneantiffement abfolu. En-vertu de la liberté de la preffe (liberté que
j'aprouve infiniment), On fouffrit qu'un
Royalifte poliçon fît, fous le nom de *Po-*
lichinel, une indecente plaisanterie du
difcrédit publiq. Les Malveuillans li-
faït, decalamait cette poliçonerie avec
emfase! et ils avaït quelque raison. Et
cependant j'en aurais fait punir l'Auteur, dont le but était visiblement d'a-
vilir la Reprefentacion-Nacionale. Il eft
fcelerat, atroce, de plaisanter du malheur publiq qu'On a fait! Je fuis Ter-
rorifte, moi, et j'en fais gloire, pour le
crime! Maudits foït les prétendus Com-
pâtiffans pour le crime, qui épargnent
la vie d'un Coupable, pour faire perir
Un million d'Innocens... Et c'eft ce qu'
a fait le prétendu fiftème d'Humanité de
la Convencion finiffante! Revenéz de
cette erreur, ô Vous qui gouvernéz aujourdhui! Puniffez *terriblement*! le 1ér

abus à consequences funestes ; punisséz Filosof
le de mort ! Faites trembler, pour son
avantage, pour son intérêt, pour son
salut, une Nacion immorale et agioteu-
se ! Surtout punisséz de mort ces infames Politiqs, deputés d'Angleterre, et
dont plusieurs siegent parmi vous, qui
decrient d'avance toutes vos operacions!
Je n'en ai jamais critiqué qu'une, moi,
c'est votre clémence pour le vice des-
tructeur de toute Société, l'avilissemët
de la Monaïe-publique la meilleure, la
plüs comode, la mieux imaginée ! Ba-
nisséz ces perfides Metaux, inutils dans
l'interieur, dangereux, apauvrissans, si
On les emploie avec l'Etrangér, et (je
le repéte) reservéz au seul Gouverne-
nement l'aquit de toutes les Traites sol-
dables en metal. Si la dette à l'Etrangér
est contractée par le Gouvernement, il
aura soin de faire calculer auparavant,
par son Agence, la rentrée égale de chéz
l'Etrangér, soit par la vente de nos vins,
de nos producsions de luxe, et de notre
Litterature, soit par celle de notre su-
perflu agricultural. Si les Particuliérs
font une traite, qui demande une solde en Numeraire metalliq, ils en indi-
querontle moyén de rentrée, et le Gou-
vernementpaiera en metal sur-le-champ.
Hà ! qu'il serait à souhaiter que chaque

Nacion de l'Europe eût fon papiér-monaie, dont elle repondrait, et avec lequel elle folderait au pair tous les marchés de metaux, de grains, vins, bois, chanvres, draps, toiles, Livres, Modes etc. Le papiér faux ne pourrait avoir-lieu; On ne pourait efcamoter au Gouvernemt un Affignat vrai, puifque les Comis páyās irait de telle ferie à telle ferie, fans qu'il pût y avoir d'erreur, ni de faux, fans doubler les nos. Quant aux Particuliérs qui recevrait un Affignat, Tout Citoyen poura le faire comparer chéz le Juge-de-paix avec les étalōs depofés; On écrira deffus, *faux*, fi le Billet est faux, *bon;* et fi le Billet est bon: au 1ér cas, le Soldé a recours fur le Soldant; Celui-ci fur le Précedent, jufqu'à l'origine. Chaque Nacion aurait en-outre mis fur fon Affignat en quoi elle le folderait, ét à fa préfentacion, elle faurait ce qu'elle doit doner; fi du metal, fon Gouvernement, reputé Individu de Nacion à Nacion, le ferait aquiter.

62. *Puiffançe à doner au Gouvernement.*

Come dans Une Famille bién réglée, le Gouvernement ferait tout: Point de cette prétendue liberté, qui n'est que le desordre, la fraude! A-préfent, par-exemple, le Royalifte vous dit, vous repète, Que le Gouvernement ne doit

ſe mêler de riën. Savéz-vous pourquoi? Filofof.
C'eſt qu'il veut favoriſer ſes Émigrés ,
et qu'il ne le peut, ſi le Gouvernement
ſeul aquite les traites avec l'Etrangér. L'
Ariſtocrate veut que le Gouvernement
ſoit apatiq , pour former ſes ſanguinai-
res COMPAGNIES-DE-JESUS et DU SOLEIL!
... Scelerats! dont je voudrais voir le
Derniér , à ſon derniér ſoupir , ce n'eſt
pas le Membre du Comité-Revolucio-
naire , que tu hais ; je le hais autant que
toi , plûſ et moins que toi dans les deux
ſens , et je ne l'aſſaſſine pas , ni toi non-
plûſ ; c'eſt la Revolucion que tu deteſ-
tes ; c'eſt par un effet de cette haîne ,
que tu decries le papiér-monaie , que
tu prens la defenſe des infames Lïonais,
des Habitãs de cette Ville exécrée par tout
bon Français, qui a voulu faire tomber la
Republique !... Mais la Republique l'a
accâblée... Que je hais le Lïonais ariſtocrate ! (le patriote eſt mon Ami) : Voyéz come l'Habitant de Lïon eſt groſ-
ſiér , ſot , énergumêne! Je ne conais
rien de ſi bête, de moins homme , de
moins participant de l'intelligence des-
intereſſée, qu'un Lïonais borné. Haïſ-
ſable par ſes manières , par ſon ton , par
ſes ſentimens , hô! il n'a pas des vices
aimables, je vous aſſure ! il les a repouſ-
ſans , degoütans : et ſi quelques-Uns

d'entr'eux, par un long féjour au dehors, font devenu homes à-peu-près, il confervent toujours de la fotife originaire, le bavardage, l'impoliteffe foncière, et l'*infuportabilité*... Mais ç'en est trop fur cette Ville, la honte de la France et de l'Efpèce-humaine, qui n'a d'aprochantes dans la Republique, en *inamabilité*, qu'Aucerre et Vermenton.

63. *Les Mandats étaient excellens : Indicaçion de leurs Detracteurs.*

Citoyéns Repréfentans, vous aviéz fait un coup d'or, en fubftituant les *Mandats* aux *Affignats*. Mais vous n'avéz pas réüffi : Prenéz-vous-en à *Pitt*, et aux Ariftocrates; furtout aux Lionais, qu'ils foient dans leur Ville, ou diffeminés ailleurs. C'est le manque de fermeté; c'est une crainte pufillanime, qui vous a empêchés de foutenir le *Mandat*. Quoi! vous avéz-eú la faibleffe de croire, que le Gouvernement-Français n'avait pas tout pouvoir, parceque les Ariftocrates et les Lionais vous l'ont dit? Quoi! vous avéz penfé que la Naçion fe revolterait contre de fages mesures, feules capables de ramener chéz elle la profperité! Vous avéz cru l'Ariftocrate qui vous difait d'écouter fervilement l'Opinion? Le Banquiér frauduleux, qui voulait perdre la Naçion, pour s'enrichir par l'agiotage?... Quelle école!...

64. *Exécraçion de Mr-Nic. sur les Banquiers.* Filofof

Hő! l'infame Banquier! auſſi ſtupide que le Lionais, qui ne ſent pas qu'en ruinant la Naçion, il creuſe l'abîme ſous ſes pas!... Que falait-il faire? Braver l'Opinion; ſacrifier à l'échalfaud, 4 Banquiers des plus coupables, et une hécatombe d'Agioteurs, d'Ariſtocrates! Voila come il falait faire, pour ſoutenir le mandat au pair! Il falait immoler ſans pitié, quelques-Uns de ces Lionais perfides, qui viennent naziſſarder dans les Clubes ariſtocrates leur doctrine perverſe et ſubverſive de votre Gouvernement! Il falait en-même-temps éclairer les Troupes, preſque la ſeule partie reſpectable de la Republique, en lui devoîlant les motifs de votre conduite. Alors, craints, loués, reſpectes, vous auriéz gouverné efficacement, benis de la Generacion préſente et de la Poſterité...

65. *Reproches aux Legiſlateurs.*

Au lieu de tout-cela, qu'avéz-vous fait? Vous vous êtes laiſſés entrainer par les Banquiers, les Agioteurs, la Treſorerie, les Lionais, les Pittiſtes de tous les genres, et vous avéz payé le matin, à la Treſorerie, en valeur nominale, le malheureux Rentiér, le Fonctionaire de toutes les claſſes, le Creancier de l'État de toutes les eſpèces; tandis que, le ſoir, vous avéz reçu, n'avéz voulu recevoir de ces mêmes Homes l'Assignat qu'au cours! Vous avéz favorisé ouvertement le vol, le dol entre Citoyens! Vons avéz sciemment ruiné l'Home probe et simple, en faveur de l'Agioteur, de l'Intrigant, du Scelerat! Quelle revoltante conduite! d'autant plus revoltante, que vous pouviez l'eviter, en vous couvrant de gloire, en vous fesant combler de benedicsions!... Tandis que nos invincibles Armées battent l'Ennemi, vous, vous cediéz aux Anglais, qui, depuis si longtemps gouvernent notre interieur, par leurs Emissaires! Vous conservéz au milieu de vous, des Traîtres, sous pretexte qu'ils vous ont rendu des services, lors de la Revolucion du 9 Thermidore. Hé! ne voyéz-vous pas leurs Femmes agioter, et miner sourdement la Republique?... Mais mon intension n'est pas de vous faire des reproches: Je ressemblerais aux Aristocrates et aux Lionais, vos plus cruels Ennemis.

66. *Encouragement au Corps - legislatif, au Directoire-Exécutif.*

Représentans de la Nacion! et vous, braves DIRECTEURS! de l'energie! C'est le courage seul qui peut nous sauver tous! N'épargnéz pas l'Ennemi! enlevéz tout, pour faire marcher votre Gouvernemt (et c'est ce que fait le Héros BUONAPARTE): qu'il soit ferme, absolu, militaire, pendant toute la Guerre, et quelque-temps après: La justice, c'est notre confervacion, qui vous est confiée! Croiriez-vous bién qu'un Lionais, qui d'ailleurs a du bon-fenf, prétend que la Loi des XII TABLES, *Salus Populi suprema lex esto*, est une loi atroce! que ce même Home foutiént publiquemt, que la Naçion n'avait pas le droit de prendre le bién des Émigrés!... Pour vous, Represéntans, et toi, Directoire-Executif, veneréz-la; executéz-la! que cette loi fainte, éternelle, jufte come Dieu, foit la règle de votre conduite. De quî êtes-vous les Magiftrats fuprêmes, le Senat, les Confuls? De la Naçion-Française. C'est elle, elle-feule, aux depens de tout l'Univèrs, que vous devéz fauver; parceque c'est d'elle, dont vous êtes les Mandataires. Il n'y a pour vous de jufte, que ce qui la fauve et la rend heureufe, quels que foît les moyens: Une côduite opofée n'est pas jufte, elle est atroce, infame. ,, Je vous ai doné mes POUVOIRS (a dit la Naçion), c'est pour me fauver, et non l'Allemagne, l'Italie, fi ce n'est après qu'elles me feront unies par un lién naçional ,,..... Pitt en dit autant; mais *Machiavel-Pitt* ne fait pas le bonheur de fa Nacion.

67. *Mesure entière.*

J'aurais encore une chose importante

à dire à tout Gouvernement: C'est qu'
On ne prend pour la félicité publique,
que des demi-mesures. Est-il Un-seul
de ces plats C'retiens, qui font aujourdhui les zelés pour le retabliffement de
leur Religion, qui reclame pour fa base fondametale, *l'égalité*, le *communifme?* Ce bon Touftain-Richebourg, dans
un Livre de 600 pages fur *Religion de fn
Pères* (expreffion de Marmontel qui ne
prouve rien), n'a pas eú la bone-foi de
dire un mot de cette maxime facrée de
Jesuah!... Hâ! Vicomte de-Touftain,
vous êtes toujoujours vicomte, mais pas
c'retien, je vous le certifie! Des confi-
deracions humaines vous empêchent de
l'être, come à ce jeunehome de l'Évangile, qui devint trifte, à la propofigion
de l'être tout-à-fait!... Quoi! c'est à un
Deïfte, Un Reprouvé, come moi, que
vous laiffez tout l'odieux (mal-fondé, il
est vrai), de crier dans le *defert* pour le
retabliffement du point le plüs important de la Morale de votre Legiflateur!
Hâ! Devots! quels homes vous êtes!...
Oui, l'Évangile à la main, je vous prou-
verai que je fuis plüs c'retien que vous!
... Gouvernement français! obfervez,
je vous prie, que tout Legiflateur qui a
voulu folidement le bonheur de fa Nacion, *Lycurgue*, les 1rs Fondateurs des
Sociétés, dans les 2 Hémiffères; les Fô-

dateurs de Sectes , come Jesuah et les *filolof*
Inſtituteurs des Ordres-Monaſtiqs , qui
ont voulu le bonheur individuel et publiq , ont etabli la communauté ! Re-
marquez bien que ce n'eſt pas ici la loi-
agraire, dont l'etabliſſement n'était juſte
et poſſible qu'à Rome ; mais une comunauté abſolue , telle que j'en ai tracé le
plan , *p.* 4328 *et ſuiv.* ou dans l'Anthropografe.   Gouvernans de la Republique ! diſtinguez-vous des Peuples à Roi ,
par cette Comunauté , dont les Rois ne
s'accomoderaît pas , atendu qu'elle ſerait ſubverſive de leur puiſſance. Toutes les Republiques ſont ſuſceptibles de
la comunauté ; tous les Gouvernemens
peuvèt être mis en Republique comune ,
2 exceptés, les Anglais et les Holandais,
à-raison de la manière dont ils ſont le
comerce , manière qui ſemble demander que la cupidité , l'egoïſme aient tout
leur reſſort. Encore ne ſuposé-je cette
inaptitude à la comunauté , dans ces 2
Gouvernemens, qu'à-cause des vices des
Individus ; vices qu'On pourait braver,
lors de la legiſlacion, en établiſſant, que
Chaqu'un continuera ſon etat , afin d'y
contribuer à l'utilité publique, de tout
ſon pouvoir.

   68. *Objecſions dejà répondues.*

Je ne me diſſimule pas les Objecſions

filosof que tous les Gouvernans pareſſeux, et amoureux de leurs aises feront contre l'execuçion du plan de ce beau Regime. ,, Mettez (diront-ils), l'Angleterre en comunauté, plus d'énergie, plus d'induſtrie, plus d'infatigabilité. Mettez-y le Hollandais, plus de cette paciénce laborieuse qui l'enrichit. Mettez-y *Hélvéçién*; plus de cette invencion montagnarde, qui lui fait faire des Ouvrages qu'il vend par tout ,,.

69. *Ampliaçions de Reponses.*

Qui te dit que cela ſoit vrai, Énnemi de tout bien? Qui te dit qu'il y ait un ſeul etabliſſement, une ſeule loi des Homes, ſans inconvenient? Ce qu'il faut examiner, ce n'est pas où il y a des inconveniens, mais où il s'en trouve le moins. Je dis plûſ: je ſoutiéns qu'au moyén des loix que je propose dans cet Ouvrage même, et dans l'ANTHROPOGRAFE, le decouragement, la *desindustrie* n'exiſteraīt pas. En-effet, dans l'état de Communauté, il faut que tout le monde ſoit utile à la Naçion, dans la profeſſion qu'il exerce; il y a des peines; il y a des recompenſes; il y existe une monaïe, dont la valeur est reelle, et qui procure les mêmes avantages que la monaïe, dans la ſituacion actuelle. Ainſi donc, et par les loix tant excitatives,

ves, que coërcitives, et par la monaie,
à laquelle on n'avait pas songé dans
l'Anthropografe, l'émulacion, l'énergie fondées fur l'interêt perfonel, ne
perdront rién. Elles auront au contraire
plüs de force et d'activité.

70. *Excellens effets du Communisme.*

L'inconvénient du manque d'émula-
ciõ, qui est le feul, une-fois levé, qui nous
empêche de couper à la racine tous les vices, introduits par le regime focial? Qui
nous empêche de ramener fur la terre l'â-
ge-d'or, l'innocence, la fraternité, toutes
les vertus?... Les Homes ont cherché
l'origine du mal; ils ont divagué au loin,
et ils l'avaient fous leur main; c'est la
malheureuse, l'imprudente, l'abomi-
nable, l'exécrable propriété! Si l'on y
refléchiffait bién, on verrait, qu'elle est
injufte, cruelle, abusive, inhumaine!
Hé! l'On nous prêche une prétendue
vertu, en nous mettant le vice réel fous
la main! On feint de nous exciter, à l'a-
mour de nos Semblables, en multipliãt
les fujets de division et de haîne qui le
rendét impoffible, par les tentacions de
la propriété! Humains infenfés! fi l'On
vous peignait Un Être tel que vous dans
Un des Mondes poffibles, avec votre
folie, votre deraison, votre fuite conf-
tante des moyéns-de bonheur, On vous

XVIII Partie. N n

Filosof

verrait tour-à-tour émus de pitié, ou
penetrés d'indignacion!.., En-effet, les
Homes sont si ridiculemt inconsequens,
l'Espéce étant toujours menée par les
Sots, que lorsqu'On y reflechit, On de-
meure plongé dans un étonement de stu-
pefacsion! Ils parlèt du bien; ils le pre-
scrivët; mais pour qu'On le leur fasse,
et non pour le faire aux Autres; ils ont
la stupidité de ne pas même songer à la
Loi si necessaire, si indispensable de la Reciprocité! Ils sont des lois, pour les Autres; et quant à eux, ils ne s'ocupent
que des moyens d'en eviter l'execucion;
ils s'immolet le reste du Genre-humain;
sans pouvoir se persuader, que par l'é-
vènement, ils seront immolés de-
même par dès Égoïstes come eux. Les
Homes, pour les 98-centièmes, ressem-
blent à ces Fermiérs de Seigneurs, qui
augmentaït stolidement le produit de la
ferme en droits, aux depens de leur Posterité, qui devait gemir de ces fiscalités.

71 *Impossibilité de l'établissemt du Comunisme.*
Je sais bien qu'il est inutil de prêcher
aux Homes le *Communisme*: Hà! trop
de passions s'y oposent! Les Meneurs
du Genre-humain, les Égoïstes, les Riches, tous les Vicieus, ont trop d'interêt
à l'empêcher, pour que jamais il puisse
se realiser! Un Dieu ne l'établirait pas;

et nous avons ici la preuve de fait : Je- Filoſos
suah ſi reſpecté, regardé longtemps come Un Dieu ; que le bon Touſſain, é-
pouvanté par la Revolucion, croit encore tel aujourdhui, malgré l'abſurdi-
dité ; le puiſſant Jesuah qui en fait Un
précepte (quoique les FAUX c'retiéns diſent que ce n'eſt qu'un conſeil), n'a pu,
dans toute ſa gloire, établir ce ſaint communiſme : Et moi, inſecte rampant dans
la pouſſière, je l'établirais !... Si Un Dieu
l'établiſſait, On l'en benirait enſuite :
mais On l'aurait maudit dans les 1ers
momens... † Il faut entendre les Riches, ſurtout les nouveaux Enrichis, les
Exnobles, les Exbeneficiérs, qui ſe diſent aujourdhui ſi ſcandaleuſement c'retiéns, parler de leur antic'retiénne, de
leur apoſtate, de leur immorale, de leur
atroce PROPRIÉTÉ ! Ils oſent vous dire:
Que les Homes ſe ſont mis en ſociété,
pour maintenir, conſerver leur PROPRIÉ-
té !... J'ai prouvé, dans ma MORALE, que
c'était nous affirmer l'abſurdité.

7₂. *Veritable Origine de la Société.*

Où donc était ces Propriétaires, non-
encore en ſociété, qui ſe ſont reünis ?
C'eſt un état impoſſible, que celui de
Propriétaire, avant la ſociété. L'Home
s'eſt mis naturellement en ſociété, parceque la vue de ſon Semblable lui a tou-

Filosof jours fait plaisir, come elle en fait aux
Pigeons, aux Moutons : Ils se font reünis dabord contre les Bêtes-feroces ; cō-
tre la peur, passion naturelle à l'Home :
Ensuite, ils ont formé la Société la plüs
nombreuse possible par des associacions
benevoles, ou des conquêtes par la force ; afin de se defendre contre toute autre Société, qui voudrait les maltraiter,
ou les chasser, ou les manger. L'Ho-
me-Étranger, l'*Hostis* des Latins (*hors*
ou *fors ostium*) était bién plüs terrible pour
l'Home que toutes les Bêtes-feroces !

73. *Origine des Rois et de la Monarchie.*

C'est pour operer la Grande Associa-
cion forcée par les conquêtes, que les
Homes de la Société la plüs puissante,
encore Repnbliquains et communistes,
se nomèrēt des Chëfs, qui les condui-
sissent au combat. Un Chëf toujours
heureux, aimé, admiré de la Nacion,
aura gardé l'autorité, soit d'un consente-
tement tacite, soit par violence. Ce
font les Rois qui ont aboli la comunauté ; ne voulant pas que les Homes se
reünissent come Frères à des tables comunes, áyant dèslors le dessein de creer
une Noblesse quelconque, qui sût entr'eux et la Nacion. Voila le 1er crime
des Rois ; et la 1re sotise de toute Nacion, est de l'avoir souffert. Pour rè-

gner plus sûrement, les Rois, ou choi- Filosof
sis, ou conqverans, isolèrèt chaque Famille. Pour faire suporter l'isolement,
il a bién falu introduire la propriété avec
ses effets; l'inégalité, la feducsion, l'o-
presfion, l'esclavage, la corrupsion, tous
les vices, et le malheur, leur confequence naturelle et necessaire. Infame Ama-
teur de la propriété! Toi, qui dis qu'
elle est la cause de la Société, voi de
combién elle lui est posterieure, et coment ce fut Un leurre présenté par le
Despotisme, à l'Humanité isolée, denaturée, trompée! Sçelerat, qui t'ab-
uses toi-même, voi que c'est le Roya-
lisme que tu caches dans ton lâche et
perfide cœur, qui feul a produit le 2d
isolement des Familles, et leur esclavage, et que ces 2 causes font le père et la
Mère de la propriété! Et les Rois n'ou-
bliérent pas de se faire une part ample,
come On le voit par l'histoire; ils en
donèrent de moindres à leurs Favoris.

74. *Origine de l'esclavage.*

Les Rois, les Favoris, les Riches, ne
pouvant cultiver eux-mêmes, ces im-
menfes Possesseurs imaginérèt d'enlever
des Homes d'une autre Société, afin de
se les asservir et les faire travailler pour
eux come Esclaves. Ainsi la propriété,
l'execrable propriété introduisit l'escla-

vage dans l'Univërſ!... Voyez, ô Vous,
Êtres Raiſonables, ſi le Partiſan aveugle du morcellement individuel de notre Globe et de ſes producſions, n'eſt
pas Un Monſtre, et l'Énnemi, l'Op-
preſſeur du Genre-humain!

75. *Les Francais ont les 1rs ataqué l'esclavage.*

Ce ſont les Français qui, les 1rs, ont
aneanti l'eſclavage. (Ils l'ont encore ſait
dans ces derniérs temps, en Amerique,
même côtre leurs interets)! Et ne croyez
pas que ce ſurent leurs Nobles, ces Antro-
poſages, qui depouillèrēt, aſſerviret, de-
gradèrēt les Galloceltes nos Ancêtres!
Non! non! Ce ſurent les Rois, non par
interêt pour eux, mais pour les opoſer
aux Seigneurs. De ces feroces Tyrans
qui affranchirent les Galloceltes, avilis par la Horde barbare des exectables
Francs, il ne reſtait, en 92, que les Bourbons, greffès Mazarin; tous les Autres
ont été devorès par le Temps, et aujourdhui, les Gaules ſont vengèes [4]...

[4] Toutes les Familles Royales de *l'Europe*, la
Française exceptée, ſont ſorties des Valets de la 2de
ou de la 3e Race française; et *l'Autriche* avec ſes *Hap-
sbourg*, et *la Savoie* ou *le Piémont*, et *la Prusse*, et tous
les petits Souverains d'*Allemagne*. Quant à la *Suede*,
au *Danemark*, à la *Pologne*, à la *Russie*, leur origine
souveraine est dans de petits Brigands électifs. Les
Montmorenci, qui ont eü quelques esperances lors de
la Revolucion, n'étaient que les Valets des 1ers Nobles, des 1ers Opreſſeurs de notre Europe.

76. *Origine de la Noblesse actuelle.*

Mais ces Francs, ces Nobles, qui nous ont avilis, et qui n'existent plus, qui les a remplacés? Ce qu'il y avait de plus vil dans la Nacion : des Chéfs de Voleurs, qui avait bâti des Forts pour detrousser les Passans, et qui, en se fesant craindre, obtinrent des Rois faibles la concession de nouveaux titres, ou de ceux des anciens Oppresseurs : Des Sangsues enrichies dãs le Publicanisme, des Devoreurs du Peuple, dont les Fils, decrassés par Une Magistrature venale, ont acheté des Titres et des Terres. Voila quelle est la hideuse, la fangeuse origine de cette Noblesse Usurpatrice et vile, qui se plaint aujourdhui si impertinemment de la supression de ses prétendus Droits! Cette supression, n'est qu'une restitucion de friponeries et de brigandages, justement faite par la Constituante. Voila, et pis encore, quelle est l'origine de ces Scelerats qui fremisset en 1797, de l'abolicion si juste des Droits Feodaux! Voila l'origine de ces méprisables Fuyans de Germinal, an 2, qui avait la bassesse de se faire honeur du Decret de proscrision, malgré la terreur que devait leur inspirer le COMITÉ-DE-SALUT-PUBLIQ, moins terrible qu'ils n'était entêtés! Ennemis nés du bien-publiq, du bon-

heur Nacional, du Genre-humain, ils
regardet les autres Homes come faits
pour eux : ce sont des Tigres, qu'il faudrait porter aubout du monde, faute de
pouvoir les aprivoiser !

77. Quels sont les veritables Ennemis publiqs.
O vous, Représentans du Gouverne-
ment français, vous n'avèz pas de plus
mortels Ennemis que les pretendus Nobles ! Ouvrèz les ieux sur leurs trames !
Laissèz, laissèz-là ces ineptes Jacobins,
qui ne sont plus dangereux, et dont les
faux Nobles, qui cherchet à vous tromper, ne font tant de bruit, qu'en haîne
de la Revolucion, ou pour vous aveu-
gler sur leurs propres trames ! Defiéz-
vous de tout Home qui declame contre
les Jacobins! c'es: Un Royaliste, qui crie,
sous un nom odieux, contre les Patriotes !... Pour moi, Représentans-Gou-
vernans, caché dans la Foule qui ne
me conaît pas, j'entens tout, je vois
tout, je pénètre tout. Vous n'avèz de
veritables Ennemis que les Exnobles !
Et savèz-vous où ils sont? Dans vos Bu-
reaux, parmi les Fonctionaires publiqs?
Les 1rs sont devenus vos comis, pour
trahir les secrets de l'État; les 2ds oc-
cupêt les Tribunaux, pour faire detes-
ter votre Gouvernement par leurs inju-
stices ! Pas Un d'eux, même de Ceux à

qui la Revolucion done du pain, qui Filosof
n'aimât mieux voir levé fur nos têtes le
fceptre-de-fér de George-et-Pitt, de Frã-
çois, de Caterine, que d'être gouvernés
par le Directoire, et les Repréfentans-
electifs de la Nacion. Ce font des Membres gangrenés, qui travaillent inceffa-
blement à corompre l'efprit Nacional,
et à rendre le Français Ennemi de lui-même! Hé! croiriez-vous qu'ils y reüffiffent quelquefois! Oui! ils y reüffiffent!
Je vais partout, et partout c'eft leur langage que j'entens fortir de la plüpart des
bouches. Les Prêtres encouragent la
revolte, en haine de la Revolucion qui
les a depouillés.

78. *Execracion des Prêtres.*

Hà! les Prêtres! Je ne vous en ai
prefque pas encore parlé! quelles Gens!
et les couaiffez-vous? Un Home qui a
été Prêtre, a un vice indelebile au fond
du cœur: C'eft un crime ambulant!
Dans leur doctrine inepte, ils difent que
le Sacerdoce leur imprime un caractê-
re ineffaçable: c'eft une indelebile o-
piniâtreté, une indelebile deraison,
une indelebile fourberie, que le Sacerdoce leur imprime! Le meilleur d'entr'eux, eft encore Un mauvais Citoyén.
Et ne croyéz pas que moi, Un des Français à qui *Carrier* et *Pinard*, l'execrable

Kilosof

Pinard, ont fait le plüs d'horreur, je fré-
mille des Prêtres noyés! Non! non! je
m'écrie : „ Pourquoi en ont-ils laille un
leul dans le monde? Prêtres, Miniftres,
Moines, Fakirs, Kalendërs, Talapoins,
Marabous, Bonzes, Las-Ma, Kütüktüs,
Bramines, Sanjalis, Jaguis, Joguis,
tous ces Abfurdes, ces Abuseurs de-
vaît changer, ou perir!... Le Prêtre,
autant et plûfque le Noble, est Énnemi de l'Efpèce-humaine qu'il trompe!
Jugèz de quelle douleur j'ai été penetre,
en voyant Lanjuinais faire retrograder
la Revolucion, et rendre des Églises aux
foi-dilans Catoliqs, à ces Intolerans cru-
ëls, qui voudrait écrâser le Monde fous
le joug de leur fuperfticion!... Hâ
Lanjuinais! qui as fait faire cette École au Corps-legiflatif, quel noir Demon
t'agitait!... Tu voulais (dit-on), ramener les *Vendeéns!* C'est la force de nos
armes, et le General Hoche, qui les ont
ramenés... 79. *De la Religion.*

Lorfque j'examine la Religion-c'reiêen-
ne, je ne faurais imaginer coment elle
a pu être crue d'Un Home qui fait usage de fa Raison; préchée par Un Être qui
n'est pas fourbe. Je la compare à la Religion fysique des Anciéns, et celle-ci est
cent-fois plüs raisonable. Un Myftiq à
billevesées difait un-jour : „ Qu'On

trouve dans les Auteurs rrofanes autant de sublimité que dans la Bible, et surtout dans les Profètes! ,, Oui (repondit Un Soldat de BUONAPARTE): L'Ariofte et les Contes de Fées font bien plus merveilleux que l'Hiftoire..... † Ajoutons ici quelque chose à ce que j'ai dit à l'Article RELIGION, fur le C'riftianifme, en le confiderant fimplement du côté rolitique. Je ne parlerai donc plus de fes abfurdités, de fes myftères, de fon anthropomorfifme, de fon androlâtrie, qui a fubftitué un Image de Crucifié, un veritable Fetiche, à la Divinité! Je ne veux l'envisager que come une Religion deftructive de toute Société, n'ayant que des vertus apparentes, et des vices reels. † ,,Quelle fut la perfection de la Religion-c'retiène? ,, Le celibat, la faineantise. ,, Quelle eft aujourdhui la conduite de fes Sectateurs? ,,L'hipocrisie, le dol, la fraude, l'intolerance, l'âcreté, la haîne qui ne pardone jamais, la vengeance, la lubricité fterile, tous les vices deftructeurs de la Société. ,,Ciel! ,, Ce hideux tableau est encore audeffous du vrai... Les Sots de tous les temps fe font extasiés fur la morale outrée, fallace, et jamais pratiquée, come impraticable du 1er C'riftianifme: faute de voir que ces maximes

losof ne pouvait convenir qu'à une petite So-
ciète de Gueux et de Mandians, qui ne
devait reellement avoir pour armes contre les rebuts des autres Homes, que la
pacience. Aussi l'Évangile ne prêche-t-
il que l'aumône d'une part, et la faineantise de l'autre, come je l'ai montré dans
le Traite precedent. Voyez la parabol
du Mauvais-Riche, si elle n'est pas d'Un
Charlatan qui veut faire ouvrir les bour-
ses à ses Quêteurs, épars dans l'Assemblée. La Doctrine des souffraces, est une
Doctrine de Bohèmiens proscrits, ou de
ces Gueux, qui étalent leurs plaies dans
les ruës, pour émouvoir à compassion;
et les sacrileges C'retiéns traitent Dieu
come les fourbes Gueusards traitent le
Homes, en souffrant devāt Lui, en se
ruisseler leur sang sous les disciplines, et
alant jusqu'à se châtrer (Jesuah dit, se
faire Eunuqs), pour le toucher! Cette Doctrine de souffraces venait de l'Inde, où elle
est encore en pleine vigueur; parceque
chez ces Peuples, la Trinite fut composée, come elle l'est encore, de l'Être-principe, de la Nature ou la Vie, de la Disso-
lucion, ou la Mort, que d'autres Religions noment le Diable. Ainsi, on bla-
fème Dieu, en prétendant l'honorer par
des souffrances. Hé! coment les C'retiéns
sont-ils tombés dans cette erreur,

eux

eux qui conaiſſent et venèrent le Profè-
te Élie ! Or Élie ſe moque des Sacrifi-
cateurs de Baal (conſequens, puiſqu'ils
priaient *Tyſon*, le *Diable*, chez les Egy-
pſiens), de ce qu'ils ſe feſaient des in-
ciſions et ſe torturaīt devant leur Dieu!
Concluons, que les 1rs C'retiéns, qui
aimaīt mieux mourir que de travailler,
s'encourageaient aux mépris, aux ſouf-
frances, à la mort même, parceque tout
cela était inévitable pour eux. † Quelle difference, de ces maximes folles et
craintives, à celles que *Cong-fu-tzée*, quoī-
que Chinois (Nacion inferieur aux Europeans), donait à ſes Diſciples: Je ne
citerais que celle-ci, parcequ'elle ren-
verſe la fauſſe morale de l'*Évangile*, extrême en tout: ,, La vertu est entre les
extrêmes: Celui qui a paſſé le milieu,
est moins parfait, que Celui qui ne l'a
pas atteint ,, J'en prendrai encore une,
non moins belle, ni moins vraie : ,, La
charité est cette affecſion conſtante, qui
nous immole au Genre-humain, come
s'il ne feſait avec nous qu'un individu ,,.
Il dit encore : ,, Compenſe l'injure par
l'averſion, et le biénfait par la reconaiſ-
ſance; car c'est la juſtice ,,. Sur quoi le
Jeſuite analiſeur fait cette remarque:
,, Ces loix: *Aiméz vos Énnemis; faites
du bién à Ceux qui vous haïſſent; priéz pour*

XVIII Partie. o o

Filolof *Ceux qui vous perfecutent et vous calom-niént*, font conformes à la loi naturelle; donc le précepte de *Cong-fu-tzée* est contraire à cette loi »»..... Tu en as menti, Jesuite ! c'est ta maxime c'retiénne, qui est contraire à la Raison, à la loi naturel-le, à la juftice, à l'Etre-principe, qui veut l'ordre ; et fi l'ordre est bleffé, je fuis un jongleur, quãd je rens le bién pour le mal. Que rendrai-je p^our celui-là ? Ton Jesuah est un flagorneur, qui rompt toutes les mesures, toutes les convenances : Il n'a pu, par fa maxime, étoner, extasier que les Sots, et les Irreflechis. Et la preuve de fa folie, c'est que dans toutes les lois-civiles, les C'retiéns eux-mêmes, le préjugifte *Daguesseau*, et les autres Manufacturiérs de lois de tous les Rois, jufqu'à Louis-XVI, ont fuivi tout l'opo-sé : Qu'est-ce qu'une Religion fi peu rafonable, que les lois-civiles qui regiffent les Homes, font obligées de la contrarier dans la pratique ? C'est une mauvaise Religion, qui met le difcord entre les mœurf publiques et les mœurf particu-liéres. 80. *Fruits du C'riftianifme.*

Auffi, que l'On examine la Religion c'retiénne, depuis fon établiffement : Elle n'a produit que des Lâches, des Capons, des Hermites, des Moines, des Celibataires, dont l'exiftance est con-

traire à la politique et à la veritable Morale. De combien d'Individus cloîtrés
des deux-sexes cette Religion, plûtôt
molokiènne que c'retiènne, n'a-t-elle
fait la rage et le desespoir! De combien
de Tyrans barbares, elle a favorisé la
tyrannie atroce! Combien ses execrables Inquisiteurs n'ont-ils pas immolé
de Victimes, en France seulement! Infortunés Albigeois! Innocens Vaudois!
revenèz insulter à cette odieuse Supersticion, à cette ridicule Idolâtrie, dont
les Dogmes impies sont aussi absurdes,
que sa Morale est idiote! La Posterité
ne croira pas les bêtises du C'ristianisme; mais elle fremira de ses atrocités!
La Saintbarthelemi... la Revocacion de
l'Édit de Nantes... les massacres de notre
Revolucion, sont tous faits par des En-
corec'retiéns! C'est par et pour le C'ristianisme, que L-n-j-n-s vient de nous
causer tant de mal!... Nous somes bièn
loin d'être gueris des plaies qu'elle
nous a faites cette fausse Religion!...
O Français! proscrivéz-la, elle et son
Pape! elle et ses Prêtres, ses infames
Prêtres, les plûs dangereux de tous les
Homes! Elle est inutile à votre bonheur : elle est nuisible aux mœurs!...
Voulez-vous encore envoyer vos Jeu-
nesfilles se confesser à Un Caffard seduc-

zilosof teur!... „Cela n'est pas vrai! Les Prêtres ne seduisent pas! „ C'retien! ma Sœur, ma Sœur, à moi, Auteur de cet Ouvrage, a été seduite, violée même, à 16 ans moins 2 mois, par *Dufautoir*, son confesseur, Prêtre de la Paroisse Jacques-*Flâmël* ou *la-Boucherie* : elle fit un Enfant : Mes Frères-aînés, infames Prêtres eux-mêmes, la firent enfermer à *Pelagie* : ils l'y retinrent 7 ans... Quand ma Nièce s'est depuis libertinée, On voulait que je la fisse enfermer. J'empêchai aucontraire qu'elle ne le sût. Elle était bien autrement dans le cas, que sa Tante, qui depuis a fait d'excellentes éducacions, s'est mariée ensuite, et a doné 2 Defenseurs à la Patrie : Aulieu que mon Infortunée Nièce était Profituée. Elle sut les menaces, et ma resistance, sur laquelle elle ne compta pas, à-cause du tour qu'elle m'avait joue : Elle s'enfuit aux Armées, où 2 Soldats Ennemis qui se la disputait, la sâbrèrent, en lui ouvrant le ventre de bas en haut. Une Roüanaise, sa camarade, dãs les bras de laquelle elle expira, m'a raporté qu'elle lui dit: „Je ne regrète que mon Oncle Nicolas : J'avais, depuis quelque-temps, formé la resolucion d'être honnête, et d'aler le servir le reste de ses jours ; car il n'y a que lui qui m'aurait tout pardoné ; les Devots et les Prêtres ne pardo-

nent rien ». Je n'ai apris ces détails, par sa Camarade, que depuis l'impression de son article, dans la XIe PARTIE.
† J'ai vu, dans l'Église-*Severin*, Une jolie Veuve de Notaire, amoureuse d'Un jeune Prêtre, aler tous les jours à sa Messe, qu'elle entendait avec ravissemt. (Ce n'est pas où je trouvai le mal) ; coucher toutes les nuits avec lui (passe encore ; elle était veuve) ; devenir enceinte, le cacher, et, elle riche, augmenter le nombre des Enfans-trouvés, tous misérables, non une seule, mais 4-fois ! C'est que le Prêtre ne veut rien élever ; il est Egoïste, paresseux ; il aurait tué les Enfans, sans les loix, difficiles à braver... O combien d'horreurs sacerdotales mon Ami GUILLEBERT m'a devoilées ! » Les crimes de Prêtres ne sont pas ceux de la Religion » ! A Qui persuaderas-tu ce miserable adage, C'retien ? A un Imbecile : mais à Un Filosofe, qui approfondit, jamais ! Tu veux separer la Cause de l'Effet : Et moi, je ne le veux pas ! ils sont inseparables. La Religion est une Moralité, qui ne devient Un Être fysiq, que par les Homes qui la professet. Sàs elle, ils ne serait pas ce qu'ils sont..... Mais je ne veux condaner ta Religion, come je l'ai deja fait, que par cela même qui te la fait admirer. Elle est im-

vilosof politique, immorale ; c'est-à-dire, contraire aux bónes-mœurſ, à la Nature, à
Dieu-même ; non pas en tout ; mais par
ſes maximes les plûs accreditées.

81. *Le vrai Fondateur du C'riſtianiſme.*

Je pose en-ſait, que ſi *Paul* n'avait pas
racomodé la Religion de *Jeſuah* ; qu'il
ne l'eût pas rendue propre à être tolerée par le Gouvernement Romain, jamais elle ne fût étendue hors de la Ju-
dée. Ce fut Paul, qui recomanda le travail, l'obeiſſance aux lois, et aux Souverains. Ce fut Paul dailleurs, qui le
1er eût l'idée d'aler chéz les Nacions voisines : En ſe concentrant parmi les Juiſs,
come tous les Sectaires ſes prédeceſſeurs,
le C'riſtianiſme y était étouffé. Paul eût
le courage, pour faciliter ſa propagaciõ,
de lui ôter les incomodes entraves de
la circoncision, et de l'abſtinence de la
chair des Animaux interdits par la Loi :
il rendit le C'riſtianiſme laborieux, ſe-
dentaire, aulieu de mandiant, vagabõd
qu'il était auparavant, ſurtout ſous Jesuah, qui ſe ſeſait ſuivre de preſque la
totalité de ſes Partisans. Pourquoi les
André, les Tomas, les Bartelemi, les
Jaques, etc. ni Pierre lui-même, ne reü-
ſſirent-ils pas, come Paul ? C'est qu'ils
ajoutait à Jesuah le Judaïſme, avec ſes
minucieuses pratiques, avec ſes priva-

cions, surtout celle de la chair de porc,
si utile en tant de contrées ! Ç'est l'adroit
Paul qui a doné au monstrueux C'ristianisme une fisionomie humaine.

82. *Les Destructeurs du C'ristianisme.*

Ce fut le politiq adroit *Constantin*, qui
acheva d'ancantir la Religion de Jesuah,
pour y en substituer Une-autre : Ce furent les Papes ambicieux qui alèrent
plus loin encore, et qui firent un anti-
c'ristianisme de la Religion de Jesuah ;
ils se plurent à la contrepratiquer en
tout. Ils devinrent souverains, contre sa
defense : ils renversèrent l'ordre de toutes ses ceremonies, qui était en petit
nombre ; ils y en ajoutèrent une foule
d'autres, absolument contraires à son
esprit : Ils ne gardèrent que le nom de
C'retiéns. Je conviéns que ce qu'ils sub-
stituèrent valait un-peu mieux que ce
qu'avait fait Jesuah : mais ils laissèrent
subsister tout ce qui flatait leur ambicion ; la confession auriculaire ; le Mo-
nachisme des deux-sexes, etc. etc. † Je
le repète ; la Religion-c'retiénne, mosaï-
que in analogue, sans liaison, sans raports moraux avec les loix-civiles, qui
sont forcées de la contrarier sans-cesse,
est une Religion à bannir de la Société,
à laquelle elle a causé des maux innom-
brables, et j'invite le Gouvernement de
mon páys à y aviser.

Filofof

83. Il n'est pas vrai qu'il faille un Culte.

Mais je laisse-là cette partie de la *Po-litique*; et je ne m'y suis arrêté si long-temps, que parcequ'elle est très impor-tante; outre qu'un de ses effets le plus vanté, le frein doné au Peuple, est ab-folument nul fur Celui des grandes Villes, et des Campagnes: Prefque tous fe moquent de l'Enfer c'retien; et les Femmes, qui le croyait plus volon-tiers, n'en était pas meilleures. C'est la Reciprocité qu'il faut fubftituer à tout-cela. C'est une base folide, que le rai-fonement et l'experience fortifieront en-core. Plus vous developerez ce principe fecond, plus vous en ferez fentir l'im-portance, la raison, la folidité, les a-vantages, et plus vous en tirerez de fruit.... ,,Mais il faut un culte à l'Ho-me! ,, Je n'en conviéns pas: cependant je vous en ai proposé Un: Prenéz-le: il ne bleffera pas la raison; il n'avilira pas l'Home, par des abfurdités. ,, Mais il faut tromper les Homes; il leur faut des abfurdités, pour qu'ils croyent! ,, Malheureux! tu calomnies! Efpèce-humaine! préfente-lui la raison, aie-foin qu'on n'en devie jamais, et la doc-trine que tu auras enfeignée, fera éter-nelle: Cela vaudra mieux que les *Por-tes de l'Enfer, qui ne devaient jamais pré-valoir contre le C'riftianifme, et qui ce-*

pendant *ont prévalu* : Si pourtant on Filofof
entend ce que c'est que des *Portes qui
prévalent* : car les expreffions de Jesuah
font quelquefois auffi extraordinaires
que fa doctrine.

84. *Quelle est la charge du Gouvernement.*

Tout, en-un-mot : (Voyez plûs haut la
Jre *Immoralité*). La charge de notre Gouvernemt est de travailler au bonheur publiq ; c'est la vraie Politique : Voyous
s'il est des moyens d'operer ce bonheur.

85. *Moyens d'operer le bonheur publiq.*

J'en ai propose Un ; c'est la Communauté. Mais trop de paffions puiffantes
(c'est-à-dire les paffions des Homes puiffans), s'y oposeront : C'est donc ne
rien proposer, que de présenter un moyen qui ne s'effectuera pas. † Quel est
l'autre moyen general ?... Vous alez ê-
tre bien étoñés ! C'est celui contre lequel on crie dans les Caffés, dans les So-
ciétes particulières : C'est le Pouvoir-
Nacional concentré dans le Gouvernement. Lorfqu'il est disseminé entre les
mains des Particuliers, c'est anarchie.
Or rien de plûs funeste que l'anarchie.
Deux fortes de Gens, en France, s'oposent au pouvoir abfolu du Gouvernemt ;
le Jacobin d'effet et les Ariftocrates :
mais par des motifs bien differens ! Le
Jacobin d'effet, n'eût-il pas èté de la So-

Filosof ..iété, n'a operé la Revolucion, que pour
être libre; et il prétend l'être. Voila
pourquoi il veut reftrèindre le Gouvernement. L'Ariftocrate, lui, a Un motif coupable; il ne veut pas que le Gouvernement ait de nérf, parcequ'il veut
le pouvoir renverfer quand il voudra.
C'est la raison pour laquelle ces 2 Homes, fi oposés, ont quelquefois le même langage. On en conclut que le Jacobin est Un confpirateur. On fe trompe; c'est l'Ariftocrate feul qui est effen-
ciellement confpirateur. † Mais avant
d'aler plüs loin, établiffons des principes, et ne marchons qu'éciairés par une
févère analyse. 86. *La Souveraineté*.

Toute Nacion a chez elle la fouve-
raineté abfolue. Elle a le droit de tout
faire, parcequ'elle en a la puiffance:
Le pouvoir, dans Une Nacion, est la même chose qu'en Dieu; c'est le droit...
Lorfque j'entens dire à Un Ariftocrate
(car il n'y a que lui qui tiént ce langage): „La Nacion n'avait pas le droit de
m'ôter ma Nobleffe, mes Droits-feo-
daux„!... je plie les épaules de pitié:
Je dis à l'Ariftocrate, s'il en vaut la peine: „Mon Concitoyén! Ce que vous
dites est abfurde: vous n'avéz des droits
que par la Nacion; fans elle, vous ne
feriéz rién; elle vous done et l'exiftan-

ce, et l'honeur: Aujourdhui , elle vous
dit : ,, Je ne veux plus que tu áyes de
prérogatives ; je te mets au niveau de
tous mes autres membres ,,... Et vous
dites , qu'elle n'en a pas le droit! vous
n'auriez qu'une maniére de le lui dire,
ce serait par un pouvoir superieur au
sien. ,, La force n'est pas un droit. ,, Si,
en Dieu , ou la Nature , et dans une Société generale, une Nacion. Mais si vous
voulez du raisonement, on vous en donera.   † De quel droit etiez-vous audessus des Autres? est-ce par votre mérite , vos belles acsions? En ce cas, votre distincsion est inamissible, elle vous
reste toute-entiére ; je defie la Nacion ,
quoiqu'elle soit tout, de vous l'ôter:
Votre mérite est une monaie generale,
propre à valoir non-seulement sur toute
la Terre , mais dans tous les Mondes ,
au sein de Dieu-même ; il est independant de la Nacion ; c'est un ráyon de
la Divinité, immortel come elle. VOL-
TAIRE avait de ce mérite ; CORNEILLE,
RACINE, TURÉNNE, CATINAT, SOCRATE,
TRIPTOLÈME ; CERÈS l'avait également:
Les Nacions, les siécles n'ont pu le leur
ôter: On peut nier leur exiftance; mais
non leur ôter leur mérite... Mais si
vous n'avez pour vous que le PRÉJUGÉ,
la PREVENCION, l'abus, que dis-je? l'im-

merite , come je l'ai prouvé , en rendât
compte de l'Origine de la Noblesse actuelle , vous osez dire, que la Nacion ,
qui vous la realise , ne peut vous ôter
une confideracion usurpee? Vous êtes
un fou. Et je lui tourne le dos. † Nous
disons donc , et nous le disons irrefu-
tablement , qu'Une Nacion a la fouve-
raineté abfolue chez elle ; qu'elle y peut
tout le moral , come tout le fyfiq à la
difposicion humaine , et qu'il n'y a que
ce qui est du reffort des Grands-Êtres,
la Terre , le Soleil , l'Être-principe , qui
échape à fa Puiffance. Ç'est par cette
toutepuiffance qu'elle peut fe gouverner ; s'il y manquait quelque-chose du
reffort humain , elle ne fe gouvernerait
pas elle-même , elle ferait ferve , efclave.
† Si la Nacion a le pouvoir abfolu , elle
doit l'exercer. Quels font les moyéns
de l'exercer? La concentracion. Si, come je difais tout-à-l'heure , le pouvoir
d'une Nacion est diffeminé dans toutes
les mains , c'est anarchie complette ,
c'est diffolucion de la Société. L'anarchie étant le pire de tous les maux , il
faut un Gouvernement. Si ce Gouvernement n'est pas fort , tout-puiffant , é-
nergique , il est nul. S'il est nul , nous
fomes dans l'anarchie , le desordre , le
malheur. Il faut donc que le Gouvernement

nement ſoit tout-puiſſant, préciſement
come la Nacion qui l'a élu, qui l'a concentré.... Et c'eſt ce que je demande
que ſoit le nôtre. Qu'une loi, oubliée
(come tant dautres!) dans notre, ou nos
Conſtitucions, car Perſone n'y a ſongé,
porte, *Le Gouvernement-français ſera tout-
puiſſant*. Et s'il faut quelques excepſiõs,
en très-petit nombre, elles ſeront expri-
mées. Tout le reſte ſera au pouvoir du
Gouvernement, ſans excepſion, ſans
reſtricſion, ſans bornes. † Il faut enſuite que le Gouvernement ait l'unité
d'un ſeul Home : Français, je ne vous
propoſe pas un Roi ; cela n'eſt ni dé-
cent, ni convenable pour notre Nacion:
Mais arrãgez les choſes pour que votre
Directoire ait Un Préſident aſſéz *pérenne*,
pour qu'il puiſſe, pendant ſa préſiden-
ce, comencer et finir des évènemens,
dont il repondra, ſi vous voulez, quoiqu'il fût mieux qu'il n'en repondît pas :
Qu'il puiſſe demander, exiger même,
du Corps-légiſlatif, tous les decrets propres à favoriser l'exécucion de ſon plan;
qu'il puiſſe déplacer et punir tous Çeux
qui l'entraveront, de telle peine qu'il
croira convenable, la mort, la mutilaciõ
exceptées : Que dans le cas où l'exécucion ſerait trop longue, et plûſ que tri-
énnale, on oblige ſon Succeſſeur à ſui-

XVIII Partie. P *p*

vre fon plan, et qu'on puniſſe dans celui-ci les fautes de negligence ou de mal-
veuillance qu'il y ferait, fautes dont
l'accuſacion fera formée furléchamp par
l'Ex-préſident, qui propoſera l'empê-
chemeut, ou la correcſion des fauſſes
meſures; dailleurs, aucu'une ne pourra être priſe, que de l'avis de l'Auteur
du Plan. † Hô! ceci eſt contraire à la
Conſtitucion! La Légiſlature ne peut la
corriger. Soit. Mais, quand la Conſtitucion a oublié quelque-chose, on peut
y supléer; ſans quoi, ce ſerait nous
mettre ſous l'empire du fataliſme. Un
Député me diſait un-jour, ſur la correcſion d'un abus: ,,La Conſtitucion s'y
opoſe! ,, Sacrilége! (m'écriai-je avec
fureur), tu veux faire de l'inſtrument
de ſalut, un inſtrument de deſtrucſion et
de mort,,! Je ne nomerai pas cet inepte
Député; il ſerait trop conu. † Lorſque
les Français auront doné à leur Gouvernement l'autorité de la Nacion, qui a
tout pouvoir, ils pourront lui impoſer
une reſponſabilité. Ils pouront davantage: Come il pourait être trop tard,
après la chose faite, et come Perſone
au monde ne poura entraver ſa marche,
il y aura liberté entére de critiquer par
la voie de l'impreſſion, les operacions
du Pouvoir-Exécutif, en en demontrant

le vice. Il fera defendu d'employer contre lui le farcafme, les injures, le perfifflage, le badinage même : l'Auteur
du Pamflet repreffif fera obligé de parler ferieufement, raifonablement, folidement, et, fous peine d'un mépris
infamant, avec promenade fur l'Ane,
il fera contraint d'avoir raifon, au moins
en partie ; et alors il fera recompenfé,
aux depens du Fautif... Si toute la Nacion fe trompe, fur une faute du Pré-
fident du Directoire-Executif, ni lui,
ni aucu'un des Membres ne pourront
être recherchés ; car alors le Souverain,
qui ne peut être puni, aura partagé l'erreur. † En attendant la Communauté
generale, le veritable et parfait Republicifme, qui nous adjoindrait en peu
de temps toutes les Nacions, Vous n'a-
vez pas d'autre moyén de vous bién gouverner, que d'adopter ce que je Vous
propofe ici, une autorité abfolue à votre Gouvernement ; autorité qui con-
tiéndra, et le *libertinifme* du Jacobin,
et l'incurable *antifatriotifme* de l'Ariftocrate ; le Gouvernemt abfolu est feul
capable d'effectuer le bién, de difcipli-
ner les Armées, d'obliger les Foncfionai-
res publiqs à remplir leurs Devoirs.

87. *Recapitulacion generale.*

Jufqu'à ce moment, On ne nous a pré-

Filosof

senté que de faux principes, une Fysique absurde, enfantine et bornée : une Morale prétendue belle, mais outrée, blassematrice, puisqu'elle fait gloire d'être contraire à la Raison, à la Nature, c'est-à-dire à Dieu-même : une Religion qui a les mêmes vices ; qui a fait pis encore, en substituant au culte du vrai Dieu, celui d'un Diable imaginaire ; qui, honteuse neanmoins de ses absurdités, plüs ridicules que toutes les Fables Indiènes, a été imaginer je ne sais quel Peché-originel, aussi stupidement pensé que tout le reste ; car il ne repond à aucu'un des reproches qu'Un Home deraisonable ferait à la Divinité ; et cela, pour justifier le crucifiement de Dieu, pour laver tous les Homes, qui sont plüs sales que jamais, etc. une Politique, faite plütôt pour disjoindre, que pour Unir les Homes, puisque ses lois insensées, son execrable propriété, les separent à tout moment d'interêts ; les mettent en guerres les Uns contre les Autres, au profit des seuls Tyrans. Je viens, sous differentes formes, d'esquisser les vrais principes : Profitez-en, Français ! et croyéz-en Un Home sans prétension, sans entousiasme, qu'une longue experience a instruit !

Fin de la Filosofie de Mr-Nicolas.

88 Où nous en ſomes de la Revolucion. 30 meſſid. 5. Suite.

Il ne me reſte qu'à jeter un coupdœil
rapide ſur les derniers événemens de la
Revolucion.   † Après la tenue des Aſ-
ſemblées-primaires , durant leſquelles
des Intrigans, qui n'était rien moins que
Jacobins , affichèrent l'Anarchie , et firent beaucoup de bruit, qu'une cano-
nade calma, le Nouveau-Tiérs ſut inſ-
tallé. Je m'abſtiéndrai de le juger , ne
le conaiſſant pas encore ſuffiſament. J'y
entrevois ſeulemt beauʃoup de Royaliſ-
me...   † La penurie des Denrées de 1re
neceſſité , ſut horrible , pendant l'hiver
et le printemps ! Les *Queûes* desorgani-
ſantes également pour la ſanté , les aſ-
faires et les mœurſ, firent perdre le tems
aux Filles, aux Jeuneſfemmes , et les li-
bertinérent.   † Quant aux Armées, elles eúrent de brillans ſuccès , ſans neanmoins ſe reſſaiſir de *Mayençe* , ni de *Man-
heim,* qu'On venait de perdre : Mais On
s'avança rapidement dans l'*Allemagne* ,
d'où l'On revint auſſi vite. Le General
Jourdan fit une retraite malheureuſe et
de desorganiſacion ; il perdit beaucoup
Traîneurs et de Pillards. Le General
Moreau ſut pliis heureux ou pliis habil;
il en fit une belle , ſans jamais être en-
tâmé. † Mais le veritable Héros de 96
et 97, ſut le General Buonaparte : Ce

Grand-Home fit face à tout; il batit les
Generaux Autrichiéns, qui venaît pour
lecourir *Mantouë*, revint devant cette
place, et la força de capituler· †De-
là il courut à Rome, faire rendre compte au Pape de ſes parjures, et du meurtre d'un Resident français: Il lui impo-
sa une forte cotribucion, en argent et
tableaux, et prit le chemin de *Viènne*.
Il n'en était qu'à 10 lieuës, et il y alait
entrer, quand On lui fit des propoſicions
de paix. Il en arêta les préliminaires.
†Sur un faux-bruit qu'il avait été batu,
les *Veniçiéns* comirent une horreur ſans
exemple! ils firent aſſaſſiner les Soldats
français malades, qui étaît dans leurs
villes, come *Verone*, *Salo*, etc. Buonaparte indigné accourt: et l'Oligarchie
veniciènne n'exiſte plus. Les *Génois* ſe
veulent agiter; il les calme. Les Com-
pagnies de *Jeſus* et du *Soleil*, ont la folie de maltraiter ſa Famille, reſtée en
France: Il l'atire à lui, et fait trembler
ſes lâches Perſecuteurs... Poſterité! tu
beniras ce jeune Heros!.....

On a jugé le Turbulens de vindemi-
re, et ils ont été aquités... †On mit en
jugement les Septembriseurs: Il n'y en
eût qu'Un ou 2 de punis; les vrais Coupables étaît hors d'ateinte. †Les Inſenſés *Grenelliſtes* ont été fuſillés; *Babeuf* et
Darthé executés à Vendôme....

89 PROPOSICION *d'une* MAGISTRATURE *presqu'independante des Ministres, necessaire, surtout à Paris.*

DANS l'état où font les choses, environés que nous fomes d'énormes abus, de Gens improbes de tous les genres: dans le moment où par un coupable egoïfme, chaqu'un néglige fes devoirs, et ne s'occupe que d'un interêt perfonel mal entendu, qui doit le perdre lui-même, il faut que le Corps-legiflatif redouble de zéle et d'activite. Je propose un moyen d'activer l'execucion de toutes les lois; et je crois qu'il nous manque un Magiftrat fubalterne, également furveillant et furveillé, pour remplir cet objet important. Qui a remplacé le Lieutenant-general-de-Police d'autrefois? Rien; ou du moins rien d'efficace: car le Miniftre de la Police-generale a trop d'affaires: C'est cette importante Magiftrature que je propose de retablir, fous un autre nom. On verra, par les fonfions que je vais proposer de lui attribuer, combien elle feroit utile, neceffaire même. † Je le nomerais, le *Grand-Policier*, indépendamment du Miniftre, qui lui-même lui enverrait fes ordres. Il feroit chargé de l'execucion de toutes les lois de Police-generale et particulière: Sa residence feroit à Paris; parcequ'il faut un centre uniq; il aurait des Lieutenans dans tous les Départemens, et la haute-police sur eux, c'est-à-dire, qu'il se ferait rendre compte de la manière dont ils exécuterait les lois émanées du DIRECTOIRE-EXÉCUTIF, chargé seul de la correspondance avec le CORPS-LÉGISLATIF; de celles dont ils rempliraient les vues des Autorités-conftituées dans leurs Départemens, dans leurs Municipalités: Car tout ce qui concernerait la Police, leur ferait adreffé pour l'exécuciõ. Le Grand-Policiér ni fes Lieutenans ne rendraient aucune Ordonance; ils ne ferait qu'exécuter les loix rendues, à eux adreffées: Mais le Grand-Policiér pourrait provoquer les Règlemens qu'il croirait neceffaires, et les préfenter en forme de péticiõ au Directoire-exécutif. † Les Lieutenans Départementaux enverrait leurs vues au Grand-Policiér, qui les redigerait en forme de péticion... Voici quelles feraient, à Paris, les fonctions du Grand-Policiér.

I. ,,Il aurait la furveillance de la police des rués, de leur propreté, de la liberté du paffage, et des reverbères.

II. ,,La Police des marchés, celle du prix et du fourniffement des denrées.

III. ,,On ne pourrait conftruire des Échopes, avoir de Place pour vendre, alumer des feux de pâilles ou autres, qu'avec son attache, ou celle de ses Préposés, qui lui en rendraient compte.

IV. ,, Lorsqu'il y aurait des loix pour la taxe des denrées, il les ferait exécuter, non-seulement pour les Comestibles, mais pour toutes les Marchandises.

V. ,, Il aurait l'inspecsion sur toutes les Boutiques, sans aucqu'une excepsion.

VI. ,, Il aurait la police materielle des Spectacles ; mais il ne pourrait que faire des observacions au Directoire-exécutif sur les Pièces qu'on joue.

VII. ,, Il aurait la police des Filles-publiques, et présenterait au Directoire-exécutif un Plan deja proposé, pour ôter le scandale et le double danger fisiq et moral de cet état scandaleux.

VIII. ,, Il aurait la police sur les Voleurs et Filoux, qu'il traduirait devant les Tribunaux, si ce n'est en cas de recidive, ou il serait autorisé à les punir lui-même, d'après la Loi; la sûreté publique demandant que les Coquins ne puissent braver cette Magistrature.

IX. ,, On lui confierait la police des Voitures-publiques, tant par terre que par eau : Il réglerait le prix des places, examinerait les causes du trop ou du non chargement, des non-arrivages, etc. Il aurait la haute-police sur tous les Gens de rivière, Metteurs-à-port, etc.

X. „ Il prendrait les ordres du Directoire, communiqués au Ministre de la Police, pour régler le prix des Fruits, à leur arivage aux Ports, ainsi que le degré de maturité qu'ils devront avoir, pour être vendus au Publiq, aux Confiseurs, et coment ils le seront.

XI. „ Il réglerait, par chaque Decade le Prix des journées des Manœuvres de toutes les espéces, d'aprés le dire d'une Assemblée des Maîtres Massons, des Architectes, etc. Assemblée qui se tiendrait tous les Decadis soir. Il rectifierait les Prix, s'ils n'était pas convenables.

XII. „ Il aurait à suivre un Code ou Cahier, fait par le Corps-legislatif, sur toutes les Querelles et Bateries en delit présent, qui serait jugées par lui surlechamp. Si le Delit était deja passé, il aura 24 heures, pour le juger.

XIII. „ Il aurait une inspecsion particulière sur les Marchands - de - vin, et les Tabagies; sur les Cafés, et les Buveurs turbulens; il serait particuliérement autorisé à punir les Casseurs, Briseurs, Bateurs, etc. mais il n'aurait aucu'un empire sur les conversacions. Il aurait le pouvoir d'empêcher qu'On ne donât à boire à l'Home ivre, de le faire sequestrer, ou reconduire à son domicile, etc. de le punir legèrement aux recidives; sauf la vindicte des de-

lits qui resulteraît de l'ivresse de ces Turbulens. Quant aux excès d'habitude,
la peine ne côsisterait que dans une de-
signacion privative des liqueurs dont
l'Ivrogne abuse : Il serait taré à cet effet.

XIV. „ Il aura pour Officiers, à Paris, les Comissaires-de-Police, les Ju-
ges-de-paix ; et pour force-armée, celle
qui sera dans les Corps-de-garde, dont
il aura droit de se faire accompagner
partout où il sera necessaire. Il aura de-
même le droit de prendre aux reserves,
toute la Cavalerie dont il aurait besoin.

XV. „ Il aura à sa disposicion, et
sous sa surveillance tous les *Explorateurs*
à employer pour la decouverte des a-
bus ou des crimes : Il fixera leurs grades, fesant les Uns Inspecteurs, les Autres Exempts, etc. les divisant par Com-
pagnies, sous un Prévôt ; et par centu-
ries, dans lesquelles seraient cinq Exempts, sous un Inspecteur.

XVI. „ Le Policier aurait pour fonds,
destinés à pâyer ses Explorateurs, toutes les amendes encourues par les con-
travencions qui seront de son ressort ;
amendes dont il ferait doner tous les
mois par ses Secretaires, la liste, la cause
et le montant au Directoire-exécutif,
ou au Ministre de la Police, et tous les
deux mois, l'emploi en salaires et autres depenses necessaires.

Projet.

XVII. ,, Il aurait l'infpection de tous les Jeux des endroits publiqs, et il pourrait âmender les Contrevenans aux lois policiéres rendues à ce fujet.

XVIII. ,, Nulle autre Perfone que lui, quelle que foit fa Magiftrature, ne poura doner des ordres particuliers aux Infpecteurs, Exempts, ou aux Explorateurs-policiers : Le Magiftrat Departemental poura feulemt adreffer au Lieutenant du Grand-Policiér le plûs prochain, les Lois, ou les ordonances particuliéres: Mais ce Lieutenant, fans pouvoir differer l'execucion des Lois preffées, fera tenu d'informer, dans le plûs court delai poffible, le Grand-Policiér de tous les ordres qu'il aara reçus. A Paris, tous les mandats executoirs, de telle nature qu'ils foient, feront adreffés au Policiér.

Telle est la Magiftrature que je propose au Corps-Legiflatif d'etablir. Je fuis né obfervateur, come On la vu dans les NUITS DE PARIS, ainfi que dans tous mes autres Ouvrages: Je ne puis, fans la plûs vive, fans une cuisante douleur, en parcourant les ruës de cette grande Cité, voir à chaque pas, des abus fans nombre : Ici, ce font les paffages obftruës; là, des feux alumes qui calcinent la pierre de qurais tout-neufs: Ailleurs, des engrais confumés par un feu lent et
fumeux,

fumeux, qui incomode les Paſſans, é-
touffe les Marchands dans leurs boutiques : Plûs loin, l'improbité mercantile vendant au double dans Un endroit,
ce qu'On aura pour moitié, dans Un
autre : A la *Maiſon-Égalité*, de Jeunes-
filles de 10 à 11 ans proſtituées avant
leur maturité ! Ou les Filles-perdues a-
buſant de l'âge-d'innocence, pour traîner avec elles des Enfans en bas-âge,
qu'elles font contribuer aux ſales vo-
luptés de Vieillards debaûchés. Partout l'inſolence de la Populace reven-
dereſſe, qui ſe complaît dans la chérté
des denrées, dont elle ne ſouffre pas.
† Le Grand-Policiér honête-home, éclai-
rerait le Gouvernement ſur la veritable
Clâſſe indigente, qui n'est plus la Populace aujourdhui, ni même l'Artiſan,
en comprenant dans cette Clâſſe les Graveurs de metiér, les Imprimeurs, etc.
Mais le veritable Artíſte, l'Home-de-
lettres, et tout Home dont le ſort était
fixe avant la Revolucion. Il ferait obſerver, que tout Ce qui vend et achète,
par état, brave la miſére-publique, et
non-ſeulement la brave, mais y trouve
ſon avantage : Il pourrait indiquer quels
font Ceux ſur lesquels On peut faire pe-
ſer les impoſicions, etc. † Je ne deman-
derais pas pour moi une magiſtrature

XVIII Partie. Q q

auſſi vaſte, quoique je me ſente le courage et les lumières neceſſaires pour l'e-
xercer : mais come j'ai fait le PORNO-
GRAFE, *ou* RÈGLEMENT POUR DIMINUER
LES INCONVENIENS DE LA PROSTITUCION,
je me chargerais volontiers de cette partie importante et ſcâbreuse, ſous les ordres du Miniſtre de la Police, ou ceux
du Grand-Policiér, et je me chargerais
d'y mettre toute la Reforme dont elle eſt
ſuſceptible ; non à la *Chaumette*, qui n'y
entendait rién, mais d'une maniére qui
parerait à tous les inconveniens de la
ſupreſſion du ſcandal Publiq ; me couvrant ainſi, par zèle pour le bién general, de tout l'odieux de l'execucion.
Mais j'obſerverai qu'il me faudrait, pour
operer le bién, Une autorité irreſiſti-
tible ſur les *Filles*, et la hideuse *Vermine*
qui les ronge, en les tyrannisant ; la diſ-
poſicion entière du local dont j'aurais
beſoin ; quelques avances, que l'Établiſſement aurait la faculté de rendre biéntôt, come On le voit par mon Projet,
imprimé en 1769, ſous les ieux de *Sar-
tine*. Au moyen de l'autorité neceſſaire,
je reprimerais en peu de temps le dever-
gondage et la corrupſion introduits par
les Soldats. Mais il la faudrait abſolue,
come en toute Magiſtrature, qui deviént
inutile, nuisible même, ſi on peut la
braver.

LES IMMORALITÉS.

Ces petites pièces sont des JUVENA-
LES *contre les nouveaux Abus, qui sont
introduits dans notre Gouvernement, depuis la Revolucion.   J'en ai doné Une
à la fin de l'Article* RELIGION.

90. DANS UN TEMPS D'IMMORALITÉ,
QUEL DOIT ÊTRE LE GOUVERNEM^T.

II. ,, QU'EST-CE que le Gouvernement?
,, Un Être fisique ou moral, simple ou
composé, qui exerce l'autorité, la souveraineté Nacionale, au nom de la Société. ,, Quel est son emploi? ,, De guider,
de diriger, d'après des vues d'Utilité,
la conduite morale, et même fisique
des Individus, par des lois, soit generales, soit particulières. ,, Doit-il tout
régler? ,, Je n'ai jamais pu concevoir
l'absurdité de certaines Gens, qui prétendent avoir le sens-comun, lorsqu'ils
disent que le Gouvernement ne doit se
mêler de rién; qu'il doit laisser tout faire aux Cultivateurs, aux Marchands,
aux Artistes, aux Artisans! Un de ces
Homes disait l'autre-jour : ,, Je dois ê-
tre si parfaitement le Maître de mon Travail, de ma Marchandise, de ma Pro-

Immor. priété en-un-mot, que je puiſſe y mettre le prix que je voudraí, ſans autre
raiſon que mõ caprice..... Etoné de cette
manière bizarre de penſer, dans un Home qui n'y avait pas d'interêt perſonel,
je tâchaí de pénetrer quèl etait ſon principe, et je le trouvaí. Cet Home était
propriétaire : Il prétendait que la propriété, qui n'eſt qu'un abus de la Sociabilité, un *plütôt fait* des Gouvernemens, eſt la baſe de la Société : De ce
faux principe découlait toutes les abſur-
dités de ſon raiſonement. Car ce principe une-fois admis, vous feréz devorer
aux autres Homes toutes les crüautés
que vous voudréz ; vous les mettréz en
guerre les Uns contre les Autre ; vous
autoriſeréz tous les caprices deſaſtreux,
tout ce que l'égoïſme et la vanité inſpi-
reront aux Travailleurs de tout état....
Mais la concurrence empêchera que le
Cultivateur, l'Artiſan n'abuſent de leur
égoïſme „?... J'aurais pu vous accorder
cette prétenſion de votre part, avant la
Revolucion : mais depuis la Revoluciõ,
qui m'en a montré les conſequences, je
vous la refuſe.... J'ai l'experience du
contraire : J'ai l'experience, que votre
faux principe, que vous repandéz partout, a fait que les Cultivateurs vous
ont taxé come ils ont voulu ; qu'ils ont

avili la Monaie Nacionale ; que loin que
la concurrence ait fait mettre les denrées à un prix raisonable, il en est aucontraire resulté que tous les Individus
se sont reünis, pour les mettre à un prix,
où les Voleurs, les Agioteurs seuls, et
leurs Protecteurs pouvait ateindre. L'Artiste a tâché de le faire ainsi ; mais l'Home
de-lettres, a été avili par la misére, ou
s'est fait Corsaire, c'est-à-dire Journaliste : et l'honête, le vrai Litterateur est
mort de faim ! † A-présent, que j'ai
prouvé l'absurdité du principe du *Pro-
piétairomane*, demontrons ce que j'ai
avancé, que la propriété est un abus,
une maladie de la Sociabilité ; que c'est
un effet de la parelle des Gouvernems,
qui, aulieu de se bien organiser, ont
preferé de mettre chaque Individu à son
propre compte, come lorsqu'un Père-
de-famille, après avoir doué des Métiers
à ses Enfans, les met dans sa propre maison, *à leur pain et à leur sel*, come l'ex-
prime cette frase populaire. C'est l'im-
perfecsion du Gouvernement, son malheureux *plûtôt fait*, qui la porte à auto-
riser la propriété, qui est un isolement,
dans la Société. † En-effet, quel serait
le Gouvernement parfait, Celui qui serait tout à-la-fois moral et tranquilisât ?
Celui qui ôtant la propriété, mettant

Immor. tout en commun, écarterait d'un feul coup, les causes, des vices, des crimes, et rendrait inutiles toutes les lois-civiles? Celui qui donerait à chaque Individu, cette tranquilité, ce repos, cette gaîté, cette liberté de penfée, à l'aquisicion desquelles l'Home travaille toute fa vie? la Communauté de biéns. ,, Hô! (s'écrieront les Sots, deguisés en politiques), vous aléz anéantir toute émulacion, toute énergie ,,... Come fi nous n'avions pas des exemples du contraire dans les Sociétés exiftantes! Les Communautés travailleuses établies partout, Tâilleurs, Cordoniérs, etc. étaient-elles fans émulacion? (Je ne les cite pas pour modèles; elles était celibataires). Les *Pinons* d'Auvergne, les *Communs* de l'Orleanais, les *Moraves* de Luzace, les *Herneuthers*, etc. font-ils fans énergie? Ce font les plüs laborieux et les plüs vertueux de tous les Homes. ,, Hô-mais! ce font des Sociétés particulières, et la Sociéeé generale ne fe conduirait pas de-même. ,, Qui vous l'a dit? Coment le favéz-vous; puifque les exemples particuliérs vous font contraires? Je vous citerais Une Peuplade entiére, les *Othomacòs* des bords de l'Orenoque, qui travaillent le matin avec courage, tous en-comun, et qui jouent enfuite les après-midi. Je pose en-fait

que la tranquilité fur les besoins, donerait Une indicible énergie aux Travailleurs. Je n'en juge pas feulement par
moi ; parceque quelquefois Un Individu, aulieu d'être la règle, n'en est qu'
une excepfion : Mais j'ai vu dans Un
Grand Nombre d'Autres, le même effet,
produit par la même cause. J'ai auffi obfervé foigneusemt, quelle était l'efpèce
d'Homes, qui s'oposait à la communauté,
parmi Ceux qu'On nome les *Honêtes-
Genf*: et j'ai trouvé que c'était Ceux qui
reüniffait à Une Grande Fortune, Une
grande pareffe. Un de ces Homefla, fub-
tanciellemt pareffeux, tombait en fin-
cope, ou fe mettait en fureur, quand
On lui préfentait l'idée de la communauté : C'est qu'il était bien convaincu, par fa pareffe d'excepfion, qu'elle
était l'habitude generale. C'est très-
certainemt Une manière vicieuse de raisoner, et d'autant plüs vicieuse, qu'à fon
manque-de-juftefle, elle reünit beaucoup d'égoïfme et d'opiniâtreté. Soyōs
aucontraire bién-convaincus, que la pai-
fibilité, la joie, l'infouciance, douerōt
à la plüpart des Êtres-humains, cette a-
patie neceffaire, non-feulemt aux Sçien-
ces et aux Arts, pour s'apliquer à leur
Objet, fans diftracfion, fãs partage, mais
à toute autre forte d'occupacions.....

Immor. Combien n'ai-je pas vûs de Genſ occu-
pés, de Cultivateurs-même, obligés d'a-
bandoner le travail le plûs neceſſaire, par
Un effet des inquiétudes qui les apelait loin de cette precieuse Occupaciõ!
Combien, parmi les Artisans, les Artiſtes, les Genſ-de-lettres, n'ai-je pas
vu des Homes, dont l'activité ſe trouvait non-ſeulement ſuſpendűe, mais qui
était abſolumt deroutes, par Une multitude de ſoins également nauseabonds et
preſſes. Quelle perte-de-temps, et come elle eſt bien plûs prejudiciable que
la prétendue moindre activité, que la
communauté donerait aux travaux!...
Hâ! (je le repète), quels ſont les Genſ
que vous voyez s'oposer a toute vue bone et Utile? Précisement Çeux qui jamais n'ont rien obſervé; ces Êtres inutils, qui prennent, en eux, l'imaginacion pour la realité; dans les Autres,
la Realité pour l'imaginacion. Çes Ho-
meſlà ſont moins rares qu'On ne penſe.
Quant à moi, je ne me decide jamais que
par les choses, que j'ai bien vues, bien en-
tendues, bien comprises!... † Perſua-
dons nous donc fortement, que la communauté, dans Une Société bien orga-
nisée, ôterait tous les vices, ſans nuire
à auqu'une vertu. Et quãd je dis qu'elle ôterait tous les vices, Quel ſera l'Être-

penſant, qui par-là n'entendra pas, l'aſ-
faſſinat, le meurtre, l'incendie, l'em-
poiſonement, le viol, le vol, l'envie, la
jalouſie, la haine, le decouragement,
le deſeſpoir, la ſeduction, la corrup-
tion, la revolte, l'interêt envahiſſeur,
l'égoïſme civil, toujours abſurde, les
ſoucis devorans ... calamités qui rava-
lent le ſort de l'Home au-deſſous de celui des Animaux! Quels immenſes a-
vantages, et que ne doit-On pas faire,
pour ſe les procurer?... Hé-bien! ce n'êt
pas tout! Au lieu de vos mille-et-une lois
civiles et criminelles, vous n'en aurez
qu'une, celle qui obligera Chaqu'un, dãs
ſa profeſſion, de Cultivateur, d'Artiſan,
d'Artiſte, d'Home-de-lettres, de four-
nir ſa quantité de travail; quantité qui
ſera combinée avec les forces et les be-
ſoins publiqs; et à faute d'Un travail
dans ſa profeſſion, de tel autre travail
dans ſon genre de capacité, avant de
pouvoir ſe livrer au repos. „ Mais je
ſerai donc eſclave? je n'aurai plus de
liberté! „ Es-tu libre ſous l'empire du
beſoin? Cite-moi Un ſeul Être libre
dans la Nature, diſpenſé de chercher
ſa nourriture, et libre de ſe coucher
ſans rien faire? Il n'y a que le cochon
que tu engraiſſes, Mais il eſt ſervi aux
depens de ſon propre corps, qui ſera

2
Immor.

Immor. devore par son Nourriffeur... Rièn de
plus facile à demontrer, et par le raisonement, et par l'expérience, que la
Comunauté univerfelle n'aneantira pas
l'induftrie. Nous en avons la preuve de
fait: Et quant au raisonement, qui peut
nier, que le devoir irrevocablement im-
posé, ne foit rendu facile par l'irrevoca-
bilité même? Nous fesons, toujours ce
que nous ne pouvons abfolument pas
nous difpenfer de faire; ce n'est que l'in-
dulgence et la faibleffe, qui font que
fouvent le devoir est omis: Quand la
règle est une barre-de-fer, on ne la viole jamais. J'ai deja établi cette verité
dans l'ANDROGRAFE. Mais qui est-ce
qui lit? qui est-ce qui rend juftice à
l'Autéur Utile? Perfone, s'il ne meurt
pas immediatement aprés avoir publié
fes idées, pour faire mourir avec lui l'envie. S'élever audeffus des Autres, mé-
mes par des Conaiffances utiles, est un
tort, que les Homes ne pardonent, qu'
autant que vous promettéz de n'y plus
retomber, en mourant. Alors vous n'ê-
tes plus de la Clâffe des Vivans, et l'on
vous accorde volōtiérs, une fupériorité,
qu'on ne contefte guère aux Morts. Il
est encore une raison du difcrédit des
Vivans: C'est qu'on vous dit, ,, Il est
là ,,... Et l'orgueilleux Infecte brûle

2
Immor.

d'envie d'aler côtredire en face, l'Home-
de-mérite, le vraie Poète, l'Inventeur,
le Trouveur de la verité!… Il lui dirait
volontiers: Il te convient bien d'être vi-
vant, et d'avoir plûs d'esprit que moi!
Meurs, ou… je te disputerai toi-même
à toi-même, et, nouveau *Palissot*, je te
dirai, come cet injuste critique à mad.
Riccoboni, ,,Tu n'as pas fait ce que tu
as fait ,,!… En-general, les Homes sont
si bornés que depuis que je les conais
parfaitement, à-peine en est-il Un de-
mi-tiers que je clâsse dans l'Espèce-humaine. Ce deux-tiers-et-demi, ces vils
Brutes, cette vile matière, sans intelligence, mérite-t-elle la liberté, non! non!
O Gouvernement! il faut la contrain-
dre; il faut que tu sois son âme; que tu
la fasses agir, come les membres de ton
Corps; come l'Empereur de la Chine,
et ses Lettrés font agir la masse Chinoi-
se!… O Chinois gouverneurs! que
vous êtes sages! Vous avez senti, ce
que je ne ferai jamais sentir à nos Gouvernans, qu'il ne doit y avoir de libres
que les Êtres-pensans; que les Brutes et
les Mechans ne doivent point avoir d'â-
me à eux; mais doivent-être regis par
l'âme du Gouvernement! Belle et grande verité, inconue en *Europe*; vulgaire dans l'*Indoustan*, que les Brutes seuls

ont calomnié! Car je t'apelerai brute, ô langrois *Diderot*, avec tes exclamacions dans l'*Encyclopédie* contre les Castes Indiennes! Qui t'a dit, coment sais-tu que les *Pulchis*, les *Poulachis* sont des Homes, come les *Venssas*; que les *Venssas* sont des Homes come les *Naïres*, que les *Naïres* sont des Homes come les *Brames*? Et si les *Brames* sont la raison, l'intelligence perfecsionée, efet de l'Espèce, faut-il qu'ils s'abrutissent, en s'aliant avec Une Espèce inférieure? Non! non! Les Sages Indiens d'autrefois, depuis abrutis un-peu, comparés à nous, ces Êtres justes envers les Animaux, l'etait envers les Homes; ils les ont clâssés, *castés* d'après leur Espèce; ils n'ont pas voulu comettre le crime de Bestialité. Et toi, Home de la montagne de *Langres*, tu les juges, sans savoir, tu veux qu'ils mêlent les Espèces, tu veux qu'ils les rendent égales, tandis que la Nature ne l'a pas fait! C'est come si tu prétendais que le *Hollandais* de *Bone-espérance* doit s'allier, et se degrader avec le *Bochis*! parceque le *Bochis* est un Home? Que nous devôs tous aler prendre des Femmes chez les *Hottentots*, et leur doner les nôtres, pour perfecsioner à la longue, et blanchir leur Espèce!... Les Brames ont ete sages

ges et juſtes, en caſtant les Homes, dans leur heureux pays, berceau de l'humanité, où les Eſpèces était differentes ; ils ont eú raison de perfecſioner, aulieu de la détériorer, la Race-humaine la plûs parfaite, et *Diderot* a été un fou, un inſenſé, un ignorant, quand il les a condamnés, ſans ſavoir leurs raisons, et en partãt du principe faux, que tous ces Homes-là était de la même Eſpèce, come parmi nous. Mais Un petit Ergoteur m'arrête ici: ,, Hé ! tu veux nous caſter ici, nous qui ſomes tous de la même Eſpèce? ,, Qui te dit, Ergoteur, que je veux caſter les Français, les Européans, mêlange informe de toutes les Races poſſibles? Non : je pars d'Une donée plûs certaine, celle de la Nature; la diſtribucion des doses de raison, de bonſenſ, et je propose d'établir un moyen ſûr, facile, ſolide, de ne doner le Gouvernemt qu'aux Homes qui ont Une âme entière ; puis d'attribuer une autorité abſolue à ce Gouvernement; de faire de ce Gouvernement l'âme fyſique et morale de l'État. † Le difficile, me dira-t-on, est préciſémet de nous doner cette régle de conaître le mérite des Homes ,,. On me fait fourire de pitié, quãd on me fait de ces objecſions, avec un air de ſupériorité, qui les fait croi-

XVIII Partie.R r

Imnion. re infolubles. Rién de fi aisé, que de conaître l'Home, non pas en état de gouverner ; mais qui a les principes du Gouvernement ? Il faut dabord retablir la loi des *Candidats* ; loi qu'on a oubliée dans la Legiflacion Française actuelle, et que rien ne remplace. Il faut, que, lors des Élecfions, Tout Home qui fe fent en état de remplir les foncfions de la Magiftrature à laquelle on va nomer, fe préfente, fous un habit de couleur convenue, ou avec une écharpe blanche au chapeau, marque qu'il portera toujours, et partout. Ces candidats fe montreront donc ainfi ; mais ils n'ôteront pas aux Citoyens le droit d'élire Un Home capable, qui ne fe fera pas *Candidé*. Les candidats conus, leurs noms infcrits, fur une Lifte alfabétique, Chaqu'un d'eux fera obligé de mettre par écrit, en deux pages d'écriture, ne fesant que 2 pages d'impreffion, caractère *cicero* (qui eft celui-ci), fa maniére de gouverner. On imprimera alfabétiquement le fentiment, la preuve de capacité, fous le nom ; chaque Citoyen de la Secfion, ou de la Municipalité, ira chercher un imprimé, qui fervira pour 4 Familles, qui le liront 4-fois au-moins, haut, une-fois chaqu'une, devant les 3 autres : Après quoi chaque

Pére portera ſon bulletin, áyant le nom
du Candidat, ou de tout autre qui aura ſait imprimer ſon ſentiment, et au deſſous, *Oui.* La Section ou Municipalité
comptera les votes, et en mettra la quo-
tité à-côté de chaque nom de la Liſte
ſimple, manuſcrite, avec le nom ſeul,
et en enverra le dépouillé au Canton ;
celui-ci au Département, où la pluralí-
té relative ſera prononcée pour chaque
Membre élu : C'eſt-à-dire, que le Département qui aura 12 Homes à élire,
prendra les 12 qui auront le pliis de
voix de tous les Cantons, pour les élire.
† Tous les candidats pourront veriſier
les Liſtes, s'ils le veulent... Et non-
ſeulement les candidats ; mais tout Home, qui aura imprimé ſon gouvernement. † On voit que par-là, Un Criard,
Un Bavard n'en imposera pas au Peuple;
qu'il ſera lu, froidement apécié, d'a-
prés ſes ſentimens en Gouvernement:
Que ſi, élu, il fait le contraire, il ſera re-
primable par ſes Électeurs, qui ſeront
reellement le Peuple de ſon Canton:
Son ſentiment imprimé reſtera, et on le
lui opoſera, s'il ſait mal, ou s'il ne ſait
rién. Vous n'auréz donc, que des Homes capables, ou puniſſables. † Alors
vous leur doneréz toute confiance, pendant la durée de leur Magiſtrature,

quelle qu'elle ſoit. Obſervéz que chaque Secſion, ou Municipalité n'aura que les candidats de chéz elle à examiner: Mais qu'il y aura un nombre d'exemplaires des ſentimens de tous les candidats et autres, dans les Bibliothèques-publiques, ou aux maiſons-Comunes, pour que chaque Particuliér puiſſe y aler voir le nom qu'il voudra, et l'Opinion attachée à ce nom. Il ſuivra de-là, qu'à une-autre elecſion, les mêmes ſentimens imprimés ſubſiſteront; à-moins que le candidat n'ait amendé le ſién. Point d'Aſſemblée; point de cohue: Chaqu'un refléchira ſur la capacité dont il aura la preuve ſous les ïeux. Le Peuple exercera ſa ſouveraineté. Mais enſuite, il n'y aura pas d'anarchie; chaqu'Un ſera ſoumis aux Gouvernans qu'il ſe ſera donés, quoi qu'ils decrètet. Parceque ſans cela point d'ordre, point de pàys heureux. † Si le Gouvernement decréte une Monaïe de papiér, elle ſera préferable à l'or. Si le Gouvernement la retire, il la remplacera au pair, par une Monaïe metallique. Mais le Particuliér ſacrilége qui prononcerait une depréciacion, ſera puni de mort, ſans miſericorde, et ſurlechamp, après la convicſion: Ainſi ſon procès pourrait ne durer que deux heures, dans le cas de la prise en flagrant-délit. † Dans tout Pays, la Souveraineté doit-être parfaitement, pleinement exercée, par les Individus légitimes; on doit y être soumis, come aux lois de la Nature. Je regarde come Un Fou, come Un Anarchiste coupable, come Un Être déraisonant, Celui qui dit, *Le Gouvernement ne peut pas cela! Le Gouvernement n'est pas le maître de l'Opinion.* Le Gouvernement, surtout l'electif, come je viens de le présenter, doit être Un Dieu; la soumission doit être entière, sauf la responsabilité postérieure. Mais la responsabilité même ne doit rendre l'obéissance que plus sacrée. L'Opinion! Hé! qu'est-ce que l'Opinion? ,,La Reine du Monde. ,,La Reine des Sots, des Imbéciles, de Ceux qui n'ont pas la moindre idée du Gouvernement.... ,, Je rougis de m'arrêter à prouver des vérités triviales, pour combattre l'Opinion des Fous, des Insensés! Je dirai come cet Ancien, à Celui qui voulait que tout Home en société fût maître absolu: ,,Établis ce Gouvernement dans ta maison ,,! † D'après l'expérience, je me déclare énnemi de toute autre égalité, que de celle de droit à la protection des lois. Une égalité réprouvée par la Nature, qu'elle n'a mise nulle part, est

Immor. une chimère, une abſurdité deſtructi-
ve. Hé! que produirait-elle? Où nous
menerait-elle? Elle produiraitl'anéantiſ-
ſement des Arts, des Sciences, des Lumières. Elle nous menerait à l'état des
Höüahouas, des *Hottentots*, des *Sauvages*. Voyez l'effet de la malheureuse é-
galité, chéz ces Peuples infortunés. Ils
ſont, par là même, inferieurs à l'Eſpé-
ce-humaine : L'égalité empêche qu'auqu'un d'eux n'ait le temps de s'apliquer
aux Arts, aux Sciences: l'égalité les retiént tous audeſſous du plůs vil des
Européans. Ces Infortunés, abrutis non
par un travail géneral, mais par le mâque
de lumières que nous donent le temps
de refléchir, et les travaux litteraires
des Aisés, ne conaiſſent rién, parcequ'
auqu'un d'eux n'a eú le temps de conaître. Il faut de l'Inégalité, ô Fou de
Jean-Jaques-Rouſſeau, pour que quelques Homes aillent juſqu'où peut aler
l'Humanité; enſuite l'Eſclave recueille
les lumières du Maître, et ſon Fils aumoins deviént Home tout-à-fait. L'Eſclave, ou le Fils de l'Eſclave, profite à
ſon tour de l'Inégalité, tout le Genre-
humain en profite. C'est une immeuſe
carrière ouverte, où chaqu'un peut s'é-
lancer: Aulieu d'être enfermé dans un
Enclos moral; d'avoir un ciel de

plomb audeſſus de ſa tête, l'Home ine-
gal a l'étendue de l'Univêrs pour bornes, l'immenſité de l'Eſpace audeſſus
de ſa tête altière…. † Il y a quelques
abus dans l'inégalité! Mais où ne s'en
trouve-t-il pas? Ils ſont bien plus hideux, dans votre égalité barbare, qui
retiént toute l'Eſpéce dans l'aviliſſem^t,
et l'eſclavage de l'ignorance; eſclava-
ge que les Européans ont ſi cruellement
realiſé ſur les Nègres de *Guinée!*

Mais vous avéz juſtifié le *caſtement* des
INDOUS! Oui, come le caſtement des
Homes et des chevaux. Mais je n'ai pas
entendu, qu'il fût établi Une barrière
entre le Pauvre et le Riche en Europe;
parceque l'Home y est de la même eſpèce, et que c'est un crime contre la
Nature, d'en degrader Une partie: Je
veux que l'Inégalité y ſoit Une cauſe de
developement d'induſtrie, de force et de
merite, et que le merite parviène à tout.
Ce qui m'indigne particulièrem^t contre
J.-J.-Rouſſeau, c'est qu'il paraît avoir
voulu établir l'égalité *jacobine,* ſans e-
gard au merite. Et il avait doublement
tort; puiſqu'il tuait l'induſtrie, tãdis que
ſõ egalité fyſique nous rendait *Hottentots.*
† Mais vous voulez établir la communauté: n'est-ce pas l'égalité? „Non:
En établiſſant la Communauté, je garan-

tis du besoin, mais je n'égalise que l'Espèce, et non les Individus. Le Cordonièr, le Savetiér, le Vidangeur, restent dans leur état. Si, au moyén de l'éducacion commune, le Fils du Vidangeur est capable d'être Magistrat, il le sera. Si le Fils du Magistrat, est sans talens, sans capacité; ou s'il comet une faute dégradante, il sera Vidangeur, Savetiér. Les Homes de ces états ne seront pas méprisés pour ces états; mais pour la faute: L'Home ou la Femme de l'état sans faute sera plaint, come on plaint l'Incapable, avec une douce humanité. ... La Communauté laissera donc assez d'aiguillon à l'émulacion; puisque l'incapacité, l'ignorance, la paresse, la fainéantise reduiront Ceux qui seront tachés de ces defauts, aux emplois les plus bas de la Société, soit pour un temps, soit pour toujours, et que ces états, quoique nourris, le seront plus grossiérement, et à une autre table que les Gens estimables. Mais cette différence de table n'aura lieu absolument que pour les Condamnes, privés des droits de Citoyéns: Tous les autres états seront alternes; de-sorte néanmoins, que deux Citoyéns du même état, se trouvent toujours à-portée de s'entretenir.

Les Tables communes auront deux

rangs: Celui adoſſé au mur ſera occupé par les Homes: Il y aura aumoins
une alée entre le mur et la Table, afin
que Ceux qui voudront ſortir le puiſſe
ſans deranger Perſone. Le rang de devant ſera occupé par les Femmes: de-
ſorte que les deux Sexes ſeront en face
l'Un de l'Autre. A dîner, les Femmes
garderont le ſilence. A ſouper, elles
parleront entr'elles, ou avec les Homes,
doucement, tranquilement, et ſans é-
clats. Si Quelqu'Un a des choses importantes à dire, il demandera la raro-
le, et ſilence ſera fait, de par le Préſident de la Table, qui ſera toujours de
60 couverts pour les Homes, et d'autant
pour les Femmes: S'il y a 2, 3 Tables
etc. dans la ſalle, le Citoyén qui aura la
nouvelle importante montera à la Tribune. † Auqu'une diſpute emportée
ne ſera tolerée à table, et le Préſident
requèrera la force des Homes de la Ta-
blée qu'il voudra, pour ſe faire obeir.

Les mêts ſeront toujours au nombre
de 6, et chaqu'un mangera de 2. Les
6 plats ſeront diſtribués de 6 en 6 Citoyéns; et chaqu'un demandera à la *Si-*
xenai e ce qu'il voudra. Car les Femmes
ſerviront les Homes, et ſeront ainſi le
rôle de Maîtreſſe de maiſon. Si Un Home demande à Une Femme non Sixe-

Immor. naire de tel plat? la Sixenaire dira, ou fera figne à cette Femme de le fervir. Chaque Femme fera fixenaire à fon tour.

La cuifine fera faite par des Homes et des Femmes dont ce fera l'état; ils auront à leurs ordres, pour les plus baffes fonctions, des *Fautifs*, auxquels ils comanderont. Ils ne mangerout à une table commune, qu'après les autres Citoyéns. ¶ Il y aura le nombre fuffifant de Magaziniérs, pour avoir foin des bléds, et autres grains, du moulage, des farines, des fours, de la paneterie, du fervice du pain, des beftiaux alimentaires, de la boucherie, de la fourniture aux Cuifiniérs, des achats, des Uftenfiles... Ce feront des Homes, ou des Femmes, fuivant la nature des chofes; mais dans l'un ou l'autre cas, toujours des Êtres expérimentés. † Le refte des details eft fuperflu; puifque le bon-fenf fuffit, pour le dicter aux Homes. Mais ce que Ceux-ci ne fentent pas affez, ce font les avantages de cet état de chofes, dont l'établiffement eft combatu par l'égoïfme, les Vicieux et les Sots. Il n'eft pas de moyen plus efficace d'attacher les Homes à la Patrie, et de les rendre fenfibles à fes avantages ou à fes defaftres: Quelles armées invincibles l'on aura, puifque fimple-

ment aujourdhui, avec une Republique imparfaite, nous avons des Soldats,
l'admiracion de toute l'Europe! Tout
etant à tous, dans tous les points de la
Patrie, chaqu'un se battra pour son
champ, pour sa Femme, pour sa Maî-
tresse. Avec quel courage ou voudra
faire la conquête d'Un bon rays, qui
fournira plus abondamment aux besoins?
Et quand les Peuples verront le bonheur des Français, come ils s'uniront
volontairement à nous! Alors quels a-
vantages? Un Citoyen qui aime la chaleur, passera dans les climats meridio-
naux, et n'y passera que pour le temps
qu'il voudra. On pourra faire élever
tous les Enfans, dans un climat froid,
pour les fortifier, ou dans des climats
plus chauds, qui doneront la vigueur,
come la Provence, et le comtat d'Avi-
gnon! Ou dans des Iles. On fera un
choix dans l'etat, des Individus les plus
grossièrement conformés, pour en faire
des Marins, dès la jeunesse. Surtout on
travaillera pour ôter à l'Univers le scandale de l'Angleterre, de cette vile Nacion, hideusement égoïste; on en fera
une partie de la Republique; l'*Irlande*
sera le rays d'où l'on tirera les plus belles
Filles et les plus innocentes, pour en
faire, par le mariage, la recompense
des Homes celèbres par leurs talens,

lamor ou leurs belles acſions : On en tirera auſſi du *Comtat*, du páys de *Cau*, du *Labourd*, en-un-mot de tous les Cantons où l'Eſpèce est la plûs belle ; et la belle acſion, le merite feront doner aux Homes les moyéns d'avoir une belle Race. + Voila ce que je propose à la Nacion-Française. Du courage ! n'en reſtons pas à une demi-République, à une demi-conquête ! Fesons le bonheur du Genre-humain, en nous l'aſſociant ! Chaſſons loin de nous, et les Égoïstes, et les Propriétaires ! Nous avons un Héros ; ce BUONAPARTE, la gloire de la France et de l'Eſpèce-humaine ; c'est lui que le DIRECTOIRE-ÉXECUTIF, qui a tous les avantages de la Royauté, ſans en avoir les inconveniens, fera generaliſſiſme des Troupes de la République, et qui deviendra le bras du Gouvernement, ſans jamais en être la tête. Car c'est là le ſecret conſervatif des Republiques, et jamais celle des Romains n'eût perdu la liberté, s'ils y euſſet ſongé, avant Marius, Sylla, Cœsar. Que toujours le Pouvoir-Civil comande hors des camps. Il n'y a pas de danger avec Un General honête-home : Mais Un *Dumouriéz* ferait Un Catilina, avec le même pouvoir qui, dans les mains du Héros d'Italie affermirait la Republique.

91

91. IMMORALITÉ DES JOURNALISTES. 3 Juvena.

III » Fonçion, qui devrais être Un sacerdoce sacré, pourquoi donc es-tu avilie, & devenue la plüs vile, la plüs basse partie de la Litterature ? C'est que les Intrigans, les Méchans, les Sots, les Coquins de tous les genres, l'ont crue lucrative, & l'ont envahie. ✝ Il faut que Gouvernement fasse du *Journalisme* Une Fonction publique, honorable, qui soit une partie de l'Administracion ; laquelle neanmoins ne pourra influencer le Journaliste, pas plûs qu'à la Chine le Gouvernement ne peut influencer les Historiografes, qui écrivēt, & jètēt dans Une boîte inviolable les feuilles de l'Histoire contemporaine. L'Ecrivain Français aurait même une liberté incomparablemēt plüs grande : Il écrirait, en vertu de la liberté de la presse, tout ce qui lui semblerait Util, & paraîtrait surlechamp, sans qu'il pût être repris d'autre chose, que de fausseté volontaire.

Mais, que font les Journalistes actuels? Les Uns, come le *Miroir*, l'*Eclair*, le *Veridiq*, le *Thé*, l'infame Menteur dit *Petit Gauthiér*, le Nain Noiraud, qui fait le *Couriér-Republiquain*, *Perlēt*, (nom d'Imprimeur, substitué à celui de l'Auteur, qui n'ose se nomer, &c., &c.^a. que font tous ces indignes *Journalistes*?

XVIII Partie. S s

Juvena. Ils ataquent le Gouvernement, qui toujours doit être refpecté; ils jètent autant qu'il leur eft poffible, de la defaveur fur Ceux de fes Membres qui ne font pas dans leurs faux-principes; ils excitent ainfi à l'anarchie, qui eft leur aliment. Ces Miserables ont la même politique que les anciéns Perfes, qui laiffaient entre chaque Roi Defpote Un interrègne de 5 jours, p^{our} que le Peuple laffé demandât Un Defpote. Aucun des crimes commis durant cet interrègne, ne pouvait enfuite être recherché. Voila ce que demandent les Journaliftes immoraux: c'eft p^{our} nous plonger dans l'efclavage, qu'ils amenèrént l'anarchie & le mépris de toute Autorité! O Peuple Français! ne te laiffe pas feduire par ces Scelerats! Cest un piége qu'ils te tendent aftucieusem^{t}!... Ils ne f'en tiènnent pas à l'ataque dirècte, ou indirècte du Gouvernemrnt + On les voit propager avec une affectueufe activité, toutes les nouvelles defavorables à leur Nacion. Il femble, à leur manière d'agir, que ces Malheureux font Anglais ou Autrichiéns, ou tout-aumoins qu'ils fot foldés par ces deux Nacions énnemies. Ils repètent avec une criminelle affectacion, ce que les Gazettes allemandes, patriotes pour leur Pays, publient d'échecs menfongérs pour nous, de victoires imagi-

naires pour eux. Ces Gazetriérs alle-^{Juvénal.}
mands ont p^{our} b^{ut} de relever par ces
mensonges officieux, le courage de leurs
Peupl sabbatus ?... Quel doit être le but
de ces Journaux-Français qui les repètent sérieusement? *L'impatriotisme* complet. Oui, si j'avais la moindre autorité,
je ferais juger ces Tra tres come Consi-
pirateurs. § Ils ne s'en tiennent pas-là:
Ils calomnient les Generaux bons servi-
teurs de la République, & par-là ils excitent les Assassins à se jeter sur eux, come il viént d'arriver à l'excellent General *Hoche*. Combién de calomnies n'ont-
ils pas vomies contre le Héros d'Italie
Buonaparte ? Ne pouvant l'anéantir de
leur plume antipatriote, ils font come
les Ligueurs ; ils forment un Etre Ideal,
que tantôt ils font prendre prisoniér,
tantôt blesser, tuer quelquefois. Le General ne s'en porte pas plüs mal, n'en
est pas moins victorieux, mais l'Infame
Feuilliste a causé un mouvement de joie,
illusif à tous les Mauvais Citoyéns ses
Abonnés... † Citoyens Gouvernans,
j'ai un conseil à vous doner, ne touchéz
pas à la liberté de la Presse: Mais que
tout Journaliste paye un impôt, & qu'on
en excepte que Celui que le Gouvernem^t
trouvera vraiment util. Lorsqu'un Journaliste deviéndra immoral, n'importe le

3
Juvena.
coment, que non-seulement son impôt
lui soit laissé, mais qu'il soit obligé de
doner la liste de tous ses Abonnés, qui
seront taxés envers le Gouvernement au
double du prix de leur abonement. Si le
Journaliste omet d'en nomer quelques-
Uns, il paiera poureux, sauf son recours.
Par ce moyén, l'on donera quelqu'utili-
té p.^{our} la Patrie, à Ceux qui la haïssent,
& l'on infligera une punicion bién legè-
re à ces Mauvais Citoyéns. † Je n'ai
parlé que de l'immoralité-civile & politique des Journalistes. Mais elle n'est pas
la seule. Il en est une-autre particulière, & non moins criminelle. § Sous l'ancién régime, les Journalistes freluquets,
come *Geoffroi, Royou, Sautereau,* &c^a.
avaient adopté le ton persiffleur. Avec
ce ton comode, souvent sans avoir lu, ces
Messieurs se dispensaient de motiver leur
persifflage. J'avais cru que ce ton méprisable était passé de mode; & come il est
digne du bâtō, qu'il ne l'était pas d'un Républiquain. C'était une des grandes obli-
gacions que je croyais avoir à la Révolucion, de nous en avoir delivrés!... Quel
a été mon étonement, lorsque les 3 Volumes de ma FYSIQUE ont paru, de voir
Un Poliçon, ancién Domestique du ci-devant M^s. de-V***, qui le fesait servir de
plastron à son persifflage, le reprendre,

come les Sots du plûs bas étage, p^(our) rendre compte d'Un Ouvrage de genie, dont
l'esprit colifichet & borné de *M-n* n'est pas
en état d'en entendre une page. Je m'in-
formai de ce qu'était cet Home nul qui s'é-
tait impudem.^t placé à la tête d'Un Journal asséz considerable ? l'apris... des horreurs !... Mais come je ne les ai pas
vues, je ne les raporterai pas. Je dirai
seulem.^t à ce vil Journaliste, dont le nom
est, je crois, à en juger par les Lettres in-
iciales, *Ane-Licol-Malin*, que le persifflage est le masque ordinaire dont se couvre
l'ignorance, critiquant ce qu'elle n'est pas
en état de comprendre. ¶ En parlant
de ce qui me regardait, j'ai, sans y fon-
ger, patrociné p^(our) le general. Toutes les
Nullités en Litterature, ces Petits Faquins, qui composent la Populace des
Auteurs, & dont Un grand nombre, es-
senciellem.^t intrigans, font des Intrus de
l'Institut-Nacional, en ont exclu les vrais
Auteurs; come ils en auraient éloigné
les Savans du 1.er Ordre, s'il avait été en
leur pouvoir. Pour moi, je ne demande-
rais que la *Lisse*, p^(our) y distinguer ces Insectes, ces *Poux de-la Litterature*, & les
écraser. J'aprécierai Celui là par ses Œu-
vres; cet Autre par son oisiveté; Scaturin
par-exemple n'a guère que 7 à 8 vers.
Pedantin est un Ballon rempli de vent &

de fotise, inintelligible à tout le monde & à lui-même! Pauvres Enfans! qui avéz Un pareil Inftituteur! Il vous rendra vils & nuls, come lui!

Quelle était la manière, dont il falait critiquer la FILOSOFIE DE Mr-NICOLAS? Aulieu de calomnier, come le fait l'Inconu, & d'avouer aftucieusement, que les idées de l'Auteur de l'Ouvrage nouveau ne f'accordent pas avec celles des *Lagrange,* des *Laplace,* des *Lalande,* des *Caffini,* des *Briffon,* &c. &c. quoique l'Auteur aìt pris pour base, la doctrine de ces Homes celèbres, il falait dire, quels étaient les principes de l'Auteur. Mais Ane-Licol-Malin, voulant verifier le nom, qu'on lui a fi grotefquement doné, & qui lui plaît fans-doute, f'en eft bién gardé! Il voulait faire croire que le Cit. Reftif La-Bretone reffufcitait un de ces ançiéns Syftèmes erronés, auffi contraire aux nouvelles découvertes, qu'au-bon-fens, & pour cela (le gros Malin), a cherché à f'exprimer obfcurément. Ce méprisable Poliçon, fidel imitateur de fes vils Modèles, *Fréron*-père, *Royou, Geoffroì,* a préféré la mauvaise-foi la plüs criminelle, à dire la fimple vérité. C'eft qu'en-effet, le Cit. Reftif eft dans les principes des Fyficiéns, des Aftronomes, & des Naturaliftes només. Il ne diffère d'eux, que par l'étendue & la mul-

tiplicité de ſes hypotèses, neuves pᵒᵘʳ la
plûpart, on en conviént, mais qui cependant ne le ſont pas toutes. La plûs
marquante, celle qui revoltera peutêtre
les Aſtronomes, & contre laquelle *Laplace* ſ'eſt declaré, la *Planetiſacion* des
Comètes, a été ſoutenue par d'Autres, ſurtout par *Wiſthon*. Il eſt vrai que le Cit.
Reſtif ne le ſavait pas, lorſqu'il a compoſé
ſon Ouvrage ; il n'a lu cette Opinion de
Wiſthon, & de quelques autres Savans, qu'
après l'entière redaction de ſa FYSIQUE.
Et c'eſt une preuve de verité, lorſque plu-
ſieurs têtes trouvent la même choſe, ſans
que les Homes ſe ſoiét conſultés... Mais
ce n'eſt pas le lieu de refuter A-ne-Licol-
Malin. Je dirai ſeulement, que ſon Ex-
trait infidèle, ſi la loi contre la *Calomnie* eſt portée, eſt une des Calomnies les
plûs criminelles, puiſqu'elle tend à priver
Un Citoyén, pauvre & laborieux, plûſ-
que ſexagenaire, du fruit de ſon travail,
en empêchant, autant qu'il eſt en lui, la
vente d'Un Livre coûteux. Je dis que ce
genre de calomnie eſt un de ceux qui devrait être ſujet à des dommages-interêts
proporcionés ! je dis que, ſi A.-L.-M.
était de l'I.-N., come On me l'avait dit
dabord, ç'aurait été Une infamie à ce
Corps, ſi eſtimable par nombre de ſes
Membres, de ne pas chaſſer de ſon ſein

Un pareil Scélérat, ce Calomniateur a-
troce, dont la malice est si visible, qu'il
n'y a là-dessus qu'une voix, parmi tous
les Lecteurs! A.-L.-M. oserait-il, dans
la Société, me persifler en face avec cette impudence? Non, car je l'assômerais...
Mais le Lâche se cache dans son cabinet!
Home vil! je te méprise trop p^{our} t'y aler
chercher!... — Et toi (me demandera-
t-on), qu'as-tu fait? — Trente Ouvrages,
dont plusieurs en IV Volumes, Un en
XLII, Un en XVI, Un en XXIV,
Un en XII, Un en V, &c. Chacun de ces
Ouvrages ferait Un Membre de l'I.-N,
tant par les Volumes, que par l'excellen-
ce de la Morale. Les voici:

1 LA FAMILLE VERTUEUSE, 4 vol.
Ouvrage loué dàs l'aprobacion. ¶ 2 LA
CONFIDENCE-NECESSAIRE, 2 vol. qui
a 2 édicions. ¶ 3 LE PIÉD-DE-FAN-
CHETTE, qui est à sa 3ᵉ édicion, chéz le
Cit. *Arthand* ruë *des-Jeuneurs*, nº 7.
¶ 4 LA FILLE-NATURELLE; & 5, LU-
CILE: deux Ouvrages en 2 & 1 vol. qui
ont eü 3 édicions, outre des contrefaçons,
& qui sont dans les CONTEMPORAINES.
¶ 6 L'ECOLE-DE-LA-JEUNESSE, 4 Parties, depuis longtemps épuisées: ¶ 7 LES
LETTRES-D'UNE-FILLE A SON PERE,
5 Parties, qui manquent depuis 1776:
¶ 8 LA FEMME DANS LES 3 ETATS, 3.

Parties, en 2de édicion, & qui manque:
¶ 9 LE MENAGE-PARISIÈN, 2 Parties,
qui manquent: Je ne l'ai pas reimpri-
mé, parcequ'il avait fâché des Auteurs,
placés dans l'*Inſtitut* de *Quiperdgâgne*.
¶ 10 LE FIN-MATOIS, 3 vol. traduc-
cion de l'Eſpagnol de *Quévedo*; le 3e vol.
eſt de moi-ſeul: ¶ 11 LE PAYSAN ET
LA PAYSANE-PERVERTIS, 8 vol. en
5e édicion, outre les contrefaçons. ¶ 12
L'ÉCOLE-DES-PERES, 3 vol. ¶ 13 LE
QUADRAGENAIRE, 2 vol. ¶ 14 LE
NOUVEL-ABEILLARD, 4 vol. ¶ 15 LA
VIE DE MON PERE, à ſa 4e édicion,
2 vol. ¶ 16 LA MALEDICCION-PA-
TERNELLE, 3 vol. ¶ 17 LA DECOU-
VERTE-AUSTRALE, OU L'HOME VO-
LANT, 4 vol. ¶ 18 LA DERNIÈRE-
AVANTURE D'UN HOME DE 45 ANS,
OU LE QUARANTECINQUENAIRE, 2
vol. ¶ 19 LA PRÉVENCION-NACIO-
NALE, 3 vol. ¶ 20 L'INSTITUTEUR
D'UN PRINCE-NACIONAL, OU ORI-
BEAU, 4 vol. ¶ 21 LES CONTEMPO-
RAINES MÊLÉES, 17 vol. ¶ 22 LES
CONTEMPORAINES DU COMUN, 13
vol. ¶ 23 LES CONTEMPORAINES-
GRADUÉES, 12 vol. ¶ 24 LES CON-
TEMPORAINES PAR EXEMPLES, OU
LES FRANÇAISES, 4 vol. ¶ 25 LES
CONTEMPORAINES PAR CARACTE-
RES, OU LES PARISIÈNNES, 4 vol.

¶ 26 LES CONTEMPORAINES PROVIN-CIALES, OU L'ANNÉE-DES-DAMES-NACIONALES, 12 Vol. ¶ 27 LES CONTEMPORAINES DU PALAIS ROYAL, 3 Vol. (en tout 63 Vol. de CONTEMPORAINES). ¶ 28 LA FEMME-INFIDELLE, 4 Vol. ¶ 29 LA FEMME-SEPARÉE, 3 Vol. ¶ 30 LES NUITS-DE-PARIS, 16 Vol. ¶ 31 LA FILOSOFIE DE M. NICOLAS, 6 Vol. ¶ 32 MONSIEUR-NICOLAS, OU LE CŒUR-HUMAIM-DEVOILÉ, 13 Vol. ¶ 33 MON KALENDRIER, LA REVUE DE MES OUVRAGES, MES AFFAIRES, MES MALADIES, MES DATES, 2 Vol. ¶ 34 LE DRAME DE LA VIE, 5 Vol. ¶ 35 MON THEATRE, 8 Vol. (En tout, tant Vol. que Parties, 189 Vol. fans compter 2 Ouvrages Mff. confiderables, terminés, l'Un en V.I Vol. 36 L'ENCLOS ET LES OISEAUX; l'Autre en IV Vol. 37 les LETTRES DU TOMBEAU; ce qui porte mes Volumes ou Parties à 199. Voila mes 37 titres à l'INSTITUT-NACIONAL. Si quelques-uns des Membres qui n'en ont au qu'un, f'en trouvait humilié, je fuis fi riche, en travaux achevés, que je contracte l'engagement de leur ceder Un de mes Titres; il m'en reftera fuffifam.ᵗ encore. Car il n'eft pas Un de ces Ouvrages qui n'ait un but Util, & qui ne pût, qui ne dût me faire recevoir... Mais vo-

yéz come la jactance se fourre partout !
Me voila bién-loin des Journaux & des
Journalistes !… Il faut y revenir, & a-
chever le tableau de leur Immoralité.

Hiër 28 8bre 96 (*v. st.*) Un d'eux mit
dans son *Courriér-Republiquain* , d'après
Une Gazette Allemande , évidemm.t ca-
lomnieuse, que par un Traité secret avec
l'Espagne , la France devait doner la
Royauté à l'Un des Fils de cette Branche des BOURBONS. Poncelin est-il chargé par le Gouvernement d'une pareille
annonce ? Et si Poncelin l'a fait p.r trou-
bler l'Etat ? il a comis un crime de lèze-
Nacion, de lèze-Gouvernement ; un crime prévu par nos lois, qui le mulctent
de la peine de mort ?… Presque tous les
Journalistes actuels sont les Ennemis de
leur Nacion, qui a droit de les exclure
ou de les anéantir. Ce qui est si vrai,
que Poncelin, dans son Journal, fait à
notre France, tout le mal qu'il peut.

Le but des Journalistes, depuis 30 ans,
a touj.rs été d'avilir les talens, quand ils
l'ont pu. Et cela était bién naturel. Le
Journaliste en chef, qui avait toujours
quelque mérite, come, par exemple,
Fréron-père, avait une foule d'insectes
soudoyés, ou non-soudoyés, qui, cachéz
derriere lui, décochaient leurs traits aux
Auteurs ; Ces Insectes étaient sans mé-

Juvena. rite, & par conséquent jaloux de toute espèce de mérite. Ils trouvaît un delicieux plaisir à denigrer, à persiffler en sûreté des Homes qui valaient mieux qu'eux : Ils riaît de l'impuiffante rage des Affaillis, qui voyaît bién que l'article n'était pas de *Fréron*: Mais de quî était-il ? Un petit *Sautereau*, Un petit Ane-Licol-Malin, Un *Terrin*, Un *Salaün*, Une foule d'autres Avortons litteraires innominés & innominables, à-raison de leur imperceptibilité, aigüisaient leurs traìts en cachette, & les lançaît en riant come des Fous, contre le véritable Auteur, le véritable Poëte. Ces Poliçons n'avaient d'autre but que de faire rire les Sots du Publiq, & de procurer à leur Maìtre la vente de fon Journal. C'était un véritable encan de perfifflage, que la boutique, l'*Officine* d'Un Journalifte un peu accrédité. Ce fut ainfi qu'un des Manœuvres de Fréron-père áyant été chargé d'immoler ma MIMOGRAFE aux Acteurs des 3 Teatres, & n'y trouvant rien de ridicule, f'avisa d'un fingulier moyén ! Je disais, en terminant mon Ouvrage : — Si le Règlem.ᵗ que je viéns de propofer, ne convenait pas, je ne fais qu'un autre moyén de rendre l'*Aɛtricifm.* non–nuisible : mais il eft atroce, & prouve d'autát mieux, combién les moyéns que j'ai propofés

posés sont excellens ! Car voici, p^our^
mettre les mœurs en sûreté, ce qu'il faudrait lui substituer : (Et alors, je fais ce
Règlement atroce). Que fait le Manœu-
vre de Fréron-père, pour me livrer au
ridicule, à la colère des Acteurs ? Il cite come un Article de mon *Projet* réel
de Reformacion du Theatre, cet Article
atroce ! Auffi, 8 jours après, CARLIN,
(*Arlequin*), me ridiculisa-t-il fur la fcè-
ne Italique, autant qu'il le put. Mais il
m'en a fait des excuses 10 ans après, en
dînant avec moi, chéz notre Ami comun le refpectable Dr GUILLEBERT.

(Tout le refte de cet Immoralité eft fuprimé).

Je propose donc de faire du *Journalif-
me, Une fonction publique*, à laquelle
ne ferait admis que des Genf éprouvés,
p^our^ le Patriotifme & les Talens. Ils fe-
raît tenus d'être laborieux, veridiqs, &c.
Cette mesure eft Urgente, atendu que
les Journaux actuels égarent l'efprit publiq, & qu'il faut Un reméde prompt &
general p^our^ reprimer ces Empoisoneurs.

LETTRE modérée, écrite au Journal de
Paris, fur A.-L.-M. *Citoyén Directeur !*

*Un Home qu'on dit être de l'Institut-Na-
cional, viént de rendre compte d'Un de mes
Ouvrages. Je ne me plaindrai paf de la
critique ; elle eft jufte ét permife. Maisje
me plaindrai toujourf amérement d'un per-*

Juvena

fifflage impoli, ét furtout de la calomnie.
Par confidération pour l'Inftitut, s'il en
éft un Membre, je ne nomerai, ni le Journalifte, ni le Journal. Je dénonce au Publiq fage le ton indecent qu'un Home (de 38
ans, dit-on), prend avec un Écrivain de 63
ans: C'éft quelque-chofe que ce le respect
pour l'âge: On ne le néglige que chéz les Naçions immorales. † Je dénonce, plüs a-
mérement encore fes calomnies! Il faut a-
voir une Opinion bién miférable, pour l'è-
tayer par-là!... Le Journalifte apoftrofe
de grands noms, Lagrange, Laplace, Lalande, Caffini, Briffon, come fi j'étais
d'Opinion opofée: Leur doctrine éft aucontraire la bafe de mon Ouvrage (la Filofofie de Mr-Nicolas)... Il m'accufe de regarder l'Agneau-végétal, attaché à la
terre par le nombril, etc. comé une plante
réelle. Et je dis, que c'éft au Champignon
fabuleux, douteux aumoins, qui ne pourrait être que du genre des Champignons-
fauteurs de Bulliard, Champignons que Perfone ne revoque en doute. † Il prétend
que je n'admets point de devoirs: Et je dis
que, fanf les lois de la plüs exacte Reciprò-
çité, il éft impoffible à une Société d'exifter.
† Il me fait la gentilleffe de me prêter une
differtacion fur l'eau de Préval: ét je n'en
parle pus. † Il me fait ôter à Dieu fa
toute puiffance: ét mon Ouvrage éft emplo-

yé à la démontrer. A-la-vérité, je raporte
ce que le Cit. estimable, Dupont-de-Ne-
mours, dit, en expliquant ce qu'était le
Destin, le Fatum, que Dieu ne peut anéantir un fait: parcequ'étant la vérité, il se
dénaturerait lui-même, en opérant le men-
songe... † L'idée que Dieu ne voit pas
les faits non arrivés, n'est pas de moi: Je
dis en propres termes, que la sagesse de
Dieu étant infinie, et les loix de la Nature lui étant parfaitement conues, il voit,
non ce qui n'est pas, mais l'ordre des choses qui doit amener tous les évènemens.

Rendre compte d'un Ouvrage, en prêtant
à l'Auteur ce qu'il n'a pas dit, et en ne lui
prêtant précisément que cela, c'est une a-
trocité que je dénonce au Publiq. Aureste,
l'Ouvrge se vend, et peutètre ses Lecteurs
lui donent-ils trop d'éloges.

Salut et fraternité. Restif-Labretone.

P.-S. Ce Journaliste dit que j'ôte toute
base à la morale, en assurant qu'il n'y a
ni peines, ni recompenses naturelles. Je
dis aucontraire, que non-seulement tout
crime, mais toute faute, est suivi d'une punicion naturelle. Cette dernière calomnie
est inconcevable par son atrocité!

Nota. J'insiste sur l'importance du Journalisme :
On pourrait en faire un moral, ou tous les faits-Nou-
velles seraient pesés pour servir d'instrucçion aux
Enfans. Je voudrais en être chargé par le *Directoire*.

4
Juvena-
le.

92. Immoralité des Facteurs des Gens-de-Lettres.

IV. „Ce genre d'Immoalicé eſt terrible! & il aura des ſuites desaſtreuses, non-ſeulem* p^our la Litterature, mais pour tous les Ordres de Republique.

Il faut exposer ici ma façon-de-penſer ſur les Sciences, la Literature, les Arts, & generalem* ſur tout ce qu'On nome Luxe; parceque cette façon-de-penſer eſt ſi éloignée de celle de nos prétendus Moraliſtes, que je ne ſuis plus du-tout étoné de la rage de mes Énnemis...

Les Arts de 1re Utilité ſont excellens; ils ſont neceſſaires. Mais Une chose à laquelle la Tourbe aſſotée de nos plats Moraliſtes n'a pas ſongé, c'eſt que les Arts agreables ou de luxe, ſont le ſtimulant des Arts neceſſaires. L'Home n'eſt pas né pour le travail; auqu'un Être dans la Nature n'eſt fait pour le travail, mais pour le jeu, pour l'amusement. Cette verité, qui dabord paraît Un Paradoxe, eſt cependant fondée ſur la verité. Tous les Animaux ſ'amusent; auqu'Un ne travaille, même le Caſtor, même l'Abeille, même la Fourmi, même moi, qui ſuis ſubſtanciellem* laborieux. Le travail des Animaux que je viéns de citer, aïnſi que la facture du nid des Oiseaux, n'eſt pas Un travail; c'eſt Un inſtinct de ſubſiſtance, de propagacion, de plaifir. Si l'On disait, Que l'acte de la generacion, pour les Homes, est Un travail (à-moins que ce ne foit pour les Étalons de nos Duchefles ou de nos Financières), on ferait fourire le Filosofe!   ✝ Mais l'Home policé, qui pour fubfister, doit forcer la Nature, puifqu'elle ne peut doner à la Multitude artificielle du Genre-humain, une fubfistance fpontanée, est obligé au travail. Ce travail est d'autant plûs pénible, qu'il est abfolument contraire à la Nature. Il faut des motifs factices, & très-forts, p.^{our} y porter les Homes. Le befoin est le 1.er Mais nous voyons par l'expérience, qu'où ce motif exifte feul, il ne fuffit qu'à-demi, au quart, ou demi-quart, p.^{our} tirer les Homes de leur apatie. Le *Canadién*, mû par le feul befoin, ne travaille pas: L'Efpagnol mû par un ftimulant de plûs, travaille peu. Le Français, l'Anglais, l'Allemand, pouffés, excités par une multitude de ftimulans, font infatigables au travail.... Examitons à-préfent quels font les ftimulans qui excitent les Homes à forcer la Nature, en travaillant.   ✝ Le 1.er, après la *faim*, c'est l'*amour*. Le 2.^d, c'est la *gloire* ou la *celebrité*. Le 3.e, c'est la *braverie*, ou la *parure*. Le 4.e, c'est la *comodité*, ou la *molleffe*. Le 5.e, c'est le *vin*, ou l'*ivreffe*.

S f 3

4
Juvena

Le 6e, la *friandise*. Le 7e, l'espoir du *repos*. Le 8e, l'*imperiosité*, ou le desir de *comander*. Le 9e, la *bonté* ou la *charité*. Le 10e, l'*ambicion*, le *jeu*, l'*amusement*, effets du travail & de la Société, come les Spectacles, les tours, &c. Le 11e, l'*activité*, qui est elle-même un effet de tous les précedens. † C'est à la sagesse du Gouvernement à favoriser ces 11 stimulans secondaires, par son regime, & par ses lois. Un Gouvernement qui négligera un seul de ces moyéns d'émulacion au travail, manquera d'un resfort, & ne pourra le remplacer. Voilà ce que les *Jacobins* n'ont pas compris; ce que les C'retiéns feignaït de mépriser. Heureusem¹ l'Espèce-humaine ne les écoutait que parciellement, & Ceux-même qui les écoutaient, avaient un stimulant qui en remplaçaît 5 à 6 autres, l'espoir du Paradis, & la crainte de l'Enfer, pour Ceux qui étaient affez crédules.

1, L'amour honête a souvent doné la plus grande activité pour le travail, malgré la maxime d'*Ovide* : *Cedit amor rebus : Res age, tutus eris.* Cela n'est vrai que du libertinage : ce qui est fi constant, que dans un autre endroit il dit, *Qui non vult fieri desidiosus, amet.* L'amour malhonête, ou de la jouiffance avec des Femmes páyées, porte même au travail

les bons esprits; come il porte les mauvais
à la débauche. † 2, La gloire, le desir
de se distinguer, d'être honoré, est un
stimulant puissant, qui empêche l'engour-
dissement, & oblige les Homes à faire
des efforts prodigieux, pour se procurer
tous les avantages des richesses, par la
consideracion, l'estime, le respect general. Mais les effets de l'amour sont plûs
prochains, parcequ'il n'est rien de si
doux, que d'être consideré de ce que l'on
aime. § 3, La braverie, ou le desir de
la parure, est le moyen le plûs ordinaire qui stimule nos Jeunes Artisans, nos
Artistes, & generalement tous Ceux dôt
le travail est utile à la Société, de quelqu état qu'ils soient. Ainsi, la petite vanité, si fort contrariée par nos petits Moralistes (à-moins qu'elle ne le soit pour
lui doner plûs d'énergie), l'est follem' ;
& si ces faux Moralistes obtenaient ce
qu'ils paraissent demander, l'emulacion,
l'énergie, la filoponie, auraient une jambe ou un bras cassés. § 4, Le motif de
passer comodém' le reste de ses jours, a-
près avoir bién travaillé, est un des plûs
puissans excitatifs au travail, & le plûs
raisonable. On sort de la Nature, dans
l'âge de la force, & de l'activité, pour y
rentrer dans celui de l'affaiblissement &
de la paresse prévue, par l'exemple des

Vieillards. D'Autres ont pour motif, dans le travail, de se doner des aises présentes, une sorte de luxe ; des jouissances, come l'ameublement, une cuisine qui satisfasse leur goût ; en-un-mot, une vie agreable. § 5, Tel Home (& j'en ai vu beaucoup), travaille fortement tous les jours de labeur, pour s'enivrer délicieusement le jour du repos. Ceux-ci doivent être les moins estimables des Ouvriérs ; ils équivalent au Sauvage paresseux, par leurs disposicions : Mais ceci prouve que certains abus même sont un stimulant.

6, Je dirai la même chose, de Ceux qui travaillent beaucoup pour se regaler. C'est encore un stimulant, par lequel j'ai vu mener une Famille nombreuse pendant une quinzaine entière. L'activité se propageait jusqu'aux Enfans de 12 ans, & au lessous. Mais il ne falait pas que le régal manquât, le jour du repos. On recomençait le travail le lendemain, avec le même courage. J'ai vu des Familles plus aisées, où l'ordinaire était bon, menées au travail par un autre motif, celui de la lecture d'Ouvrages amusans & vantés. Le jour du repos, on avait tels & tels Livres à lire. On y employait toute la journée, c'était une fureur. Chaqu'un avait un Ouvrage particulier. J'ai souvent eu l'honeur d'occu-

per les Membres de ces Familles, & d'ê-
tre une recompenfe. Si c'était les CON-
TEMPORAINES, tout le Monde prenait
un Volume indifféremment. § 7, J'ai
vu des Genf accélerer leur Ouvrage, p^o.r
fe repofer après, fans inquiétude, fe coucher de bofie-heure, & c^a. Dans l'été,
les Páyfans n'afpirent au jour de repos,
que pour dormir: Le fomeil eft pour la
plüpart le fouverain plaifir. Ils fe lèvent
avec le jour; leur nuit n'eft que de 4 heures:
Ce n'eft pas affez. Le befoin du fomeil
f'accumule. Le jour de repos arrivé, On
déjeûne, & l'On dort: On dîne, & l'On
dort. Les grands Garfons feuls font un
peu éveillés le foir, pour faire l'amour.
Mais dans la journée, vous voyéz tout
dormir, ou féparément, ou à-côté les Uns
des Autres, Filles, Garfons, Femmes,
Homes: Les Vieilles & les Vieillards feuls
font debout. Mais p^our avo r le droit de
dormir ainfi, il faut avoir beaucoup &
peniblem^t travaiflé! On fe moquerait de
Ceux qui ayant Un état doux, ne font
pas obligés à Un travail continuel & ma-
tinal, fi On les voyait dormir les têtes.
§ 8: Le defir d'avoir de l'autorité, en a-
maffant des richeffes, eft Un des ftimulans les plüs puiffans: Il a lieu dans le
Grand-monde, en y comprenant le Ne-
gociant & le Fermiér: C'eft même Un

stimulant general; car il a lieu gradati-
vem' parmi les Petits. Est-il étonant, a-
vec Un stimulant pareil, qu'il y ait dans
la Société, Un égoïsme insuportable, &
tous les vices qui nous rendent malheureux! Mais ce n'est pas come stimulant,
que l'*imperiosité* est Un vice; le desir d'a-
voir du crédit, de la consideracion, est
innocent en lui-même. § 9: Il est Un
autre motif de travail, noble, grand, excellent, c'est le desir de se mettre en état
d'obliger, de bién faire aux Autres. Ce
stimulant est rare; mais enfin, il existe, &
il a produit, dans certains Homes desef-
fets surprenans! C'est particulièrement
dans le Républicisme devenu vertueux,
par le repos des passions, que ce stimulant
entre dans quelques cœurs honêtes: Il
est impossible à l'Home sauvage, à l'Esclave de l'avoir. Ceci prouve, contre
J.-J.-Rousseau, que l'état de Société,
s'il est une source de vices, l'est aussi de
toutes les vertus. § 10: Le desir des
amusemens, dans les grandes Villes, come le Spectacle, le jeu, la lecture, la possession de Livres, de Bijoux, come montre, tabatières, &c.ª est souvent un puissant stimulant de travail. On peut même
dire, que la possession des Objets de tous
les Arts, de toutes les sciences, sont autant de stimulans, pour l'Home en So-

ciété. Je travaille ardemment toute la
semaine, pour avoir de quoi, sans nuire
à ma subsistance, à mon entretién, aler
à tel Spectacle. Là, je vois des Spécta-
teurs tirer leur montre, leur tabatière.
J'ai envie d'en faire autant, & je travaille pour aquerir une montre; je me
range; je ne perds pas un instant, & j'y
parviéns. La Pièce m'a touché; je veux
avoir le Livre qui la renferme, pour la
lire, & me pénétrer des situacions. Il
faut pour cela, que durant la Décade,
j'accelère mon travail: Je sens que c'est
mon fond, & qu'il faut que j'y puise en
plûs, ce que je me propose de dépenser en-
suf de mes autres besoins. Tout porte au
travail dans l'état de Sociabilité, quand
l'Home a des vues droites, & l'esprit juste. Un exemple, pour les Homes: Un
Jeunehome veut se doner les jouïssances
de luxe, & ne prétend pas travailler. Il
vole, c'est un mauvais Raisoneur: car,
par le vol, qui l'expose aux peines de la
Loi, il se met dans un état audessous de
celui de privacion. Il ne refléchit pas
que, par le vol, il se met Un contre Tous,
& que c'est la plûs grande des folies;
puisqu'il y a 25 millions à parier contre
une unité, qu'il périra malheureusem^t....
De-même, une Jeunefille veut tel Objet
de luxe, & cependant ne pas travailler;

Juvena

Pour cet effet, elle se prostitue. Mais l'Insensée n'a pas refléchi à 3 choses; la 1re, que l'Objet, ou les Objets qu'elle achète aux dépens de son corps, sont infiniment trop chèrs; la 2de, qu'elle use chaque jour de sa vie, une añée de cette même vie, & qu'ainsi, pour 10 ans, elle n'aura que 10 jours: La 3e, qu'elle n'obtiéndra pas, dans son vil état, la consideracion que doñent aux Femmes honêtes les Objets de luxe; qu'aucontraire, ils sont pour elle une honte, contre laquelle l'Infortunée sera obligée de se roidir continuellem'. C'est faute d'esprit, de raisonem'; c'est pour n'avoir pas un écoulem' suffisant de la Raison éternelle, que les Homes comettent les crimes; l'égoïsme, l'interêt bién entendu les en préserverait. ≀ 11: L'activité naturelle à certains Êtres, activité qui les rend très-dangereux dans l'état sauvage, ou dans un état équivalant, celui de Voleur, ou d'Agioteur, d'Intrigant, se tourne dans ceux accoutumés à l'occupacion, vèrs le travail, & rend ces Homes ou ces Femmes des trésors, pour la Société. § Revenons maintenant, à l'Objet que je veux traiter, savoir, que tout s'engraine, dans la machine Politique, & que vous ne pouvéz la faire aler, qu'à-l'aïde des stimulans. Le fysique ressemble au moral: en fysique,

que, rién ne se fait que par le stimulant
des sél-: En morale, rién ne se fait également que par le stimulant des passions,
excitées par l Objet exterieur, qui deviént
à leur égard un sél. Cèux qui ont lu ma
FYSIQUE m'entendront parfaitement.
§ Les *Jacobins*, & avant eux les C'retiéns, prétendaīt, que, pour vivre heureux & dans l'innocence, il falait ne s'oc-
cuper que des Arts utiles, être *Labou-
reur*, *Táilleur*, *Cordoniér*, *Charpentiér*,
Masson. Observons, 1º, que ce sont des
Gens qui ont les Arts qui parlent ainsi;
que ce sont des Homes qui ont eú, qui
ont encore tous les stimulans; qui dans
cette occasion-ci, ont le stimulant tout-
puissant de vouloir reformer, stimulant
qui est le plüs puissant de tous : 2º. Que
les *Jacobins* & les C'retiéns ne font pas
une observacion, qui est, que pour d'autres que les Reformateurs, pour leurs E-
lèves par-exemple, il n'y aura plus de
stimulant, que celui du bién publiq, &
que, pour supposer que ce stimulant ait
une force suffisante, il faudrait suposer
aussi, que tous les Homés postérieurs seront & raisonables, & vertueux. Ce qui
ne doit jamais se suposer; On n'en serait
trop cruellement la dupe. Qu'arrivera-
t-il donc? Que tous les stimulans ôtés,
par la seule existance des 5 Arts ou Mé-

XVIII Partie. T t

 tiérs neceſſaires ; les Gouvernans n'áyant
plu⁵ à doner aux Home⁵, pour excitatif, que
la nourriture, le vêtem⁵, & l'habitacion, le
Genre-humain tombera dans l'engourdiſ-
ſſém⁵, l'ignorance, la brutitude : Qu'alors
les Homes, devenus groſſiérs & vicieux come des *Jacobins-Sanſculotes*, perdront
toutes les vertus ſociales, en perdant le
goût des Béaux-Arts, ſurtout celui de la
lecture, qui étant Un plaiſir intellectuel,
eſt la base de tous-ceux du même genre, & le plüs delicieux de tous ; car c'eſt
le lenitif, le baume de toutes les peines
de la vie : Que le 1ᵉʳ effet de l'engour-
diſſement de nos facultés morales, ſera
la diminucion du Genre-humain, ſa reduction à l'état ſauvage, où la groſſièreté
fait toujours tendre (j'en ai l'expérience) ;
enfin ſon aneantiſſement, ſi toute la Terre admettait ſerieuſem⁵, & non pour rire, come elle a toujours fait, la créance
des Crétiéns, & les principes des *Jacobins*. † Ceci poſé, il ſuit, que non-ſeulement les Arts de nourriture, d'habillement, d'habitacion ſont neceſſaires, mais
tous les Arts de luxe. Les 1ʳˢ ſont la ſubſiſtance, il eſt vrai, ſurtout l'agriculture ; mais les 2ᵈˢ ſont les ſëls qui les fé-
condent, & ſans lesquels les 1ʳˢ ne produiraient pas. Le mot *luxe*, mal inter-
prêté, jamais entendu, par les ſtupides

Jacobins, signifie la même chose que
prosperité au moral: avoir du *luxe*, Lu-
xurier, p^our les Plantes, c'est croître vi-
goureusement: *Luxurier*, pour les Animaux, c'est de même croître vigoureuse-
ment, & de plûs, en-vertu de cette force,
être porté à l'amour. Pour l'Home, c'est
la même chose p^our le luxe fysiq ; mais
il a de plûs le *luxe* moral, qui consiste à
se doner des habits superbes, de beaux
meubles, des comodités, des amusemens.
Et c'est ce *luxe* moral, qui done le prix
aux richesses. C'est ce qui les fait desirer;
c'est ce qui fait travailler pour les aquerir. Le *luxe* est donc le stimulant le plûs
puissant du travail & de l'activité.

Quels sont les Arts de luxe? Tous ceux
qui produisent des Objets capables dê ten-
ter, par leur élegance, leur comodité, leur
rareté, leur *merveilleuseté*, leur difficulté
producsionelle, &c. Tels sont la *Peinture*,
la *Sculpture*, la *Menuiserie*, la *Tapisserie*,
ou l'art du Tapissiér en meubles, en lits, &c.
l'*Horlogerie*, l'*Orfévrerie* la *Lapidairerie*,
la *Clincâillerie*, la *Pâtisserie*, la *Rôtisse-
rie* ou *Cuisinerie*, la *Vinerie*, ou l'art de
faire le vin; la *Confiturerie* ou *Sucrerie*,
&c. les *Matematiques*, la *Litterature*
dans toutes ses branches, & les *Sciences*.
De tous les Arts de *luxe*, les plûs excellens, les plûs efficaces, parcequ'ils par-

T t 2

⁴
Juvena lent à l'âme, & qu'ils sont le stimulant raisoné de tous les autres, ce sont les deux derniérs, la *Litterature* & les *Sciences.* Otéz ces deux stimulans, tous les autres s'anéantissent. D'où-viént donc, lorsqu'en 1796, je me suis plaint de ma misère, de l'anéantissem¹ de mes ressources, en dépit d'un travail opiniâtre, 2 Homes, *Rimerec,* & *Duahtra,* l'Un Député, l'Autre Filosofe, m'ont-ils repondu, come de-concert : —Pourquoi avéz-vous pris un Art de luxe-? Malheureux! c'est le plüs necessaire des Arts, que j'ai pris! & vous, âmes sans pensées, sans reflexion, vous n'êtes pas capables d'en sentir l'importance! C'est qu'il n'y a pas dans vos têtes blondes, un seul grain de filosofie... Mais laissons ces querelles particulières, qui indignent, mais qui n'éteignent pas l'amitié, & ne parlons que du général. ┼ Après avoir démontré la necessité des stimulans du travail, après avoir montré que ces stimulans existent dans les Arts de luxe, & que de tous les Arts de luxe, les stimulans les plüs forts, sont la *Litterature* & les *Sciences,* il faut apuyer sur cette dernière assercion.

L'Art qui parle diréctement à l'intelligence, aprend aux Paresseux-de-penser (come je viéns de le faire dans cet article), des choses auxquelles ils n'aurait jamais refléchi, cet art est necessairem.^t le plûs util. C'est lui qui reveille directem.^t l'énergie, l'émulation; c'est lui qui annonce le péril, indique le dangér, découvre les abus, en fait prévoir les suites. Les Homes qui ont ce talent sont rares; les 3-quarts-&-demi du Genre-humain, & les 3-quarts-&-demi de ce demiquart, sont des Paresseux-de-penser, qu'il faut que le Millième Actif reveil: Que dis-je? le Millième, le Dix millième, le Vingtmillième, le Centmillième: Car il n'y a guère en France, Pays le plûs fertile en Auteurs, qu'un Ecrivain un-peu remarquable, un-peu penseur, sur centmille Homes, sur un million! Du temps de Louis-XV, en n'en comptait 6, sur 25-millions, *Voltaire, Rousseau, Montesquieu, Buffon, Duclos, Fontenelle*; & si l'on me critiquait sur le choix, on n'en trouvera sûrement pas 25, qui feraient un par million. Et combién en existe-t-il aujourdhui? Sûrement j'en suis Un, & je le prouve, par ce que j'écris: Qu'Un-autre y ajoute les noms qu'il voudra... Et c'est cette Clâssé illustre de Citovéns si noble, si peu nombreuse, que des Seclerats veulent écrâser aujonrdhui! + Quels sont ces Scelerats?... Hêlas! je le dis avec douleur, de nouveaux Facteurs, intrus dans ce Corps si util aux Lettres, depuis environ 10 à 15 ans. Je me

menagerai pas ces Infames; je veux les
faire conaître à l'Europe, après avoir decrit leurs manœuvres. ✝ Ces faux Libraires font entrés dans le champ de la
Litterature en Brigands. Ils ont jeté Un
coup-d'œil fur l'anciénne Librairie, & ç'a
été p^{our} contrefaire tout ce qui leur a paru
de-nature à fe vendre, dans les proprié-
tés facrées des Familles des Auteurs, ou
de celles de leur honêtes Confréres. Et
coment ont-ils contrefait ? A-la-hâte,
fans foin, fans correction, dedaignant
même de prendre Un Correcteur, de forte qu'avec les nouvelles fautes de l'Ouvriér, effets naturels de la fragilité humaine, fe trouvēt amoncelées toutes les fautes anciénnes. ✝ Les Brigands ont enfuite jeté un coup-dœil fur la Litterature
nouvelle; & c'eft ici où ces Brigands, devenus femblables aux Sauvages, ont montré leur atroce ftupidité. Ils fe font ac-
cordés entr'eux p^{our} deprécier Un Ouvrage nouveau, imprimé par l'Auteur, ou
par un Bailleur-de-fonds non-Libraire:
Ils n'en vendēt pas Un Exemplaire : fi on
le leur demande, ils gardēt un profond &
perfide filence. Le Producteur du Livre
au desefpoir le leur propose... Ils le re-
jètēt loin ! jufqu'à ce qu'ils alent forcé
l'Auteur infortuné à leur abandoner fon
Ouvrage, à-peu-près au prix de la rame.
Alors ils achètēt, font des Billets à 2 ans,

dont Perſone ne'veut dans le comerce ordinaire, parceque le plûs ſouvent On ne
les aquite pas. L'Auteur eſt ruiné ; come
moi, il n a pᵒᵘ reſſource que la mort......
Car je ſuis cette an 5 (1797), reduit à certe
extrêmité par 2 execrables Scelerats.....
+ Depuis que ces ſtupides Brigands ſe ſot
emparés de la Litterature, il eſt impoſſible de placer un ſeul manuſcrit ; On ſent
que ces Gentlà ne le pouraît acheter qu'en
dupes ; puiſqu'ils ont par-devërs eux le
ſecret de faire imprimer par l'Auteur,
& d'avoir enſuite l'Ouvrage ſans bourſe
delier. ¶ C'eſt contre cet abus revoltãt,
deſtructif de toute Litterature, & parcon-
ſequent de la morale, de la ſociabilité,
qu'il faut engager le Gouvernement à ſe-
vir ; non peutêtre par des peines, les of-
ſeurs Coupables ſon inatteignables ; mais
par des arrangemens que je vais proposer
... Cependant obſervõs auparavant, quel
moyén aſſuré les Brigands de la Nouvelle Librairie ont pris, pᵒᵘ aneantir la por-
cion laborieuse des Genſ-de-lettres...

Ils ont fait enſorte que l'Auteur ne
puiſſe vendre ſon manuſcrit ; ne le puiſſe
faire imprimer à ſes frais, ſans ſe ruiner.
Il ne peut donc pas travailler ; il ne ſaurait
faire jouir le Publiq de ſes travaux ; il ne
peut metre ſa Nacion au courant des
nouvelles lumières : Car, quelqu'excellens que ſoient les Ouvrages du dernier

siècle, On ne peut difconvenir, que la plûpart de leurs verités ne foiét devenues triviales, ou par le fond, ou par l'habit: Il faut donc les habiller à neuf, p.^{our} les rendre frapantes, & ajouter mêmê au fond quelques traits, qui ont échapé aux Auteurs du fiècle de Louis-XIV, ou du comencement de Celui-ci, afin de leur doner un éclat nouveau & de l'efficacité... Il eft fi vraì que l'Auteur ne peut plus fe defaire d'Un Manufcrit, qu'à-l'inftant, en 1796, je viéns d'être obligé, p^{our} vivre, d'abandoner Un Ouvrage tout imprimé, p°^{ur} le prix que m'en eût doné la Veuve *Duchéfne* en manufcrit, perdant ainfi tous les fraìs de l'impreffion & du papiér, c'eft-à dire, tout ce qui me reftait de mes debris. Hé! coment des Genf qui trouvēt de pareils marchés, fe determinerait-ils à l'aquificion d'un Mff. & à le faire imprimer à leur compte? Çe n'eft pas tout, çe qui achève de me reduire à la plüs profonde misère, & me conduira fans-doute au desefpoir, c'eft la perte de cet Ouvrage-ci, qui peutêtre va m'être enlevé de la manière la plüs aftucieuse & la plüs infame: ç'eft le nonplacement de 2 Mff. qui m'ont coûté une añée de travail, piquans tous-2, d'un genre abfolum^t nouveau, & d'un debit affuré. Mais euffét-ils un plein fuccès, les Brigands de la Librairie actuelle ne fe-

raiēt pas un profit proporcioné à leur brigandage ordinaire ; B. V. B. L. B. M...
ne gâgneraiēt pas afféz. Je mourrai donc
de fim, ou je me noierai de desespoir, a-
près un travail de X Volumes, abfolum.ᵗ
achevé: en un an. ✝ Mais cet abus ne
ne peut durer longtemps. On abandon-
nera le champ de la Litterature, & Ceux
qui l'auront détruite, auront eux-mêmes
tari la source où ils puisaiēt pᵒᵘʳ leur brigandages. Car les Livres ne se confomēt
pas come les comestibles ; les anciéns Livres durēt plūs d'une Generacion ; On
en est raffasié, tant bons foiēt-ils, come
le Rustre de notre Fabuliste de pâté d'
Anguilles : Il faut de nouveaux Ouvrages, fusset-ils inferieurs, pᵒᵘʳ entretenir
le goût, ou reveiller l'apétit. S'ils man-
quēt, le goût s'éteint, verité que le 3-
fois infenfes *Laharpe* n'a pas feulemént
entrevue, quand il critiqua mon PAYSAN
PERVERTI avec tant de virulence & d'a-
charnement ! verité, dis-je, demontrée
par l'experience, chez tous les Peuples
retombés dans la barbarie : Pour ne point
parler des Peuples plūs anciéns, dont l'
Histoire atefte les lumiéres, les Grēgs a-
vaiēt de fuperbes Ouvrages, que leurs
Sofistes furēt loin d'égaler ; & cependant Ceux-ci entretinrent le goût de la
Litterature, & la Grèce ne retomba dans
la barbarie, que lorfqu'ils eūrēt ceffé...

Juvena LES Romains furēt ensuite dans le même
cas : Ils avaiēt les immortels Ouvrages
de *Terence*, de *Ciceron*, de *Virgile*, d'
Horace, d'*Ovide*, &c. Le goût de leurs
Chéfsdœuvres fut conservé par les 2 *Se-
nèques*, *Lucain*, *Petrone*, *Marcial*, *Tacite*, *Suétone*, *Marc-Aurèle*, *Silius*, *Ju-
lién empereur*, &c... Mais dès que les
nouveaux Auteurs eúrēt cessé d'écrire,
après Theodose, l'ignorance & la barbarie comencèrēt. C'est le sort qui nous a-
tend : Les infames Brigands de la Litterature mourront de faim, au-milieu des
magazins de leurs bons Livres, après a-
voir fait perir Ceux qui en entretenaiēt
le goût...... Mais je propose au Gouvernement, p^{our} la punicion des Brigāds,
& afin de prévenir les malheurs qu'ils vōt
causer, Une double mesure, qui est le
principal objet de cette JUVENALE.

*La 1re mesure consistera, vu l'immora-
lité présente de presque tous les nouveaux Facteurs des Gens-de-lettres, à former Un Eta-
blissement désiré de Tout le monde, pour l'impression et la vente des Ouvrages, qui soit
absolument independant du Brigandage.*

*1. Il faudra former une Société, que nous
apélerons Société-mère des Litterateurs :
Elle aura tous les priviléges de la Librairie, et d'autres plus distingués, come d'envoyer par les voitures-publiques, pour les pa-*

quets, à-moitié prix, auec cette seule inscri-
ption, Livres, ou come autrefois Libri:
† 2. Elle aura la faculté d'obliger tous les
Journalistes, sans excepçion, à inserer dans
leurs feuilles l'annonce qui leur sera envo-
yée par le Président de la Soçiété-mère.
† 3. Elle aura, dans chaque Ville un magazin, aux frais de la Naçion. (L'on a vu
que l'utilité de la Litterature, et des Sciences en-general, mérite bien que le Peuple
entiér porte cette charge, qui d'ailleurs est
peu de chose). † 4. Pour assurer la vente des Ouvrages, à un nombre suffisant,
pour tirer les frais, chaqu'une des 1500 plus
grandes Villes de la République sera tenue
d'en prendre un Exemplaire: Les autres seront vendûs au Publiq, à volonté. (On
voit que la charge ne sera pas pesante, pour
les Villes). † La 2 de mesure, qui est tres-
importante, sera la propriété donée à la
Soçiété-mère litteraire, de tous les Ouvrages ançiéns, qu'elle fera réimprimer, dés
que ses Gardes-magazins auront annoncé,
qu'il n'y en a plus que cent Exemplaires.
L'ordre, dans cette réimpression, sera, que
les 3000 plûs grandes Villes de la Republique, en prendront, ét paieront chaqu'une
un Exemplaire: Ce qui assurera toujours,
ét au-delà, une rentrée des frais de réimpression, ét un profit. Ce profit sera ainsi
reparti. Chaque Litterateur nouveau, laborieux, à la publicaçion de son 3e Ou-

vrage, en 2 Volumes aumoins, de 3 ou 4 cents pages chaqu'un, recevra, en gratificacion, un tel ancien Auteur, ou la moitié de cet Auteur, ou le quart, mais un centième, un milième du produit genéral. On surveilera les Magazinéˢ, et on donera le signal des réimpreſſions: On prendra la moitié du produit du gain net, tous frais prélevés, a-moins que l'Auteur n'eût des Héritiers, qui feront toujours préférés, pour la moitié du produit net: L'autre apartiéndra aux Litterateurs en maſſe. † Il aifé de fentir, combien cet arrangement ferait utile, et contribuerait aux progrès des Lettres. Il eſt inutil de dire, que les Ouvrages infames, tels que D. B. Thérèse-Fil. Juſtine, et tous ceux de ce genre, ne pouraient être imprimés aux dépens de la Société-mère. Mais·Ceux-là excepté, elle imprimerait tout le reſte. Une·autre excepçion, c'eſt que lorſqu'un Auteur aurait été ſuſpendé, come fou, deux-fois-de-ſuite, la Société-mère nomerait un Cenfeur pour ſon 3e Ouvrage, et pourait alors le refuſer. Mais l'Auteur pourait faire imprimer le 3e Ouvrage a ſes frais, et ſ'il était trouvé bon, ſa tache ferait lavée; il rentrerait dans ſes droits; il participerait au privilége d'avoir ſa porçion dans les ançiens Auteurs, etc. † Telle eſt la propoſiçion, digne d'une République puiſſante, que je

fais

ſais à notre Gouvernement. Son admiſſion aurait une foule d'avantages, dont le principal ſerait de mettre l'eſprit au deſſus de la matière, ét de propager l'inſtruction autant qu'elle peut l'être, même chéz les Naçions Voiſines.... On obſervera, que l'Exemplaire, mis dans la Bibliotéque de chaque Ville, ſerait lu, à tour-de-rôle, par tous Ceux qui le demanderaient; ét que l'Exemplaire uſé, la Ville en acquerrait un autre. Ce ſera-là un fond perpétuel, inépuiſable, pour la Littérature, cet art ſacré, dont tous les Peuples ſages ont ſentì l'importance, ét qu'ils ont tous honoré! † O mes Concitoyens, voyéz où vous alait conduire le régime Wandal, que les Royaliſtes ennemis voudraient faire renouveler! (Car le Prêtre, le Dévot, le Royaliſte, le Jacobin outré, tous les Exagerés de tous les Partis, ont le même but, de vous égarer, de vous perdre)! Hâtéz-vous de prévenir leurs deſſeins! Retabliſſéz l'empire des lumières, de la raiſon, par tous les moyéns poſſibles! Mais le principal eſt de délivrer la Littérature de ſes Bourreaux, des Libraires immoraux, des Brigands, come B, B, V, B, M, T, F, P, D, D, J, D, L, P, etc. ect. au nombre de plüs de deux-cents, qui ont ſtupidement juré ſa deſtruction! de tout contrefaire! de ne payer aucun mſſ, d'empêcher ainſi l'exiſtance des Auteurs!

XVIII Partie.   V v

93. IMMORALITÉ DE LA GENERACION PRÉSENTE (1789-1798).

*INFORTUNÉ! à quelle Epoque ter-
rible de la ferie des temps, fuis-je donc
né? Quoi! plus de vertu fur la Terre!
plus de fentiment de juftice, d'humanité, de reciprocité, de fociabilité! Hé-
mais, le mot de Hobbes eft donc enfin ve-
rifié, Homo Homini Lupus. — L'Home
eft pour l'Home une bête feroce-! Qui
donc a porté à fon comble, cette Immoralité deteftable? L'influence donée à la
Populace. § Ici Un Purifte, ou Un
Sot, c'eft la même chofe, m'arrête, &
me dit: — Que nomes-tu la Populace?
Eft-ce qu'il y a Une Populace? Le Peuple eft refpectable-... O Brute, qui te
crois filofofe, je vais te prouver le contraire. § Il exifte Une Populace, &
cette Populace eft audeffous des Animaux: C'eft à cette Populace, que le
Gouvernemt Robefpierre & Collot, dona
la funefte influence qui nous a demorali-
sés, perdus. — Definis-moi la Populace?
— C'eft ce que j'alais faire; & tu verras Ja-
cobin-Wädale, qu'il exifte une Populace,
bién audeffous des Animaux. La Populace des Villes furtout, eft compofée non-
feulemt d'Êtres fans principes, mais d'Individus qui ont de mauvais-principes;
c'eft-à-dire, les principes de l'Home ifo-*

lé, non-vivant en Société, fortifiés par les leçons & la recommandacion, par toutes les paſſions viles & criminelles. Ecoutéz & voyéz les Gens de la Populace endoctriner leurs Enfans ; Ils leur recomandent brutement, crîment l'interêt perſonel, aveugle, & ſans égard aux raports ſociaux. Il en reſulte que l'Home de la Populace, eſt, par ſon éducacion caſanière, énnemi de la Société, come des devoirs qui la maintiénnent. — Tu es bién bête (diſent un Père, une Mère, à leur Fils, à leur Fille), de ſouffrir qu'on te repouſſe ; qu'on t'empêche de prendre telle choſe ? N'as-tu pas droit à tout, come les Riches-?... Hé! d'oùviént ſont-ils riches ? C'eſt qu'ils ont pris, qu'ils ont volé... Fais come ils ont fait, eux, ou leurs Pères & Mères-. Ils ne diſent pas cela auſſi clairement, car ils ſont auſſi méchans que ſtupides ; mais c'eſt le ſenſ de leur diſcours, & plûs encore celui de leur conduite. Les Populaciérs attirent, prènent, arrachent tout ce qu'ils peuvent des Autres, préciſement come les Animaux. Mais ceux-ci n'áyant beſoin que de l'inſtinct, ne comettent pas de crime, en agiſſant ainſi ; aulieu que l'Home, qui doit être guidé par la raiſon, le moral, la politique, eſt tenu de diriger toutes ſes actionſ, d'après l'inſtitucion & le but de la Société; Tout Home qui ne pense, ne refléchit pas, come Celui de la Populace, retombe, par la méchanceté, bién au-desfus des Animaux! Car ceux-ci ne donent pas de suites morales à leur égoïfme; il n'est que momentané, ce n'est qu'une boutade: Mais l'Home le plüs stupide raifone le fién, & le rend nuifible aux Autres; & par contre-coup, à lui-même. Car les Autres à fon exemple agiffent come lui. § C'est ici où l'on trouve le comble de la folie, de l'immoralité, dans Un Étre qui devrait être guidé par la raifon. L'Home égoïfte fe montre tel, malgré lui: Pour qu'il pût tirer partide fon égoïfme, que faudrait-il faire? Qu'il pût le cacher à tout le Genre-humain. Mais dès que les autres Homes le voient, fa malice, fon improbité, fon perfonalifme odieux, lui deviènent parfaitement inütiles. Tous les autres Homes en font autant: Aulieu d'y gágner, l'Home fans principes, fans reflexion, ou à mauvais principes, y perd la biénveillance univerfelle, qui est remplacée par la malveillance, par l'état habituel d'Énnemi à Énnemi. Voila la fituacion où f'est mife la vile Populace des grandes Cités, Celle des Campagnes, & à leur imitacion, les états naturellement improbes, come les Procureurs, ou Ceux qui les rempla-

V

cent, les Huissiers, *les Marchands*, &c.
§ Or qu'est-il arrivé, du temps de Robespierre, de Collot, & de ces flagor-
neurs de la Populace? On a doné à ces
Tigres immoraux le pouvoir sur les Honêtes-gens; l'Infame Sansculotisme a remplacé les Seigneurs, en ajoutant à tous
les vices du Cœur-humain, la grossièreté,
l'immoralité d'impudence & d'ignorance,
le sans-pitié du Malheureux qui fut longtemps jaloux, envieux: Ce sans-pitié
est une passion atroce, qui rend l'Home la
plüs cruelle, la plüs dévorante des Bêtes
féroces. § Je suis loin de prendre le
parti des Nobles, & de tous les Opres-
seurs de l'Humanité! Perisse Celui qui
voudra rétablir la Noblesse hereditaire!
Mais c'était une Antropofagerie, que de
metre à la merci d'Une Populace sans-
principes, des Gens qui avaient été dans
l'aisance, qui avaient encore des posses-
sions, des meubles précieux, choses qui
acharaient sur eux Une Populace sans
principes, sans lumières: qui était à cent
lieues de s'imaginer, que les richesses,
malgré leurs abus, sont des reservoirs
necessaires, dans l'état de sociabilité,
même dans l'état sauvage, s'il était possible que les richesses y existassent.

En-effet, qu'est-ce qu'une fortune?
C'est un amas de moyéns. Ces moyéns,

quoique la propriété d'Un-seul, n'en sont
pas moins une ressource pour la Société :
Car il faut que le Riche depense necessairement, qu'il use, ou qu'il abuse.
S'il use, il fait faire des Ouvrages, des
travaux, qui emploient des Homes de
presque tous les états : S'il abuse, il solde
des Catins, des Gens de luxe : Mais ces
Catins, ces Ouvriérs de luxe, sont obligés
d'employer, pour leurs jouissances, les
Artisans, les Artistes utiles ; les Cultivateurs, les Nourrisseurs de Bestiaux, de
Voláilles, & tous leurs alentours : Les
gazes de la Fille-perdue font aler la culture des Múriérs, le soin des Vérs-à-soie,
la semáille & la multiplicacion du lin ;
la fabricacion des toiles & de la dentelle ;
des étoffes de soie, &c. Le Consommateur
fait tout travailler ; il ne garde rién de
ce qu'il reçoit, que l'argent soit aquis
par des travaux utiles, ou par le libertinage ; tout-cela est égal pour l'Artisan,
& pour le comerce… Il faut donc des
Riches, qu'ils usent, ou qu'ils abusent.
En detruisant les fortunes, vous ôtéz à
l'Ouvriér, à l'Artiste les moyéns de subsistance. Les Vandales, & leur vile Populace, si follement encouragée au vol,
étaient donc des Fous, des Subverseurs de
toute Société. L'immoralité où les Wandales ont plongé la Populace, en lui di-

sant: — *Tu as besoin! va, vole, les Riches;* équivalait à ceci: — *Tu veux du fruit; coupe cet arbre, & tu le cueilleras* —: Et il se trouve encore des Insensés, des Scelerats plûtôt, qui hesitent à se prononcer contre les Wandales. O Malheureux! plüs sot que des Enfans, & que le Sauvage de Virginie, que tu me fais pitié! § Voulez-vous savoir encore une des causes des sotises, des impericies sans nombre, qu'a faites le Gouvernem.t de Robespierre & de Collot? La voici: C'est d'avoir cru que les choses qui existaient, étaient toutes des abus irreflechis! On n'imagine pas combién cette idée-là est dangereuse! C'est Jean-Jaques-Rousseau qui nous a amenés à raisoner ainsi. C'était d'après Voltaire tout le contraire, qu'il falait dire, en voyant une chose établie. — On a trouvé de bones raisons, ou des raisons plausibles, seduisantes d'établir ceci: Cherchons-les—. C'était ainsi qu'il falait raisoner. Les Wandales au contraire ont dit: — Cela existe; donc c'est un abus! Quelle malheureuse présompcion fesait raisoner ainsi? Ce ne pouvait être que la présompcion, le delire des Sots. Cependant tout le monde avait lu dans Voltaire, que jamais toute une Nacion ne peut avoir tort. On devait donc chercher les causes des abus:

Et l'on aurait trouvé, que ces prétendus abus, étaient de moindres maux, substitués a de plus grands. Auſſi, qu'eſt-il arrivé, quand on a voulu les reformer tout-d'un-coup, ſans préparacion? Qu'on a plongé la Nacion entiere, dans une calamité ſans mélange? Mais qui a causé cette précipitacion? La Populace ſans-principes, ou les Scelerats, qui ſuivaient exprès les ſentimens aveugles de la Populace.... § On dirait que la Morale, a été faite par les Coquins, qui ont dit aux Autres, —Ne ſoyéz pas Intrigans, ſoyéz deſintereſſés, &c. précisément afin de pouvoir être plüs ſûremen intrigans, intereſſes, voleurs, &c. En-effet, nous voyous que ces Êtres immoraux ſ'emparaient des richeſſes, en prêchant aux Autres le deſintereſſement; nous voyons le luxe odieux revenir, avec toute ſon impudence. Qui le ramène parmi nous? L'or de Pitt, ou de l'Angleterre, & le vol, le monopole, l'accaparement, l'agiotage dirigés par lui tombent ſur nous. Infortunés! Ceſt l'or de l'Angleterre effrontement reçu, effrontement dépenſé, qui augmente la miſere publique! Un Conſommateur vorace come Hercule, abſorbe à lui-ſeul, ou avec ſes Agens, la ſubſiſtance de mille Perſones; il augmente, par ſon exceſſive conſommacion, & par le prix exorbitant qu'il

Juvenale.

peut mettre aux denrées, la cherté de celles-ci. Il les arrache non-seulement aux Pauvres, mais aux Demi-fortunés, qui ne peuvent plus y atteindre !... Et on le souffre ! Et on n'éclaire pas la conduite de cet Home páyé par l'Angleterre & qui devaste sourdement son Páys de la manière la plüs efficace !... Et l'on ne reprime pas cet Femme, à fortune immense, qui agiote, & fait agioter pour elle, 200 Persones, qu'elle enlève nuisiblemt ainsi aux Arts & aux Metiérs ! qui multiplie à Paris les Chevaux de luxe, & leur consomacion ruineuse !... On laisse aler cette autre Femme, qui... Mais je m'arrête : Il est trop-tôt encore pour la designer.... § —On ne voit cependant pas de guinées ? Et vous dites que l'Angleterre solde... ? — Tu ne les verras pas, les guinées ! Hé ! quel moyén as-tu de les faire couler chez toi, si tu n'es pas Un Accapareur, Un Voleur, Un Agioteur ? .... On n'en voit pas ! Il est des Gens qui les voient, qui les palpent, & qui ont l'art de renvoyer tout ce numeraire étrangér dans les mêmes mains qui l'ont fourni-.... § Quel état de choses ont amené l'égoïsme & l'immoralité présente !... Il n'a jamais existé chez aucu'un Peuple, dans aucun temps un égoïsme, une immoralité pareils !... l'Home laborieux, probe, qui toute sa vie a travaillé, se trou-

ve, sans imprudence, sans sotises, denué,
privé du fruit de ses travaux! C'est entre ses mains, c'est dans celles de ses Debiteurs, que sa fortune est fondue! Qui
l'a trompé? Il ne le sait pas; ou dumoins il n'ose pas le dire! C'est le Publiq, c'est la Nacion elle-même, qui a
été l'attendre au coin d'un bois, & qui
l'a volé!... Quoi! la foi-publique l'a
trompé! & il meurt, il expire de besoin,
parceque la foi-publique s'est prostituée
au vol! Chose horrible, inconcevable effet de l'immoralité de notre temps présent,
le Citoyén a été trompé, par ce qui a toujours été le refuge, le reconfort des Humains, jusqu'à notre époque desastreu-
se! Que deviéndra l'Enfant infortuné,
si sa Mère elle-même, lui done de l'eau,
aulieu de lait?... Mon or, mon numeraire m'ont été visiblement enlevés, par
mes Concitoyéns plüs adroits: Ils me
l'ont légalement ôté, & m'ont donné en
place des feuilles de papiér, audessous de
sa valeur materiellé, s'il était tout-
blanc (5)!... Et je n'ai point de recours!
Et je n'ai point de lois, dont je puisse
reclamer la protection! Point de Gouvernemt que je puisse invoquer! L'Agioteur
insolent, impudent, agiote ma vie, come ma monaie, & me depouille, autori-

---

[5] Un *Comité*, et la *Tresorerie* fesaient ces belles
opéracions... La mort! la mort à ces Scelerats!

sé par les lois! O Fonctionaires-publiqs,
il falait mourir, plütôt que de souffrir
cet horrible abus des lois sociales!....
ҩ Nos Énnemis rient de nous! Les É-
trangérs qui sont ici, insultent à notre
detresse! ils l'augmentent par leur opu-
lence, & la bravent! Nos Agioteurs,
après avoir sassé, ressassé les Assignats,
le germe des Mandats, font une hausse,
ou une baisse factices d'argent; en profitent pour deposer tout leur papiér, entre
les mains des Dupes, & bravent la mi-
sere-publique, avec le numeraire, qu'ils
ont accaparé! Si nous recourons aux
Gens qui nous doivent la repression de ces
abus, ils nous repondent: — La Constitucion s'y opose—... Et, Scelerat, si la
Constitucion s'opose à toute espèce de reforme des Abus, pourquoi donc l'a-t-on
faite ainsi? Est-ce pour nous tirer
notre âme goutte-à-goutte, qu'on nous a
fait Une Constitucion vicieuse? qu'on
nous a leurrés, pour nous la faire accep-
ter? ҩ Qu'est-il resulté de toutes les
impericies qu'on a faites, depuis 1792?
De la bride lâchée sur le col aux Vicieux,
depuis 1794? De l'anarchie raisonée,
qu'on a établie, depuis 1795, & l'accep-
tacion de la Constitucion? Que le lién
social est dissous: Que chaque Home, é-
goïste infame, ne songe qu'à lui: Que

Juvena
la.

l'Home, en s'isolant ainsi, s'est volontairement privé de tous les secours, qu'il
pouvait tirer de ses Semblables ; que ce
malheur étrange, le seul auquel eût re-
medié en partie le Cristianisme, cette absurdité morale, dont tout le monde sent
les effets, mais que l'Home éclairé aper-
çoit tout-seul, a rendu les Français actuels, quelques Fripons exceptés, aussi
vils, aussi malheureux, que les Ægy-
pçiéns actuels. Hé! qui sait combién du-
rera cet avilissement? Celui des Ægyp-
çiéns, autrefois si distingués, dure depuis
l'entrée de Cambyse dans Mémfis! Jamais, depuis 3-mille ans, ce Peuple infortuné ne s'est relevé de son avilissemt....
Redoutons le même sort, ou plütôt nous
l'avons deja.... Ceux-mêmes qui devraient avoir de la vertu, disent haute-
ment: —Chaqu'un pour soi—. Miserable! qui as des lumières, & qui tiént ce
vil langaje d'Agioteur, sais-tu où il te
menera?... A la douleur, à la misere,
à la mort, sans qu'Auqu'Un des cœurs
que tu as endurcis par ton exemple, ait
pitié de toi!... ? On fait pis encore:
On dit impudemment à Un Artiste, de
tout genre, —D'où-viént as-tu pris Un
état de luxe? D'où-viént n'es-tu pas
Cordoniér, Tailleur, Masson?... O
Malheureux! ô Infame, qui fais ces

D'où-viént,

D'où-viént, ces Pourquoi, d'où-viént as-tu replongé la Nacion dans une telle barbarie, que les Lettres & les Arts n'y ont plus lieu? D'où-vient, Scelerat, as-tu fait retrograder les lumières, l'intelligence, qui est la seule chose, par laquelle vaille l'Espèce-humaine! Sacrilége! d'où-viént nous as-tu degradés? D'où-viént nous as-tu raproché des Bétes?... — Mais c'est le Wandale. — Repare-donc le mal qu'à fait le Wandale! Nourris Celui que le Wandale avait tacitement proscrit! La Nacion lui doit la nourriture, que les Meneurs stupides de la Nacion lui ont ôtée.... Mais la Nacion a établi Un Institut, où elle a recueilli les Gens-de-lettres, les Artistes... Oui, les Intrigans, les Immoraux, les Boursoufflés, les Seducteurs de Femmes & de Filles, les plus deshonorés des Auteurs, & toutes les Nullités de merite de la Litterature & des Arts! Voyéz la Liste..... Voila Ceux qui ont enlevé la subsistance aux veritables Gens de lettres..... [Quand on parle des *Intrigans*, il n'est ici question que des prétendus Moralistes de la 1de Classe, de cette Foule de Libertins affamés, sans nom, sans vertu, qui se sont jetés-là en force, pour écarter par leurs voci-feracions effrayantes, tout ce qui a quelque méri-te. Il n'est que les Scelerats, qui ont pu les braver: Pour l'Auteur de cette *Juvenale*, il ne s'en est jamais avisé: Mais Un-autre l'a prostitue devant cette Tourbe enragée.... Je reconais que la 1re Clâ-

XVIII Partie.   U u

Juvena- ſſe eſt compoſée, come elle le doit être, des ſeuls
le. Homes qui en fuſſent dignes, les *Lalande*, les
Simon-Laplace, les *Lagrange*, & de tous les
autres Savans]. § *Ainſi dans ces temps
malheureux, le merite eſt baffoué! Non-
ſeulement on lui dit;* —Pourquoi n'es-tu
pas Cordoniér, Tailleur-; *(Merciér me l'a
dit) mais on porte la deriſion, juſqu'à lui
ſubſtituer les Jnutiles, les Oiſifs, Ceux qui
n'ont jamais été d'aucu'une utilité! C'eſt
le comble de l'injuſtice, & de l'infamie!
Tel Home, qui n'eſt pas de l'Inſtitut, que les
Êtres nuls ont proſcrit, en ont éloigné, a,
pendant 15 ans, fait ſubſiſter 13 Pères-
de-famille, Jmprimeurs, Libraires, Bro-
cheurs, Graveurs, Tailledouciérs, Pa-
petiérs; & cela par ſon ſeul travail. Aux
depens de qui? De l'Étrangér, qui ai-
mait ſes Ouvrages, qui les tirait de France: Et pourquoi les aimait-t-on? Parceque ces Ouvrages, remplis de choſes,
ne perdaient rién, lus par des Proſelites
demi-inſtruits de la langue, ou traduits
dans celle de l'Étrangér.... § Mais
il eſt Une choſe bién plüs facile, & plus
importante à prouver aux Êtres immoraux de notre ſiècle: C'eſt que l'Home-
de-lettres, l'Artiſte, traités d'Homes-de-
luxe, par les Sots d'aujourdhui, eſt l'Home eſſenciel, dans toute Société; parceque c'eſt l'Home qui done le prix à tou-*

tes les jouïssances. § En-effet; n'áyez
que des Agriculteurs, des Massons, des
Constructeurs, des Tailleurs, &c. vous
aurez du bléd, du vin, des maisons, des
habits: Mais vous les aurez sans desir:
Mais l'Agriculteur, qui n'aura que son
pain, ses victuailles, sans les jouïssances
excitatives des Arts, sera sans stimulant, sans énergie; il travaillera peu, &
seulement pour l'absolu necessaire. Ce
sont les Gens-de lettres, les Artistes de
tous les genres, qui changent les gueréts
en mines, d'où ils forcent l'industrie de
tirer, pour atteindre à eux, des tresors
qui n'existeraient pas. Ils les créent
donc, plûs que les bras qui les exploi-
tent. Ils enrichissent le Cultivateur, en
l'instruisant, l'amusant, l'ornant. Sans
l'Home-de-lettres qui, ne fît-il que des
Romans, aigüise, stimule l'esprit, le
travail serait pauvrement, peniblemnt
difficil; il serait tout-corporel; l'Artiste
l'allége, l'agreabilise, le volatilise par le
desir, & la Société fleurit. Il falaitque les
Wandales, les Dumas, les Marat, les
Tainville fussent de grands Fous, des Gens
absolumt inexperimentés, s'ils sepersua-
daient qu'UneGrande Nacion peutêtre laborieuse, heureuse, par la seule Agriculture
& les Metiérs! Elle ne serait que malheureuse, pauvre, paresseuse, avec tous les

Metiérs neceſſaires, unis à l'Agriculture! Bién pliis: Si l'on n'uniſſait pas aux
Metiérs, un art embelliſſant, on en deſi-
rerait infiniment moins les productions;
elles ſeraient ſans prix excitatif. Une
Jeunefille (je l'ai vu; car j'obſervais),
à laquelle vous promettriez des ſouliérs,
ne travaillera pas pour les avoir: Faites-
les faire avec élégance, brodez-les; mettez-y des boucles brillantes.... Joignez-
y de jolis bas à coins, qui lui embelliſſen̄
la jambe: la voila toute de feu; elle travaille avec ardeur, elle en vaut 2... C'eſt
qu'elle veut plaire, & que l'art joint au
metiér qui la chauſſe, embellit le beſoin
.... Il eneſt ainſi de tout le reſte. L'Art-
de-luxe, mepriſé par d'inſenſes Moraliſtes
a vues courtes, par Merciér, eſt l'âme du
Corps politiq. Otéz l'âme; le Corps n'a-
git plus; il eſt mort. Verité importante,
que je n'ai vue traitée nulle part.....
§ Autre exemple. L'Horlogerie eſt certainement Un art-de-luxe: Mais moi,
qui ai vécu avec le Peuple, que d'efforts
j'ai vu faire au Cordoniér, au Tâilleur,
au Garſon-Boulangér, pour avoir Une
montre? L'Horlogér était, pour ces Genſlà, le pliis excellent des Moraliſtes. Di-
tes-en autant de tous les Arts. Ils ſont,
je le repète, l'âme de la Société. § Un
Jeunehome, Une Jeunefille ont lu; ils ont

trouvé delicieux les plaisirs de l'esprit:
Hé-bién, j'ai vu, ô Gouvernans! (car
je ne parle jamais qu'après avoir vu);
j'ai vu des Troupeaux de Garſons, de Jeune ſfilles, menés tout le jour, toute la ſe-
maine, par l'eſpoir de lire 2 heures le
ſoir; Un Dimanche, Une Fête, tel Livre deſiré. C'etait Un ſtimulant puiſſant,
& prudemment employé, le plüs efficace
de tous. § — Mais (diſait le Wandale),
ſans les Arts, ſans les Lettres, tous les
bras étant à la Culture, nous aurions le
neceſſaire en abondance; & avec cela,
nous nous paſſerions des jouiſſances re-
cherchées, corruptrices.... — O Malheureux & ſtupide Wandale! qu'on voit bién
que tu n'as pas étudié la Nature, & que
tu ne conaiſ paſ les Homes! Tu n'aurais pas le neceſſaire: Tes Agriculteurs,
ta Nacion agricole, ſans les Arts, ſerait
pire que l'Eſpagnol indolent & malheureux; elle reſſemblerait au Canadién in-
ſouciant, qui, au riſque de mourir de
faim, ne court chaſſer que lorſque la faim
le preſſe. — Pourquoi cela? C'eſt qu'il
n'a qu'Un ſeul ſtimulant, la faim. L'Eu-
ropean policé au contraire, en a cent; &
quand l'Un manque, l'autre le remplace, ou le revivifie. § — Mais vos Arts
efficaces pour ſtimuler, portent au crime,
à l'injuſtice, au vol? — Sois de bone-

foi, Wandale, & conviéns que cez abuz sont dez excepsions. Je m'en raporte au Genre-humain : Qu'il prononce. Sur mille Homes, que lez Artz excitent, y en a-t-il 2 qui se faffent voleurz par le desir du produit de cez Artz ? Non: La maffe eft portée, excitée au travail. Et avec de bones-loix (Wandale), la totalité y sera portée. Mais il ne faut pas, come tu le fais, depuiz l'Institucion du Juré, & dez nouveaux Tribunaux, qu'Un immoral Defenseur-Officieux, puiffe venir, souz prétexte de defendre fon Client, tourner le crime en plaifanterie, l'excufer, & le faire paffer pour Une bagatelle, dans l'efprit du Coupable, & danz ceux dez Affiftans?... Que le Juré abfolve, aprèz cela, l'Accufé ainfi defendu, ne doit-il paz retomber danz le crime, careffé à l'audience même?... ₰ J'ai enfuite à reprocher au Wandalifme Un autre abfurdité, danz laquelle il eft tombé, souz le règne de Robefpierre & Compagnie, c'eft que ces Abfurdes mettaient la matière inerte, audeffus de l'intelligence; la penfée audeffous de la brutitude; l'âme, enfin, audeffouz du corpf. [Ma'gré tous les reproches à faire fi justement aux *Jacobinifme*, c'est fon esprit ardeur qui a sauvé la France de la honte d'être vaincue & partagée par les Ennemis: Au lieu que le Royalifme n'a fait que du mal, sans aucu'une espèce de bien. Voyez ce *Laharpe*]

Est-il possible, en-effet, de ne pas être convaincu de cette verité, que la matiè-re inerte ne ferait rién, s'il n'existait pas Une substance qui la ment, & qui la conait? Qui peut douter, que ce qui ne se conait paz soi-même, & ne conait rién au-dehorf, n'existe pas?... D'apriz cela, que voulait faire le Vandale? Aneantir, autant qu'en lui, l'intelligence, la diminuer autant que possible, pour ne nouz laisser que des corpf, les besoins, les abrutissanz plaisirz du corpf?... Hé! Français! que le Genevois J.-J.-Rousseau vouz a fait de mal, par ses paradoxes! surtout celui qui attaque les Artf & les Sciences, & qui lui fut suggeré par Dide-rot! Quoi! vous n'avez paz senti, que Celui qui attaquait les Etudef, par l'Etude la raison, par le raisonement, les lu-mières par les lumières, était Un Enfant sauvage-Hottentot, qui batait sa Mè-re! Quoi! paz Un de vouz n'a eu l'esprit de dire au Genevois: —Sans la ci-vilisacion, tu ne pourraiz pas ouvrir la bouche; elle t'a formé, & c'est pour la blassémer, que tu emploies les moyénz qu'elle t'a donés. Quand Un Home em-ploie contre les pluz excellentes chofes, les abuz qu'on en peut faire, voici le raisonement qu'il fait: —Le Coutelié est le plus dangereux des Étres! Aneantissez l'art

Juvenal

de la Coutellerie... *Voyez cette Femme enceinte, égorgée sur le grand chemin! C'est par Un couteau! Maudit soient les couteaux! Voila pourtant le raisonemt de Jean-Jaques.* Que l'exalté Diderot ait conseillé à l'exaltable J.-Jaques d'attaquer les Sciences, & les Arts, aulieu de les défendre: Cela était digne de leur bizarrerie: Mais que pas Un Français n'ait satiffesamment répondu aux sofismes de Rousseau, *il faut pour cela que la Nacion, dans certains intervales, soit bién assoupie, bién dormante!*

(Al quando bonus dormitat Homerus)...
C'est come lorsque le même Fou de Genève attaqua les Spectacles: Persone ne lui repondit raisonablement, & le Fou crut avoir raison... *Si je voulais prouver que le pain & le vin sont des alimens détestables, je ne manquerais pas de sofismes, & j'en trouverais pluisque Linguët:* Mais, si je voulais prouver, & l'utilité des Sciences & des Arts, & celle des Spectacles, & la bonté du Pain & du Vin, *j'en trouverais cent-mille-fois plus, & de meilleurs, que pour ataquer ces incontestables verités.* Voici donc come il falait repondre à la Tête-félée de Genève, à cet Home autant audessouz de Voltaire, que N*** ou Jeannot sont audessous de Molière: *Il falait prendre, avec*

sa même marche, son même style, ses mêmes preuves, la proposicion contrai-re, & ne faire qu'Une douzaine de pages; parceque le Lecteur se serait arrêté, en disant, —On ne prouve pas cela: *Ces verités sont trop claires—!*

O temps qui as précédé nos folies actuelles, que tu étais digne d'être leur Père! Une seule chose me console un-peu de nos folies, c'est que presque toutes nous ont été soufflées par des Étrangers, fous, ou atroces! *Jean-Jaques* pour les Lettres; *Necker* pour les Finances, *Marat* pour la Politique revolucionaire.... Et si j'avais le temps de rechercher, combién ne trouverais-je pas d'Éträgérs, qui nous ont perfidem⁺ égarés, ne fût-ce que *Law?* Quatre en un siècle, c'est Un par 25 ans, ou par généracion: La France a eú par époque, son Charlatan seducteur, come nos anciéns Rois avaïe leurs Fous. Hâ! que *Voltaire* avait raison côtre *Rousseau!* § Ai-je rassemblés dans ce Tableau, tous les traits de notre immoralité? Hô! que j'en suis loin! Il m'en vient Une foule, dans le silence des nuits: mais les soins d'Une vie malheureuse; la multiplicité des Ouvrages necessaires pour subsister, les efface de mon imaginacion. ... Appuyons cependant un-peu plûs, sur l'immoralité stupide de nos Cultiva-

V juvena

teurs & de nos Marchands. ¶ Qu·eſt-
ce, en générale, que nos Cultivateurs?
La maſſe n'eſt compoſée que de Fermiérs.
Ce ſont des Homes de la Clâſſe des Pauvres, mais qui n'en ſont ſortis que par
Un-peu plüs d'aſtuce & d'âpreté que les
autres Páyſans: (Car ceux des Fermiérs
qui ne ſont ſortis de la miſère que par le
goût du travail, quoiqu'il y en aìt, ſont
ſi rares, qu'ils ne font qu'Une excepçiõ),
Ces Fermiérs riches ſont donc à-peu-près
les plûs immoraux des Campagnards.
Voila Ceux auxquels eſt confié le ſoin de
la ſubſiſtance générale, travail neceſſaire, & pᵉᵘʳ lequel il faudrait avoir, quãd il
ſ'agit de locacion de ferme, en bone Politique. Une atteſtacion de bones mœurſ.
Eſt-il étonant que de pareils Homes, dans
le temps où nous vivons, ne tendent à
rién-moins qu'à faire naître la famine,
en rendant impoſſible la ſubſiſtance aux
Artisans, aux Artiſtes, aux Rentiérs, à
ces Infortunés jadis enviés, depuis ſi mi-
ſerables ! Si les Cultivateurs n'étaìt pas
des Buzes, des Êtres tout-à-fait mate-
riels, dont l'eſprit n'eſt pas cultivé,
dont ſa raison n'a pas plüs d'étendue que
celle du Bœuf qu'ils vendent ſi chër, ils
verraient l'inconvenient de ſ'isoler, de ſe
barbariser, de ſ'hoſtiliser avec le reſte de
la Naçion ! Ils ſentiraìt que biéntôt l'eſ-

prit l'emportera fur la matière, & que le
fûr moyén d'aler à l'efclavage, c'eft de
profiter des circonftances momentanées,
p^{or} f'ériger en durs Tyrans du refte de la
Société! S'ils conaiffaît Un-peu l'hiftoire
des Páys étrangérs, le fort des *Pulchis*,
des *Poulachis*, des *Siripères* de l'*Inde*,
les ferait trembler!... § Les *Indous* O-
rientaux étaît autrefois le Peuple le plüs
fage de l'Univërs: Et cependant on voit
chéz eux des Usages qui revoltent l'humanité! Entendéz le Rheteur *Diderot*,
cet *Egarateur* du facil, du naïf, depuis,
du fou *J.-J.-Rouffeau*, fe récrier dans
fa 1re *Encyclopédie*, fur ce qu'il apelle
la barbarie des *Bramines*. Il dénombre
les *Caftés Indiénnes*, qui femblent toutes
graduées, en raison de leur inutilité: Les
Brames ou *Bramines*, uniquem^t chargés de fonctions du Culte, composent la
1re.... Les *Naïres*, ou Soldats, la 2de:
Les *Vénffas* ou Marchands, la 3e: Les
Parias, ou Laboureurs, la 4e: Les Artisans, ou *Poulachis*, la 5e; ce font les
Cordoniérs, *Tifférs*, *Tailleurs*, *Maffons*,
Menuisiérs, *Charpentiérs*, &c. La 6^e
eft composée des *Pulchis*, come *Mégif-*
fiérs, *Tanneurs*, *Tueurs d'Animaux*, *É-*
corcheurs, &c. Ils font infames, & ne
peuvent aprocher les Caftes fupérieures.
Les *Siripères* ne font pas Une *Cafte*; ils

n'en ont pas le titre: Ce font des Malheureux, tels que nos *Cagots* des *Pyrénées*,
méprisés, repouffés, qui ne peuvent habiter les Villes, qui n'ont que de pauvres
Habitacions à-l'écart ; qu'on peut tuer,
f'ils aprochent… Quelle peut être chéz
Un Peuple fage, l'origine d'Une pareille degradacion? § On en a cherché dif-
férentes causes. On a prétendu que les
Indous ne donant point la mort, les *Siripères* étaient les Condamnés, ou les def-
cendans des Condamnés à mort, auxquels
on avait interdit toute Société. Mais dās
ce cas, les *Indous* auraient eú inverfe-
ment la même injuftice que nous, qui a-
vions fait une Nobleffe à-jamais héredi-
taire. Il n'y aurait-eú là, ni fageffe, ni
vues morales. Daillurs, ceci ne rend
pas raison de l'avilifſement des 3 autres
Caftes inférieures. Ce n'eft donc pas la
feule, la veritable cause. On fait que les
Caftes font féparées; que jamais elles ne
f'allient enfemble ; & qu'un fuplice, pire que la mort, qu'on ne done pas, eft,
fi Une Fille des Caftes fupérieures, co-
mettait un crime capital, de la doner
p^ou Femme à Un *Siripère*, ou même à
Un *Poulachis*, fi le crime n'eft ni le par-
ricide ni le poison… Quelle peut être la
cause de la *caftacion?* On ne peut la fu-
poser bizarre, chéz Une Nacion, autrefois

fois & peutêtre encore la plûs fage de
toute, come quelques abus de notre barbare féodalité. Elle était filofofique, cette
cause, digne d'un Peuple moral & refléchi... Écoutéz-la, Cultivateurs Français, ou plûtôt antropofages, & trembléz!

Autrefois les *Indiéns* de l'*Indouftan*,
était indiftinctement mêlés: Chaqu'un
f'adonait à l'État qu'il voulait. Mais
biéntôt, Ceux qui exerçaient l'Agriculture, les Métiérs neceffaires, fe *corporè-*
rent entr'eux ; ils f'isolerent, & resolu-
rent de rendre la fubfiftance difficile aux
trois 1res efpèces d'Homes, qui f'étaient
adonées foit à l'étude, foit aux armes,
foit au negoce en grand ; (car les Detaillans ont toujours été méprifés chéz toutes les Naçions, come des Vagabonds,
des Faineans ; dans l'anciénne *Rome*,
le comerce de détail était dévolu aux
Efclâves, & le Patron feul était négo-
çiant).... La coalicion des *Cultivateurs*
& des *Artisans* mit les *Brames*, les
Naïres, & les *Vinffas*, ou Négoçians,
autrem^t grands Manufacturiérs, dans la
détreffe. Ils f'affemblèrent ; ils deliberè-
rent, & conclurent à faire des remontran-
ces aux Laboureurs & aux Artisãs. Ceux-
ci ne montrèrent que de l'orgueil, de la
dureté, de l'infolence (come vous, Agriculteurs *Français*). Alors les *Brames*,

XVIII Partie.   X x

dont l'esprit était exercé, les *Naïres*, qui avait les armes, & qui les savait maniér; les *Vénssas*, qui possédaient les richesses; se reünirent en force, firent la loi des *Castes*, avilirent les Êtres grossiérs, qui n'avait pas senti que l'esprit domine toujours la matière, après avoir été dominé par elle. ✝ Cultivateurs-Français! Massons, Cordonièrs, Boulangérs, voila le sort qui vous attend ! Vous seréz *castés*, avilis, asservis à une féodalité nouvelle, encore pire que l'ancienne ! Changéz de principes, devenéz raisonables !... Hé-quoi, Malheureux, les autres états, que vous avéz toujours recrutés, ne sont-ils pas vos Enfans !... ✝ Mais les *Cultivateurs* ne sont qu'Une Classe des Etres immoraux, la plüs nombreuse à-la-verité, la plüs revoltante; mais non la seule. Je passe aux *Marchands*. ✝ Examinons dabord, quels sont les Homes qui prénnent le parti du comerce de détail, (car je ne parle pas du Négociant), & quelle doit être leur moralité. Elle est absolument nulle. Un Jeunehome qui se destine, par inclinacion, à cet état, est necessairem' égoïste, astucieux de la manière la plüs improbe. Son but est de finasser, de fourber avec tous les autres Homes autant que possible. Cela est si vrai, que si Un Marchand a Un Fils, dont l'éducacion àit élevé les idées , il dédaigne toujours, come vil & peu honête, l'état de fon Père.   † Voila donc l'Espèce de Genf auxquels ce qu'on nome le comerce de détail eft livré! Eft-il étonàt qu'elle le fafle avec la dureté, la cruauté, dont les Détaillans de Paris viénnent de doner le fcandale à toute la République? Eft-il furprenant que leur immoralité àit fait jeter les hauts-cris à tous les Citoyéns? Et fi j'avais eú l'autorité fuffifante, ne les aurais-je pas reduits à l'Une des 3 dernières Clâffes? Peutêtre à celle des *Siripères*, car ils fe font comportés, à Paris, afféz durement, affez inhumainement, afféz odieufement, p^{our} mériter cet avilif-fement civil & moral....   † Le Négociant eft tout autre chose: C'eft Un Citoyén utile, qui fait en grand les échanges des denrées d'un Páys contre celles d'Un-autre: C'eft Un biénfaiteur de l'Espèce-humaine; c'ft Un Home qui .lie entr'elles toutes les Naçions ; qui les fait tirer de leur Páys tout le parti poffible , & les fait jouir de tout ce que produisent les Autres. Il eft auffi grãd, auffi ingenieux , auffi noble, que le Détàillãt (par fes mœurf), eft petit & vil. Eft-il étonant que fous ce point-de-vue, le Marchand-négociant foit eftimé, honoré, le feul individuellem^t noble, en *Tur-*

Juvena-
le.

quie, en *Arabie*, en *Égypte*, & furtout
chéz les Noirs d'*Afrique?* ... Mais votre
petit Détaillant de *Paris*, & des Villes
de l'interieur, eſt touj^{rs}, ou preſque touj^{rs}
Un Scelerat, Un Home nuiſible, Un Fi-
lou, Un Voleur en magazin, ſans moralité, ſans principes. Et voila les Genſ
qui en impoſent au Publiq hébété; qui ſe
diſent des Homes utiles, des Citoyéns:
Tandis qu'ils ne ſont en-particuliér, chaqu'Un que les Accapareurs d'Une mar-
chandiſe; des Emmagazineurs infidèls &
monopoleurs: Hô! quelle difference
de ces Homes au vrai Négociant? à ce
Facteur du Genre-humain, qui n'a audeſſus de lui que le Sage, inſpirateur d'énergie, d'ordre, de lumiere, & de toute vertu!... † Le Cultivateur auſſi eſt quelquefois ami de l'Humanité: Quel Cultivateur que *Juliénne-Belair*, ſ'il était à
la tête de la Culture, non-ſeulem^t d'Une
Province, mais de la République! Quel
bién cet Home éclairé, actif, deſintereſ-
ſé, laborieux, ne ferait il pas? Mais voici le tort que produit l'égoïſme ſtupide; il
occaſione le mal, & empêche la miſe en
place de Ceux qui produirait le bién......

Je me resume. L'*immoralité* de notre
ſiècle viént d'Un Eſprit borné, non-fi-
loſofiq, qui, come le dit quelquefois *Ar-
thaud-de-Bellevue*, n'eſt pas en état de

pousser Un raisonement à sa 3e consé-
quence. Ces Gens ne voyent, come les
Animaux, que la touffe d'herbe à dévorer; les inconveniens ulterieurs leur écha-
pent.   Ils ne voient pas, qu'aubout d'un
temps très-court, tout le mal, monté en
nuage sur leurs têtes, retombe en grêle,
sur eux, autant que sur les Autres. Ils ne
se sont jamais doutés que l'égoïsme bién
entendu, consiste dans la biénfesance,
qui ferait des Homes Une seule Famille,
& dont les effluences retomberaït en douce rosée sur Ceux qui l'auraïét produite.
+ Mais les Homes non éclairés ne com-
prendront jamais cela: Il faut de la reflexion, du bon-sens, un esprit juste p^{our}
sentir cette verité.   Revenons donc aux
moyens naturels de gouverner; choisissõs
les Homes éclairés p^{our} les places, les
emplois: Releguons l'Home grossiér aux
ocupacions grossières. S'il veut s'élever,
qu'il le puisse; mais par des vertus; par
Une moralité sevère; par des lumières
aquises: Qu'en atendant, Ceux qui les
ont, ces lumières, soït seuls promus aux
places importantes, p^{our} y exercr l'Autorité pubïique : Que l'On dise aux Cultivateurs, aux Marchands, à tous les É-
ttes immoraux qui pullulét parmi nous :
— Vous n'obtiéndréz rién que par la moralité, le desinteressement, la justice, la

X x 3

juvena
le.
bonté envërs vos Semblables : Si vous
n'aqueréz pas des vertus, vous resteréz
éternellem^t de vils *Poulachif*, dans les
les Castes avilies. Si vous ne pouvéz pren-
dré fur vous-même de quiter vos incli-
naçions viçieuses & votre habituelle immoralité, dumoins faites élever vos Enfans, de-manière, qu'ils puissent un-jour
parvenir aux grades, que le mérite & la
Capaçité feuls peuvët ateindre… † La
malheureuse manie de vouloir placer le
demerite, p^{our} qu'il se formât aux depens
du Publiq, a tout perdu ! Je fais bién qu'
On voulait exclure des Emplois les Muf-
cadins, les Petitsmaîtres, les Comis corompus de l'ancién Regime : mais il ne
falait pas que le *Sanfculotifme* tînt lieu
de toutes les qualités necessaires : Le defaut de lumières n'est jamais compensé
par les bones-intensions ; & les bones-intensions elles-mêmes ne naissent pas où
manquët toute instruction, toute lumière.
Nous en avons la fatale experience. Il
faut Un Gouvernement aussi ferme qu'é-
clairé, p^{our} les Homes brutes, tels que les
Cultivateurs & les petits Detaillans. Si
vous laisséz floter les rênes fur leur cou,
fous prétexte de liberté, l'avide cupidité
les entraine, & perd la Chosepublique
avec eux. *La liberté, la liberté au Com-
merce !…* Oui, au *Comerce* ; mais non à
l'*Agiotage.*

IMMORALITÉ DES MODES ACTUELLES.

JE n'ataque ici ni le ridicul, ni la mau-
vaise-grace : l'immoralité feule excite
mon indignacion. Cependant l'indécen-
ce, le delábrement & la mauvaise-grâce
font à leur comble ! Coment s'habillét
aujourdhui nos Femmes ? Avec ce ridicul fans-gêne, qui n'irait qu'à la Beauté
parfaite, à la fraîcheur de 16 ans, qui
fuffiraît à-peine p.^{our} le faire fuporter !
Des cheveux noirs, droits, repouffans,
flotét dans un veritable desordre, touj^s
desagreable, s'il n'eft fimulé. Car la Fe-
me eft toute fimulacion, pudeur, candeur,
fraicheur, virginité, vertu : Elle n'a
tout-cela qu'une-fois ; il faut qu'elle le
fimule le refte de fa vie. Heureux l'Home auquel elle eft tombée, fi elle ne cache pas, fons cette fimulacion, les vices
contraires !... § Nos Femmes aĉtuelles
ne fe contentét pas de nous préfenter leurs
cheveux dãs un desordre repouffant, elles
ont pris à-tâche de rendre la forme de
leur coifure, de leurs bonets desagreable.
Rién de féyant : C'eft une forte de fala-
diér à grandes ondules, qui figure gro-
tefquem^t pardevant, infoigneusem^t & ri-
dienlem^t par-derrière. Sur mille, vous
n'en rencontréz pas 2, qui fachent don-
ner de la grâce à cette vilaine mode. J'en
excepte les Grandes Coquettes, qui ont

des bonëts chërs & superbes, où j'ai en-
trevu quelques intenſions, quelques belles formes, larges & áyant une ſorte de
vagueſſe. Mais il faut ètre Banquière,
ou tout-aumoins Épouse d'Agioteur, ou
de ces Femmes qui remplacët les Reines,
p.^{our} avoir de ces bonëtſlà.

Si les Femmes ſemblët avoir pris à tâ-
che d'aranger leurs cheveux, leur coi-
fure, les 1res d'une manière ſale & degoûtante, la 2de d'une façon dont toute grâce
eſt banie, il faut leur rendre juſtice p.^{our}
leur gorge; elles la couvrët de la manière
la plüs demonſtrative, la plüs provoquan.
te: On ne peut voir cette fauſſe aparence, ſans que l'aiguillon du libertinage ne
ſe faſſe ſeptir, même à 63 ans, & áyant des
chagrins mortels dans l âme.

Mais ſi les Femes ſe ſont rendues pro-
voquantes par-là, qu'On le leur pardone! Par le col, par les chiffons bourif-
fés qui leur cachët les glandes du colliér,
& leur montët juſqu'à la bouche, toutes les Faquines, toutes les Farandes reſ-
ſemblët à des Ecrouelleuses: Quelle ſen-
ſacion degoûtante!... De-ſorte qu'avāt
de rechercher Une de ces Filles p.^{our} le
mariage, il ſera de la prudence que l'Home lui diſe: —Jeune Citoyénne, defai-
tes, ſ'il v. pl. votre licol, que je voye ſi
vous ne doueréz pas les humeurs-froides

à mes Enfans? Car cette mode des ridi cvls Lords-*Houzeys*, n'est favorable qu'à Ceux & Celles qui ont le cou cicatr sé.

Vient la tâille. Elles n'en ont plus. Ne sachant coment faire, p^ur s'ensaquer & deplaire, elles ont f it remonter aux é paules, ou dumoins à la hauteur du tetö, ce qui était aux hanches. (Ce n'est pas que j'aprouve les longues tâilles ; la cour te a mille-fois p'üs de grâces ; c'est ce qu'Un jeune Peintre de ma conaiffance, apelait *avoir le cul haut* ; il donait cette louange à Rosalie-POINOT, que A.-L. Millin trouve fi mauvais que je cite, & que je montrais à mon Deffinateur, p^our lui doner de la beatué une idée conforme à la miénne : Il fut ravi, & se recria : — Bon ! bon ! elle a le, &c.) : Les Femmes, par cette mode nouvelle, paraiff'ët tout d'une venue : ce qui est très-favorable aux Groffes Vaches, qui s'étant de formé la tâille par la double intempe rance de la table & du lit, ont interêt à la mafquer. Et les jeunes, les jolies Femés ont doné dans le piége !... ✝ La jupe longue a beaucoup de grâce : Mais il fau drait que Paris fût dans le beau climat de Mournellier, p^our la porter avec avanta ge. Ici, elle trâine dans la boue, elle fa lit les bas, & quand Une Femme se trouf fe, furtout depuis qu'elles ont les talons

VI
Juvenale.

VI
Juvena
le.

plats, ses jambes ressemblēt à celle d'un petit Cochon de *la Vallée* qui viént de se vautrer dans la fange. ¶ Aussi Toutes, à-l'excepçion des Coquettes de metiér ou de situacion, portēt-elles des bas-de-couleur : Ce qui a toujᵗˢ été de mauvaisegrâce & plûsque repoussant dans les Femmes. Vous n'avéz plus que quelques Jeunespersónes, qui ont la jambe extrêmemᵗ bién-faite, qui se chaussēt encore avec recherche ; tout le reste est devenu degoûtant. ¶ Mais c'est le Souliér, ou *Soliér* (car ce n'est que la grossièreté du lngage de nos Grandspères, qui leur a fait prononcer *Soulier*, *Souillier*, au lieu de *Sollier* ; l'origine est sol qui touche le sol)! Çest ici, que les Femmes ne sachant qu'imaginer pᵒᵘʳ *s'homasser*, & achever d'ôter tout ce qui done un sexe à leur parure (contre leur intension sans-doute, mais seduites par l'avis qu'uUn Sot ignorant venait mal-à-propos de faire inserer dans le JOURNAL DE PARIS), s'avisèrēt tout-à-coup de se chausser tout-à-plat ! Les boués de Paris ne les ont pas retenues ; encore moins une consideracion filosofique, que les detestables Inventrices de cette mode immorale sont incapables d'avoir. Quant à moi, je vis tout-d'un-coup ce qui alait arrivér. Les Femmes n'avaīt plus que la pointe de leur *So-*

liér. Rién n'était si facil que de leur enlever ce derniér avantage. C'est à quoi
les Pederastes n'ont pas manqué de songer : Ils ont porté des soliérs plüs pointus, faits avec plüs de grâce que çeux des
Femmes. Et tous les Muscadins, tant de
Paris que des Departemens, ont à-l'envi
adopté cette mode criminelle & bizarre,
qui ôte aux Femmes çelui de leurs charmes
factices le plüs puissant ; charme qui est a-
pelé par Une Femme-auteur (d'*Agate &
Isidore*), l'*Abregé de leurs grâces* ! C'est
un crime contre les mœurs, qu'il fera tendre à l'infame Pederastie, & c'est come
tel que je le denonce au Publiq & au Gouvernement. ¶ Il y a 15 à 20 ans que les
Homes & les Femmes était mis come il
convenait : Ce fut à la sollicitacion des
Homasses, qui venait de prendre le chapeau d'Hóme, qu'On vit subitem.t toutes
les Femmes s'aplatir. Le Journal de-Pa-
ris, par irreflexion, ou par identité de sentiment, accelera la revolucion, en se reu-
dant l'organe ou l'écò des Sots, des Pederastes, depuis longtemps enragés contre le pied des Femmes & sa provoquante
Parure : Il repeta leurs clameurs : » Le
haut-talon est contraire à la santé : Il
fait avorter les Femmes enceintes ; il couvre les piéds de cors douloureux "... Journal de Paris, toi & tes quatre Piliérs, vous
êtes d'atroces Calomniateurs des Talons

hauts! Toutes les Femmes à talons élevés que j'ai conues (& j'en pourais citer
plusque vous quatre ensemble; encor que
je sois pauvre, vous riches, & qu'Un de
vous soit Apotiquaire): Parmi les Femes
qui portaît des talons hauts, Celles qui a-
vaît les Chaussures les plüs élevées, étaît
aussi Celles dont les Piéds étaît les plüs
unis. Cependant toutes les Femmes, à la
voix de M. *Cadët*, quitèrēt la chaussure
élevée: Le DIRECTOIRE & le 2 CON-
SEILS, en l'ordonant pour le salut publiq, n'auraît pas été aussi bién obeïs. Je
n'en ai vu qu'une 20^taine qui aïent resisté
au torrent: je les ai comprées. Cela montre combién le bon-senf est rare! Il est
vrai que ce sont les Femmes les plüs honêtes. ¶ Le seul motif de doner un sexe,
une delicatesse correspondante à la dissi-
militude de celle des Homes, devait maintenir les talōs élevés minces à la chaussure
des Femmes —Mais, elles seront moins
ingambes! —Et ç'est ce qu'il faut! Je
pose en fait, que toute Femme aisée doit
avoir besoin d'un bras pour marcher, a-
fin qu'elle ne coure pas seule la Ville,
come je le vois à-présent. J'ai vu des Femes très-incomodées des talons bas, au-
point d'en avoir la jambe refoulée. Une
très-jolie Femme, dont le surnom était
la *Belle-Jambe*, áyant pris en 1792 ou

93,

93, la chaussure à la mode, elle eût des
cors aux Piéds. C'est qu'étant extrêmem^t
propre, & n'ayant plus de voiture, elle
marchait sur la pointe du piéd, lorsqu'
elle sortait. Il en resulta que son arrière
piéd ne posāt plus sur de hauts talons, elle
était extrêmem^t fatiguée d'une petite cour-
se; ses orteils alors se posaīt à-faux, & il lui
vint des cors: Mais elle eût un plüs grand
desagrement encore : Obligée fréquen-
ment par la fatigue, de poser son Piéd à
plat, cette poficion inufitée lui tira les
nērfs des mollets, les groffit, & gâta sa
belle jambe. Ce qui lui fit auffitôt reprendre ses talons, après un aplatiffement de
de 2 añées.   ¶ J'en aí touj^{rs} voulu au
Journal-de-Paris, pour avoir été la trom-
pette de la mauvaise Doctrine des Soliérs
plats pour les Femmes. Recherchons &
voyons ce que le Sousjournalifte *Sautereau* aurait dû faire: Rempliffons fa tâ-
che. * Quelle eft l'origine, la cause des
Talons élevés? * Paris a touj^{rs} été boue-
ux, à-cause des groffes voitures, des
Caroffes qui broīt le pavé; de la multitude d'immondices qu'une incalculable
Populacion jète dans les ruës. Les Femmes, naturellement propres, parcequ'u-
ne Femme fale n'eft plus Une Femme,
mais Un Monftre, les Femmes, pour ne
pas fe couvrir de bouë, marchait sur la

XVIII Partie.   Y y

pointe du Piéd. Une d'elles, plüs avisée que les Autres, se dit à elle-même: — Mais On se fatigue horriblem.t à marcher ainsi, & On finit par poser le talon, & s'emplir d'ordures: Il me viént une idée-. Si elle ne le dit pas aux autres Femmes, elle le dit à son Cordoniér. La Femme avisée & cet Artiste calculèrent la forme du talon qui devait renvoyer moins de boué sur les bas ou sur la jupe... La Femme aparemm.t était jolie ; son exemple fit sensacion. Les Femmes remarquèrent qu'elle se crotait & se fatiguait moins infiniment, que Celles qui se tenaît sur l'orteil, l'arrière du piéd en l'air & soutenu par rién : Elles imitèrent leur Concitoyène... Les Homes même admirèrent l'invençion ; ils eûrent des talons, mais differens de Ceux des Femmes, & tels à-peu-près qu'On les vôit aux portraits en piéd qui nous restent de Louis-XIV....
* Mais à-mesure que les les Talons des Femmes se perfeccionèrent, qu'ils aquirêt de la grâce, de la hauteur, de la comodité (car certains Artistes en était venus au-point de rendre la marche aussi aisée, & plüs aisée avec les Talons hauts & minces, come ceux des Chanoinesses, qu'avec les Talons bas des Danseuses), elles y decouvrirent un autre avantage inappréciable. Il est une juste proporçion

dans la tâille ; cette proporçion manque
souvent aux Jolies-femmes, & toujours
en moins: Telle Fille, avec deux pouces de plûſ, auriit de la grâce, du dega-
gemᵗ, de l'aisance; aulieu qu'avec les 2
pouces de moins, c'eſt Une *Chiffe*, Une
Soubrète, Une Femme ſans mine. Avec
les Soliérs à talons, qui pouvaīt exhauf-
fer d'un demi-pouce, à 2 pouces-&-ᵭemi,
Une Perſone du ſexe ſe donait la juſte proporçion, à-raison de ſa ſtature; un pou-
ce, 1 pouce-&-demi, 2 pouces-&-demi;
Une Dame *Richér*, jeune, jolie, mais petite alait juſqu'à ſe grandir de 3 pouces,
tout en donant à ſa chauſſure une grâce infinie. J'aí conu 3 Sœurs aimables, qui a-
vaīt Une Amie dont la tâille avait la juſte
proporſion, qui leur mãquait. Elles l'en-
viaīt. Je dis tout-bas à *Ædèl* la plüs jolie: —Demain, vous ne lui envieréz rién-.
Le jour ſuivant, j'aportaí dans ma poche
nne chauſſure neuve de ma Fille-aînée,
àyant un talon de Chanoineſſe. Je la lui
remis en ſecret. Ædèl l'ala chauſſer, &
baiſſa ſa longue jupe. Elle revint ſ'aſ-
ſeoir. Sa Mère lui àyant demandé quelque chose, Ædèl ſe leva. Sa Mère l'ad-
mirait! —Vous avéz raison! (me dit-
elle); Ædèl eſt reellemᵗ bién!... Mais
je n'avais jamais trouvé à ſa tâille le de-
gagement qu'elle a aujourdhui-!... *Felicité* (l'Amie) arriva. Ædèl ſe leva,

ry 2

VI
juvena-
le.

sans affectacion, & vint se mesurer. Elles était de même grandeur. Je le dis.
Felicité, qui se savait plûs grande, rougit. —Voyéz (lui dis-je), en apliquant
un grand plumot, au fut duquel je fis une
marque. —Il est vrai! (dit-elle); mais
Ædél a donc grandi ? —Votre tâille est
la juste proporsion, Mlle ; & vous êtes
reel'em^t la jauge des Femmes : si j'étais
le mari de Mlle Ædèl, jamais elle ne per-
drait une ligne de cette tâille delicièuse
qui la rend si swelte-… Ædèl s'est mariée Un Mari sans goût l'a forcée de s'a-
platir, & la charmante Ædèl a perdu la
moitié de sa valeur. Elle l'a enfin bravé:
Ædèl est redevenue adorable, & son Mari lui-même a été forcé d'aplaudir à sa
tâille souple, à se demarche molle & provoquante. Ç'est ainsi que les talons élevés ont touj^rs doné à *Fanny-Beauhar-
naiz* une grâce enchanteresse dans la demarche & le tour.   ¶ J'étais un-jour au
Palaiz-Immoral (qui ne poitait pas encore ce nom, qu'il meritait deja), avec
Un *Antitaloniste* par stupidité : Nous y
vimes des talons bas, dont je ne pus m'
empêcher de lui faire remarquer les inconveniens pour la jambe, & la mauvaise-grâce. L'Antitaloniste me repondit,
que toutes les Femes était ainsi. Il avait
peine achevé ces mots, que j'aperçus ar-

river au jardin , Mad. *Richér* , Une Dame
Máris & ſes 2 Filles; Une Dame *Batiſte*
Limonadière; Une jolie M^{de} à-côté de la
ruë *de-La-Ferronerie* , nomée *Lerinſ* : Sûr
de la manière dont toutes ces Femmes é-
taît chauſſées , je conduiſis mon Home
andevant d'elles. —Voyéz (lui dis-je) ,
cette grâce-là ! —Hô ! ce ſont les plüs
jolies-perſones de Paris , & qui ont le plûs
de goût. Ceci fait pour moi : Les Fem-
mes qui ont veritablem^t du goût ſe chau-
ſſent ainſi-. Il n'en convenait pas. Au-
bout d'un moment , il leva les ieux : -Voi-
la (me dit-il) , 2 Joliesfemmes , dont la
Grande eſt la plüs belle Femme de France. —Alons voir ſon piéd (lui dis-je en
le tirāt par le bras). La Dame était chau-
ſſée très haut , & avait un port de Reine.
—Hé-bién ? —Hô ! cette Femme-là donerait de la grâce à tout. —Et cette petite , que vous dites qui eſt jolie ; voyéz
ſi elle en a , avec ſes talons bas ? Ç'eſt ſa
Soubrerte-! Il fut forcé d'en convenir.

Hé! que ſerait-ce , ſi cet Honête-home , quoiqu'antitaloniſte , avait vu , come de nos jours , d'infames Pederaſtes pro-
faner ce que la chauſſure des Femmes a-
vait conſervé de ſexe , en ſe feſant faire ,
come à elles des Soliérs pointus ! Ils ont
enlevé aux Femmes (& elles l'ont ſouf-
fert , les Inſenſées !) la delicateſſe factice

de leur piéd qui en fesait le charme ; cette différence furtout qui, en indiquant le fexe, donait Une vertu talifmanique à tout ce qui eft à leur Ufage. Cette paffion, que certains Homes, come le Grād Daufin, Thevenard, & tant d'autres, avaīt p^our la Chauffure des Femmes, eft aujourdhui trompée par l'infame & degoutant Pederafte pointu ! L'Home naturel, en f'apercevant de fon erreur, fe retire, en fentant fon cœur bondir... Les Ames de bois, les Avortons mal-conftitués, f'étonēt de ce goût, dont il faudrait que les Femmes fuffent plüs inftruites qu'elles ne le font, afin d'en tirer parti. Il eft dans la Natuie : Les Animaux n'ont pas le fentiment de la parure ; mais ils en ont l'effervefcence par d'autres caufes, celle des effluences : Peu d'Homes font ces obfervacions : mais moi, élevé à la campague, je l'aī mille-fois obfervé. Le mâle éprouve une forte de fureur érotique, en flairant ces effluences ; parceque dans les Animaux, ce n'eft plus le fenf de la vue, qui eft le plüs voifin de l'intelligence, come dans l'Home, mais celui de l'odorat... O Sçelerats antifyfiqs ! ô vous, Etourdis ! Fats, Faquins, qui ftupidem^t les imitéz, vous meriteriéz une punicion corporelle, fi vous conaiffiéz les funeftes confequences qu'aura p.⁰ʳ les mœurſ, le ſacrilége que vous comettéz contre les Femmes & la decen-ce!… Mais j'y reviéndraſ toutàlheure.

J'aſ paſſé en revue l'habillement des Femmes: la longue jupe a de la grâce; la liberté du reſte de l'ajuſtement eſt à louer: Elles ne ſont plus toutes jetées dans le même moûle… J'aſ peu à dire ſur l'habit des Homes: Il a aujourdhuſ la diverſité, la liberté de çelui des Femmes. Les chapeaux des Soudars & des Sacripands, leurs imitateurs, ne ſont devenus que ridiculs par la manière de les porter: çeux des vrais Soldats & des Çitoyéns honêtes, coïfent deçemm'. Çe ſont les Soudars & les Farauds anglomanes, qui ont imaginé les Cravates ou Licols ſcrofuleux; leurs habits ſont faits au-rebours de quelques-uns de çeux des Femmes, avec l'aparence d'Une fineſſe de tâille ridicule, & qui eſt bien-loin de la Nature! Le Poliçons Pointus, après avoir enlevé aux Femmes le charme de leur chauſſure, en ſ'en emparant, ont encore prétendu leur ôter celui de leur tâille!… Sales & ſoulèvescœur Coquins, vous n'y reüſſiréz pas plûſ qu'à leur enlever l'Organe ſacré de la Nature, auquel vous ne pouréz jamais ſubſtituer que des monſtruoſités & de l'ordure!… Le cœur bondit à tout Home delicat, en vo-

VI

Juvena-
le.

yant Un Poliçon repouffant, dont le piéd
a une pointe racornie, recoquillée; car
les Homes n'ont ni le foin, ni le goût des
Femmes, furtout des Jolies. La tâille
rifible, le focle grotefq des Faquins (car
la pointe du Soliér n'eft fuportable aux
ieux, que par le charme de l'autre Sexe), leur done l'air de Danfeurs effeminés. * Mais ce n'eft pas tout: Depuis
que cette mode, amenée par les infames
Pederaftes, eft prefqu'univerfellem⋅ ad-
optée, aléz voir le Quai *de-la-Vallée*,
à l'ombre que font les Echopes des M^{ds}-
de-Volaille, & vous trouveréz le Para-
pet garni de Pederaftes impudemm⋅ éta-
lés! C'eft qu'il eft effroyablem⋅ immoral
que la parure & l'habillement des 2-fe-
xes fe raprochët en rién. Depuis que les
Homes font conftamm⋅ & entièrem⋅ habillés, le vêtement eft devenu partie du
fexe; c'eft une 2^{le} nature. Ce qui eft fi
vrai, que fi vous habilléz en Fille Un
joli Garfon imberbe, l'inftinct du fexe
vous portera vèrs lui, come vèrs Une
Fille. Ceci eft encore vrai p^{or} les Animaux: SUÉTONE affure, que *Neron* a-
yant voulu faire repréfenter dans le Cirque, l'argument ou fujet de *Pafifaé*, On
ne lui trouva d'autre moyén, que d'écor-
cher Une vache en chaleur, de couvrir
de fa peau chaude encore Une Jeune-

femme criminelle , forte & bién confli-
tituée , de bién ajufter les organes , de lui
ordoner de fe prêter , & de la faire couvrir par Un Taureau. Ce qui reüffit (a-
joute Suétone): *Tauruf iniit.* Ainfi ,
l'On trompe les Animaux même par l'habit ; à-plüs forte raifon les Homes , come
il m'ariva en 1764 ou 5 , an Carnaval ..
Je me promenais rüe *Honoré.* Au coin
de celle *Champfleurì* , je trouvaf Une Fille de 15 à 16 ans , charmante ! Une jolie bouche , l'air provoquant... J'étais
tout ému. Je voulus l'embraffer. La prétendue Jeunefille trouffa fes jupes , & me
montra fes culotes. Auffitôt tout le charme du fexe difparut. Mais j'y avais été
atrapé. ¶ Il fuit de-là , que p^{our} le bién
des mœurf ; p^{our} en écarter le plüs infames des vices , la Pederaftie , il faut dif-
ferencier , dans toutes leurs parties , les
habits des 2 fexes. La principale caufe
du vice que je pourfuis , chez les Grëqs
& les Romains , était la reffemblance de
la Robe-adolefcente des 2 fexes , celle
de la chauffure , de la longue chevelure ,
que portait les Impubères mâles , jufqu'après la Puberté. Cette conformité ,
Unie à la fraîcheur de la jeuneffe , fefait
paffer les jolis Jeuneshomes , p^{our} de jo-
liesfilles ; les 1ers avait même quelque-
chofe de vigoureux , qui devait plaire davantage à des Homes moins effœtés que

nous. La Jeuneſſe des 2-ſexes était donc
aumoins ſur la même ligne, dans l'imaginacion des anciéns Peuples, à-raiſon
de la ſeule immoralité de l'habillem¹ ; &
ſ'il y avait quelque desavātage, chés ces
Peuples immoraux & corompus, c'était
pᵒᵘ les Femmes, à-cauſe des ſuites em-
baraſſantes du comerce avec elles. Il
eſt donc du devoir du Gouvernement de
proſerire, come On le fait à la *Chine*, &
dans tous les Páys de Poliçe exacte, toute
mode immorale. Et la plüs immorale des
modes, eſt celle qui raproche la parure
des 2-ſexes. Elle doit trancher abſolum¹ :
On ne doit jamais pouvoir ſ'y tromper.
Bién-plûſ, c'eſt que les étofes ne doivēt
jamais être les mêmes ; come n'aguère
cet Uſage exiſtait parmi nous, avant que
les Ecrivains *homaſſierz* eûſſent pris à-tâche d'*homaſſer* toutes les Femmes, par
les modes, les étofes, & les ſentimens.

Empêchons donc nos Femmes de porter des chapeaux d'Home, come elles le
font quelquefois. Empêchons que les Homes ne portēt des Soliérs de Femme, des
licols d'Anglais, des juſtaucorps reſſem-
blans aux levites des Femmes, &cᵃ. Ce
qui doit y engager, c'eſt que, ſi l'On e-
xamine quels ſont les Êtres qui cherchēt
à confondre les 2-ſexes, On trouvera que
ce ne ſont que les Individus vicieux : La
Femme à chapeau d'Home, à culotes,

a le caractère dur, imperieux, inaimable,
insocial : L'Home à Soliérs pointus, est
Un Fat, Un Effeminé, Un Bagatelliér,
& souvent pis encore, Un Pederaſtoma-
ne ! ou tout-aumoins, c'eſt Un de ces Ê-
tres nuls, ſervils imitateurs de ce qu'ils
voient ! Sevis ſans crainte, ſans mena-
gement, Pouvoir-Executif, contre ces
Mauvais-ſujets, & ſois ſûr de ne frapeṛ
que le Vice, caché ſous le maſque du Ridicul ! Car le Vice, dans ſon audace,
a cette politique, qu'il puiſſe faire rire,
ſ'il eſt demaſqué. Il y joint l'effronterie.

Mais On ne doit pas ſe contenter de
detruire, il faut édifier. Quel ſerait le
double coſtume à doner à chaqu'un des 2
Sexes ? Je n'ïraï pas, come l'Auteur inſenſé, qui nous ſuggerait, il y a 2 ou 3
ans, dans le *Decadaire,* Un Coſtume de
Statue, qui, ſous notre Climat, n'habil-
lerait pas les Êtres-vivans ; Coſtume qui
n'était comode que p^{our} le travail des Peintres & des Sculpteurs ; non-convenable
en été par ſes envelopemens ; en hivër,
par ſes diſjonctures. Je garderaï l'habillement Français, quoique nos Aìtiſtes
n'àìent pas encore eú l'art de le rendre a-
vec grâce : Sûrem' c'eſt leur faute, & Un
Artiſte de genie y reüſſira quelque-jour !
Ce qui plaît à la vue, doit plaire en mar-
bre, ou ſur la toile.... Je vais comeu-
çer par le vêtement des Femmes.

¶ Un Corpset souple, coupant la tâille au-deſſus des reinſ, ét ſoutenant douçement la gorge: ¶ Une Jupe, ou des Jupes longues ét flotantes: ¶ Un Juste bién-fait ſur le Corpſet: ¶ Un Couvrépaules poſé avec grâce, qui garantiſſe le haut du doſ, les 2 épaules, ét le haut de la gorge, où les 2 branches reünies ſ'entr'ouvrent en été: ¶ Une Coïfe graçieuſement poſée, en bande ſur le haut de la tête, avec un lez fuyant en-arriére: ¶ Les cheveux jamais pendans, paſſés dans un coulant, ſur le chignon, ét ratachés au bonët ſouz le lèz de la coïfure, ét qu'un peigne de parure retiéndrait: ¶ Les bas toujours blancs, ét à coins, ſ'ils ſont de ſoie ou de fin coton: ¶ La Chauſſure pointue, à talons minçes, plûſ ou moinz élevéz, ſuivt la condiçion, ét le genre de travail; ou l'habitaçion de la Ville ou de la Campagne: défenſe aux Artiſtes de la Chauſſure de faire aux Femmes des Soliers dans la forme prohibée: ¶ Les Femmes ſeules pouront porter des rozetes de Brillans ou de Ruban aux agraſſes de leur chauſſure; dez Diamanſ ou dez fleurſ à leur coïfure, danz leurſ Cheveux, ou en bouquët ſur le ſein. ¶ La forme de la Robe des Femmes, approuvée pour ſa grâce et ſon élegançe, ſera ſuivie par Toutes, même pour les Femmes-du-comun; ét l'Ouvrière en contravençion ſera punie par la Loi, apliquée par les Inſpec-
teurs

teurs de Décence-publique. ¶ Une Ouvrière de génie, ét par conféquent Artifte, poura embellir la forme ordinaire, ét en fera
louée. Maiz la 1re Ouvrière qui la degra-
dera, par manque de goût, par incapaçité,
fera punie par la honte. ¶ Chaque forme
de Robe etc. fera numerotée, ét la Femme-
pratique aura donné à l'Ouvrière le N° de
forme qu'elle veut; Çelle-ci poura éligan-
ter, maif non détériorer. ¶ Il en fera
de-mème pour le Corpfët, pour la chauffure, pour la Coïfure, etc. ¶ Les Jeunes-
Enfans du fexe, feront toujours ferrés à la
çeinture, fans inconvenient, par Une bande
étraite de toile, ou par Un Ruban; maif
la petite Robe fera flotante ét fanz gêne.
On donera le Corpfët à 7 ans, ét le refte
de l'habillement fe modélera fur çelui dez
Grandef-Perfones.

¶ L'Habillement dez Homes fera l'Habit Français, le plüs noble, en realité, come le plüs comode de touf. Il fera fimple,
aifé, fait en furtout, exçepté pour le Soldat, qui le portera court, ét jufte. ¶ Tout
Individu du Sexe-mâle aura pardeffus fon
habit Un manteau, fuivant la faifon; maif
On l'ôtera, pour agir. Enfin, lez Homes ne pouront rién porter qui reffemble à
la parure dez Femmes, pas même lez bagues
aux doigts; encore moins lez Montres: quant
aux tabatières, lez Femmes n'en doivent point

XVIII Partie.   Z z

VI juvena-
le.

avoir. Tout habillement, tout bijou aura
Un sexe. Çeçi produira Un grand avantage pour lez mœurf ! Maif çet avantage
eft infaififfable pour lez-Ames-de-boif ; il
faut avoir du nërf, pour le fentir. Les Femmes gâgneront autant què lez mœurf à çette
loi, qui augmentera le charme de tout çe
eft à leur Ufage, ét l'empëchera d'être pro-
fané, en prenant çe mot au propre.

Je croiz que la Clâffe d'Homes la plüf-
incapable de faifir lez nüances delicates, eft
compofée des Blondz : Lez Brüns en-general fentent avec plûf d'énergie, ét ont touz
lez fenf plüz actifs : Ilz ont moinz de façilité,
maiz plûf de veritable bonté danz le caractère : Le Blond, pour l'ordinaire, eft lent,
froid, méchant : Il n'y a que dez excep-
fionz. ¶ Je fuiz fâché d'ataquer ainfi Une
Clâffe entière de la Société : maif je faiz
profeffion de dire la verité, avec plüz de
fcrupul ét d'exactitude que J.-J. Rouffeau,
ét de faire part à mon Siècle de mon expe-
riençe : Je veux prévenir lez Blondz eux-
mèmes contre leurf defautz naturelz, ét lez engager à f'en defier... ¶ Je ne me fuiz paz
aperçu que lez Blondes éüffent les defauts dez
Blondz au même degré que Çeux-çi. Çe-
pendant les 2 Blondes que j'ai le mieux cô-
nues, Sara ét mad. Debée, ne font pas
Une exçepfion favorable !... Le feul avif
important que je prétendz doner, ç'eft que

Çeux qui ont affaire aux Gens-en-plaçe, doivent observer, s'ils sont Blondz, Rouges, ou Brünz, pour diriger leur conduite en-consequençe. Je n'ai trouvé qu'Un-seul Rouge qui fût bon, ç'est le Comte-Saintcaldegonde, ami de Fanny-Beauharnais. Lez Blondz ont le defaut de la dissimulaçion ét de l'entêtement insurmontable: Lez Brünz à cheveux-crêpuz sont aussi entêtéz que lez Blondz; maif come ils sont brusques, On en est plûtôt quitte; çes Crêpuf étant actifs ét emportés: Aulieu que les Blondz ont l'air de ceder, pour vous tromper ensuite plüs cruellement........ Qu'On me passe çet horsd'à-propaz sur le poil, qui paraîtra ne paz avoir de Raport avec le Costume. Maiz qu'importe quand ét coment On done à sez Semblables dez aviz Utils?

VII. Immoralité du Colportage, et des Crieuses des Rues.

Le Colportage de tous les genres, au point où il est aujourdhui parvenu, est Une des plüs grandes Immoralités de l'Age-actuel. En-effet, On abandonne toute espèce de travail, p^{our} transporter continuellem^{t}, incessablem^{t}, ce qui a été travaillé. Dans peu de temps, il n'y aura plus rien à colporter. Les Ouvriérs de tous les états áyant trouvé moins fatigant de transporter les ouvrages, que de

VII
Juvena
le.

VII

Juvena
le.

les faire, y trouvant même plûs de gáin
précaire & momentané, il en eſt reſulté,
qu'ils ont preſque touſ abandoné la fa-
ĉture. Ç'eſt Un abus auquel On n'a pas
fait aſſéz d'ateuſion, & qui causera un-
jour Une pauvreté reelle, affreuſe dans
la Naçion, par la deſuétude du travail.

Un malheureux eſprit mercantil, fou,
ſ'eſt emparé de tous les états de la Société : Et l'On n'a pas reflechi, que p.ᵒᵘʳ
vendre, il faut des Acheteurs ; que c'eſt
un travail quelconque qui done l'aisance.
Le comerce paraît aler dabord ; parceque les Colporteurs ſe revendēt les Uns
aux Autres. Mais il faut enfin que des A-
cheteurs reels tirent les marchandiſes des
des mains dé ces Brocanteurs... Croirait-
on une infamie, dont j'aí été témoin preſ-
qu'oculaire ? Il y avait au *Maraìz* dix-
mille toneaux de vin, dans le temps où
l'On manquait abſolumᵗ de cette denrée
de 1ʳᵉ neceſſité. Un Marchand, qui goû-
ta le vin, obſerva qu'il ſe gâtait. Les Propriétaires n'en parurent pas émus. Sur-
pris de leur apatie, le Gourmët leur en
demanda la raison ? —Çe vin n'eſt pas
p.ᵒᵘʳ boire ; il eſt p.ᵒᵘʳ être vendu & revendu ſans-ceſſe : On y gâgnera toujʳˢ, à-
proporſion de la baiſſe des Aſſignats, &
à la fin de tout, il ſ'écoulera dans les mains
d'Un Pareſſeux, qui l'aura gardé plüs

d'Une demi journée-. Çe ne furent pas
les propres paroles ; mais ç'en est le sens.
En-effet, nous vîmes enlever le vin par
Un Acheteur, qui l'ayaut deja revendu, ne
le fesait pas côduire chéz lui. En route, la
destinácion changea, le nouvel Aquereur
yenât de retrocedᵉʳ à Un-autre, à 100 mille
francs-Assignats de benefice : Çe qui é-
tait un mauvais-marché : car le soir, outre tout son gâin, il perdait 50 mille frᵃⁿᶜˢ
du sién par la baisse... Et ce n'est pas la
seule occasion , où les marchandises de
1ʳᵉ-necessité, après avoir servi de navète
à mi le Brocanteurs, ont fini par disparaî-
tre en pure perte ! Ç'est une chos inconce
vable ; mais c'est une chose vraie.

Les denrées les plus comunes, celles qui
se trouvêt partout, come celles des Frui-
tiérs, dont les bouiques sont si multi-
pliées dans Paris, n'en ont pas moins des
Colporteurs & des Colporteuses inutiles :
Que dis-je, inutiles ! doublemᵗ nuisibles !
Il faut que cette Nuée de Parasites , qui
se soustrait aux travaux necessaires, vive
sur la denrée qui devrait être au plus vil
prix, pour être proporsionnée aux facul-
tᵉˢ des Pauvres ! La subsistance de ces
Etres-parasites est donc un impôt en pure perte sur les basses-denrées, les fruits,
les herbagᵉs, la salade ; & de plûs, Un
enlèvement de Sujets fait aux travaux de

VII
Juvena
le.

l'Agriculture, au filage, à la tiſſerie, au couſage, & à cent autres Profeſſions. La plüpart des Colporteuses à éventaire ou à Place fixe, deviènnent Putains, pour peu qu'elles ne ſoiét pas d'une figure hideuſe : ou ſi elles ont trop attendu, elles deviènnēt Marcheuses de Mauvais-lieu, ou Voleuses & Deshabilleuses d'Enfans dans les aſées, &c. &c.   ¶ La baſſe Populace de Paris eſt tout-entière plongée dans l'inutilité du Colportage, du Criage, de la Revente de choses qu'il eſt inutil de revendre. Je ſais bién qu'Un Home de beaucoup d'eſprit, qui ſe flate d'être Un Grand Politiq, trouve admirable qu'Une Coureuse lui aporte ſous ſes fenêtres une denrée dont il a besoin. Çet Home, qui a 50 à 60-mille livr. de rentes, ne regarde pas à un tiërs ou demi-tiërs, inutilemᵗ ajouté ſur la totalité de la marchandise, & il conſidère que cela fait vivre Une Clâſſe. Mais je ne ſaurais m'empêcher de voir de la ſtupidité dans ſa façon-de-penſer: Faire vivre Une Clâſſe, en l'enlevant aux travaux Utils pour la rendre Paraſite, eſt égalemᵗ abſurde, impolitiq & immoral: Car le Colporteur eſt inutil à la Socièté, come membre; ce colportage achève au contraire de le lui enlever. Enſuite, ce qui n'eſt rién pour Un Home riche, eſt beaucoup pour le Pauvre, chargé de 3 - 4 - 5 - 6 - 8 - 10 Enfans. Cette Femme enlevée aux travaux de son sexe pour vagabōder, gâgne peu : Elle est touj^{rs} mal-vêtue , mal-nourie , malpropre : Elle se porte mal , elle ne done la vie qu'à des individus chetifs , mal-conformés. Une pareille Femme auraitbeaucoup mieux prospéré, en s'ocupant de travaux Utils ; elle serait moins avilie , plūs sainem^t nourie , vêtue ! Qui de nous ne gemit pas, en voyant Un grand & vigoureux fàineant de Páysan , crier dans les rues de la salade , des cerises , ou des melons? Pourquoi ce fort Gàillard ne manie-t-il pas la bêche , ou ne tiént-il pas la charrue ? Pour ôter l'Immoralité , il faut banir l'Oisiveté du vagabondage.

VII
Juvenale.

J'ai dit que les Crieuses & Crieurs des rues pour les denrées , sont absolum^t inutils , vu le nombre considerable de Fruitières repandues partout. Quant aux Crieuses d'un autre genre , come de vieux-habits, de vieux-chapeaux, de peaux-de-Lapin, ils sont égalem^t parasites En-effet, qui sont les M^{ds} qui achètent des Crieurs *Habits-Galons*, & des Chercheuses de *Vieux-Chapeaux?* Les Fripiers, les Orfèvres-brûleurs , les Chapeliers-en-vieux. Pourquoi placer un Parasite entre le Particuliér & ces M^{ds}? Que Ceux-ci mettent sur leur écriteau tout ce qu'ils achètent , & les Particuliérs le leur porteront. Tout le monde , & surtout les Cuisinières , iront porter leurs peaux chez les Chapeliérs-fabriquans. Les bouteilles cassées n'ont pas besoin de Crieurs; les Boüeurs auront un auge pour les mettre. Les Fruitières n'ayant plus la concurrence des

VII
Juvenal
le.

Crieuses, auront un plus grand debit, doneront du meilleur & moins cher; elles ne tromperont pas, come les Com.enses; un impôt très-pesant, plus insuportable que toutes les Entrées, se trouvera ôté de tutes les basses denrées. On aura une quantité consi-derable de bras à doner au jardinage, si negligé; à l'agriculture: à la blanchisserie, où les Sujets man-quent si souvent, &c. ¶ La Reforme presse. Si l'On n'y prend garde, le Colportage va tout enva-hir! Croirait-On que malgre la quantité prodigieu-se de Boulangers, des Fainéans, des Fainéantes, viennent de s'emp.rer du comerce ambulant des petits-pains, que les Boulangers leur donent à 3 liards au lieu d'un sou? Si l'On avait mis sur chaque pe-tit-pain, un impôt d'un liard, come les Boulangers se fussent recriés! Ils auraient porté le petit-pain à 6 liards, ou auraient diminué sa grosseur de-moitié: Ils s'imposent ce liard à eux-memes, & ne disent rien! Et qu'ils n'alleguent pas que vendant plus de ces brioches, ils gagnent autant; ce que la masse des Boulangers vend en-plûs en brioches, elle le vend es-moins en-pain o dinaire; l'estomac hu-main n'a toûj.s qu'une meme mesure. ¶ Ainsi, l'Oisiveté, l'eloignem.t du travail saisissent avidem.t toutes les occasions de ne rien faire, & de mettre des impôts doublem.t oneteux sur toutes les den-rées. Des Êtres inutils consoment en pure-perte la subsistance des Ouvriers de plusieurs Manufactures.

Et c'est ici une haute consideracion, que l'entre-tien de bouches inutiles, au lieu de Manufacturiers, nous fait perdre, dans les marches de l'Europe, la concurrence avec les Anglais. Les Espagnols l'ont perdue par leurs Moines: Nous la perdons par nos Inutils. Les Chinois & les Indous ne soutiennent leurs bas-prix, qu'en fesant travailler tout le mon-de. C'est aux Sections & aux queues que la faineanti-se a comencé. Tout le monde a tout colporté. On voyait des Homes-de-loi, des Militaires, des Fem-mes bien-mises troter chargés de savon, de chandelle, de sucre, de toiles, de mouselines, qu'ils & qu'elles alaient revendre. Les Meneurs soutaient aux prétensions deraisonables de tous les Ouvriers, qui voulaient en 3 jours gâgner autant qu'en 6, sans songer à qui paîrait. Ces Scelerats perdirent ainsi le travail & le veritable comerce. Le Peuple stupide & trompé ne vit que son augmentacion momentanée de salaire, sans songer qu'il etait impossible de la conserver, puisqu'elle n'etait pas alimentée par les produits. ¶ C'est pour reparer cette faute des Jacobins, qui serait trop longtemps à se reparer d'elle-même, qu'il faut employer des moyéns efficaces. Le 1er de tous est, sans contredit, de doner des Sujers aux arts, aux metiers de necessité. Où les prendre? si ce n'est en les enlevant au vagabondage des rues de Paris & des autres grandes Villes, à la charlatanerie, à la mendicité, qui comence à se reproduire, & prendre les moyéns convenables, pour en faire des Citoyéns utiles. C'était un horreur dans l'ancién regime des *Berthiér*, des *Lenoir*, des *Morfonzaine*, des *Blossac*, des *Flesselles*, d'enfermer des Malhenteux des 2 sexes, de les reduire à une condicion au-dessous de l'esclavage, & de les faire mourir par le mauvais air. On leur fesait polir des glasses: Soit: la vie de ces Gens-là n'etait pas plu précieuse que celles des Ouvriers qu'on y emploiait auparavant: Mais ils n'avaient pas, come les Ouvriers, l'habitude de se garantir des Molecules dechirantes qui s'elevaient de la glasse frotée, & entraient dans leur poitrine haletante. Ensuire une des glasses cassée, perdue, par l'ineptitude de ces Homes grossiers, & qui n'avaient l'habitude d'aucun travail, était tout le profit?... Prevenez la mendicité, mais ne l'emprisonez pas! Forcéz les Condamnes à-mort aux travaux mortels sous peine, en cas de refus, de l'exécucion prononcée. Tirez parti de tous les Homes, come on fesait dans la Ville d'Alexandrie, du temps de l'Empereur *Hadrién*; que tout ſoït occupé & vous verréz la Naçion proſperer. Tout travail eſt util, il n'y a que l'oſiveté qui ſoit nuiſible. Quand e vois un Home crier du ſel dans les rues, je ſuis indigné du ſacrifice de cet Individu, qui promene une denree, qu'on trouve plüs comodement & ſurtout plüs ürement au marché voiſin. Il n'eſt rien de veritablemᵗ util que le travail. L'Agriculture a ſon utilité directe, ainſi que les arts du Maſſon, du Charpentiér, du Tailleur, du Cordonier, du Taneur, &c. Les arts qui paraiſſent de luxe, ont leur utilité; leur neceſſité eſt auſſi reelle, come ſtimulans. Otons les arts-de-luxe, l'orlogerie, la bijouterie, la ſculpture, la peinture, les ſciences, la Litterature, nous tomberons dans l'apatie, l'inactivité; les arts neceſſaires ſe perdront faute d'être ſuffiſammᵗ ſtimulés, & l'Home redeviendrait ſauvage, ou du moins ſemblable aux Hordes demi-policées de l'Arabie ou de la Tartarie.

Ç'a été une grāde erreur des Jacobins, d'imaginer que nous pourions exiſter avec les ſeuls arts de neceſſité. J'y ai doné dans ma jeuneſſe, & juſqu'à l'âge de 40 ans. C'était faute de reflexion : j'enviſageais abſtraitemᵗ les choſes, & je diſais, —Si, aulieu de ces arts futils, qui emploïét tant d'Individus, qui ne vivét que ſur le ſeul travail de l'Agriculteur, On exploitait mieux la terre, à-bras, par-exemple, ce qui lui ferait raporter au decuple, quelle populacion! parceque, quelle abondance! Si le ſurplûſ de ces Homes n'était doné qu'à la maſſonerie, à la charpenterie, à la tiſſerie, &c. on aurait en abondance des maiſons, des étofes, des ſoliérs, des chapeaux, &c... Je

raisonais, ou croyais raisoner, d'après des
principes inconteſtables ; & je ne voyais
pas, qu'après avoir formé des Homes de
plûſ, j'avois oublié de leur doner le fou-
ffle-de-vie... Et c'eſt préciſemᵗ ce fou-
ffle-de-vie que les arts dits de luxe don-
nent à l'Home-ſocial ; ils ſont l'eſprit qui
anime les arts de neceſſité 1ʳᵉ, qui ne ſont
que le corps. Il eſt étonant que dans notre ſiècle, il faille inſiſter ſur ces verités
triviales, que Merciér a oſé combatre.
Mais il eſt bién plüs étonant encore, que
Cheniér m'acuſe d'être l'Emule en folie de
Merciér, tandiſ que je ſuîs d'Une opinion toute-opoſée. Mais il falait que Millin, Guinguenët & Cheniér me calomni-
aſſent.... Revenons à l'Oiſiveté des Colporteurs des 2-ſexes. Elle n'a auqu'un
des avantages des arts-de-luxe ; & elle a
mille inconveniens, en ce qu'elle eſt une
perte de bras, & un impôt direct ſur les
conſommacions. Qu'Un Home-de-lettres, par-exemple, faſſe des Ouvrages,
d'après le plan que j'ai propoſé, ces Ouvrages compoſés avec liberté, paſſeront
chéz nos Voiſins, produiront Une rentrée de Numeraire, comparable à celle
qui ſera ſortie de chéz nous, par les im-
portacions. Un Peintre habil, qui ſera
un Tableau valant 20·000 liv. vendu à
l'Etrangér, fait profiter ſon Páys de cette
rentrée. Il y depenſera ſes 20·000 liv. en

abreuvant tous les arts de luxe & de rre_
neceſſité.   Mais l'imbecil Crieur des ruës,
que produit-il ?.... Aneantiſſéz tout état
qui ne produit abſolum^t rién ; le Crieur,
le Moine, le Prêtre :   Favoriſéz tout ce
qui produit quelque-chose, & ſurtout la
Litterature, qui eſt un double ſtimulant ;
les arts de parure, d'ameublement, qui
ont tant de puiſſance ſur les Homes ! C'eſt
par ces arts que vous encourageréz indi-
rectem^t l'agriculture, le Maſſon, le Cordoniér, le Tâilleur, le Chapeliér, &c.

Fin de la XV Partie.

Je ſuis étoné du courage qu'il m'a falu, pour
conduire juſqu'ici cet immenſe Ouvrage, dont les
VI dernières Parties ſont imprimées depuis longtemps, quoiqu'elles n'àient pas encore paru. Ce
courage eſt un grand merité ! mais il ne ſera ſenti
qu'après ma mort : tant que je vivrai, On le taxera
d'imprudence Mais coment éviter ce qui eſt arrivé à
J.-J.-Rouſſeau ? A la dernière édicion de ſes Œu-
vres qu'a faite *Poinçot*, ce Libraire réünit un nombre de ces ineptes Litterateurs à reputacion uſur-
pée, pour decider, ſi On mutilerait les *Confeſſions ?*
Un de Ceux qui étaient de ce Conciliabule, me dit :
— Nous avons retranché dans le recit de J.-J. à Veniſe, un trait de *pederaſtie-!*..... Miserable ! ce
que J.-J. a cru pouvoir écrire, tu ne peux le ſupor-
ter !... ¶ J'avertis en-outre que mon Ouvrage,
tiré audeſſous de 500 eſt peut-être perdu *pour* moi.
J'expliquerai cela quelque-jour.

La ſuite des JUVENALES, eſt à la fin de la XVIme
Partie.